金融の仕組みと働き

岡村秀夫・田中　敦・野間敏克・播磨谷浩三・藤原賢哉　著

有斐閣ブックス

は し が き

　本書は，金融についての初学者向け教科書である．現実の金融が具体的にどのような仕組みで動いているのかを丁寧に解説し，金融のイメージをつかんでもらったうえで，それらの仕組みがどのような働きをしているのかという理論を学習してもらうことに重点を置いたのが，本書の特徴である．基本的なことから最新の動きまでカバーしているが，あまり大部にならないようにすることも心がけた．

　もともと本書は，『金融システム論』（有斐閣コンパクト，2005年）の改訂版として執筆作業が始まった．しかし，最新の動きを考えるとより広い範囲のものを扱う必要があり，共著者を1名追加して書名も新たにして出版することとなった．

　本書の前身が発行された2005年以降も，金融やそれを取り巻く環境は大きく変化してきた．数多くの変化の中でも，2008年のリーマンショックなどによる世界的な金融危機は特筆されよう．金融危機の引き金となった証券化といった新しい金融の仕組みが議論となったのは当然のことながら，金融危機の対応策や予防策についても新しい動きが出てきた．金融危機後の景気落ち込みに対して，日米欧の中央銀行が非伝統的金融政策を実施するようになったことも注目される．

　また，フィンテックと総称される新しい金融の仕組みの開発が，ここ数年で急速に進んでいることも見過ごせない変化である．フィンテックは未知数のところも多いが，金融業の一部を一新してしまう可能性が高いと考えられ，初学者向け金融教科書としても触れるべき内容である．さらに，既存の金融業においても銀行の再編などが進んでいるし，日本の公的金融の民営化も紆余曲折がある．

　本書は，以上のような最新の動きを含め，金融の仕組みと働きについて解説するために3部から構成されている．まず第Ⅰ部に入る前に序章では，本書全体に関わる基本的な事柄を説明している．そのうえで，第Ⅰ部では金融の仕組

みを中心に，金融システムとそれを構成する金融機関や金融市場を扱っている。第1章では金融システム全体を概観するために日本での資金の流れを説明し，第2章と第3章では金融機関と金融市場がどのような仕組みで資金を流しているかを解説する。第4章では，新しい仕組みとして証券化とフィンテックを取り上げる。

　第Ⅱ部では第Ⅰ部で説明した仕組みによって行われている金融取引を取り上げて，金融がどのような働きをしているのかを解説する。第5章では金融取引で成立する金利の働きについて理解を深め，第6章では金融取引をするうえでの特有の課題について説明する。そのような課題を銀行や金融市場がどう解決しようとしているのかを第7章と第8章で考察する。さらに，金融取引について民間では解決できない課題を克服するための政府の役割を第9章で考察する。

　第Ⅲ部では，これまでと視点を変えて金融部門全体に関わるトピックを扱う。まず金融とマクロ経済との関わりと，それを利用して実施される金融政策について第10章と第11章で説明する。最後に，本書で扱ってきた金融システムについて，その安定性を維持する政策を第12章で解説する。

　各章の冒頭に章の紹介とキーワードを入れ，章末にはまとめ，用語解説，練習問題，参考文献を付け，随所にコラムを設けた。用語解説にある用語はその章の本文中に印を付け，また当該章以外の章の本文や用語解説が関連している場合もできるだけ参照先を記すようにした。練習問題については，解答例を巻末にまとめて掲載した。また，参考文献には，各章の内容をさらに深く学習できる文献をあげている。さらにコラムでは，本文で書ききれなかった詳しい説明をしたり，本文に関連した興味深いトピックを取り上げたりした。これらのことが，読者の学習を手助けすることを願っている。

　本書は，5人によって執筆されている。5人が各章を分担して執筆したが，企画段階では数回にわたる会合をもって，本書のコンセプトや扱う内容，章立てと各章で取り扱う項目について話し合った。原稿執筆に入ってからは頻繁なEメール交換を続け，お互いの原稿をチェックしてきた。5人それぞれの専門性を活かしながらも，全体としてバランスのとれた教科書に仕上がっていると自負しているが，本書の意図や工夫が成功しているかどうかは読者の判断を仰

ぎたい。

　最後に，本書を出版するに当たり忍耐と寛容をもって担当してくださった有斐閣の渡部一樹氏に感謝申し上げたい。

　　2017 年 7 月

執筆者を代表して

田中　敦

著者紹介（執筆順）

田中　敦（たなか　あつし）　　　　　　　　　　担当：序章，第 10, 11 章
1960 年生まれ。関西学院大学大学院経済学研究科博士課程単位取得退学，ノースカロライナ
　大学チャペルヒル校大学院博士課程修了。
現在，関西学院大学経済学部教授。
主要著作：
「1990 年代以降の日本の金融政策」（共著），九州大学大学院経済学研究院政策評価研究会編
　『政策分析 2002──90 年代の軌跡と今後の展望』九州大学出版会，2003 年，所収
『日本の金融政策──レジームシフトの計量分析』有斐閣，2006 年
「日本銀行の資本と信認──展望」『甲南経済論集』第 53 巻第 3・4 号，2013 年

野間　敏克（のま　としかつ）　　　　　　　　　　　担当：第 1, 9 章
1961 年生まれ。大阪大学大学院経済学研究科修士課程修了。
現在，同志社大学政策学部教授。
主要著作：
『初歩から学ぶ経済入門──経済学の考え方』（共著），有斐閣，1999 年
「地方銀行パフォーマンスと地域経済──地域における「金融深化」とは」，筒井義郎・植村修
　一編『リレーションシップバンキングと地域金融』日本経済新聞出版社，2007 年，所収
『証券市場と私たちの経済』放送大学協会振興会，2015 年

播磨谷　浩三（はりまや　こうぞう）　　　　　　　　担当：第 2, 12 章
1968 年生まれ。神戸大学大学院経済学研究科博士課程修了。
現在，立命館大学経済学部教授。
主要著作：
『拓銀破綻後の北海道経済──地域再生と金融の役割』（共編著），日本経済評論社，2008 年
"Impact of Nontraditional Activities on Scale and Scope Economies: A Case Study of Japa-
　nese Regional Banks," *Japan and the World Economy*, 20, 2008
"Too Big to Succeed?: Banking Sector Consolidation and Efficiency"（with Heather Mont-
　gomery and Yuki Takahashi），*Journal of International Financial Markets, Institutions and
　Money*, 32, 2014

岡村　秀夫（おかむら　ひでお）　　　　　　　　担当：第 3 章，4 章共著，8 章
1969 年生まれ。京都大学大学院経済学研究科博士課程修了。
現在，関西学院大学商学部教授。
主要著作：
『日本の新規公開市場』東洋経済新報社，2013 年
『入門証券論（第 3 版）』（共著），有斐閣，2013 年

「IPO 市場の環境変化と新規公開株のパフォーマンス」『証券アナリストジャーナル』第 53 巻
　第 5 号，2015 年

"Ownership Structure pre- and post-IPOs and the Operating Performance of JASDAQ Companies" (with Kenji Kutsuna and Marc Cowling), *Pacific-Basin Finance Journal*, 10, 2002

藤原　賢哉（ふじわら　けんや）　　　　　　　　担当：第 4 章共著，5〜7 章
1961 年生まれ。神戸大学大学院経済学研究科博士課程修了。
現在，神戸大学大学院経営学研究科教授。
主要著作：
「フィンテックが描く金融システムの未来」『ビジネスインサイト』第 98 号，2017 年

"How Should Banks Support SMEs to Manage Funding Risks in China? The Role of Relationship Banking" (with Liu Yajing, Nobuyoshi Yamori, and Toshiki Jinushi), in Duc K. Nguyen et al. eds, *Risk Management in Emerging Markets: Issues, Framework and Modeling*, Emerald, 2016

目　　次

はしがき　　i

著者紹介　　iv

序　章　金融の仕組みと働き —————————————— 1

1　金融システムと金融取引 ……………………………………… 2

1.1　金融システムと金融取引の意義　2

1.2　金融取引の特徴　3

1.3　情報の非対称性　4

1.4　契約の不完備性　6

2　金融システムの働き ……………………………………… 7

2.1　資金移転と取引費用の軽減　7

2.2　流動性の付与　7

2.3　リスク移転　9

2.4　価格メカニズムと情報公示機能　9

3　金融方式と資金の流れ ……………………………………… 10

3.1　直接金融と間接金融　10

3.2　多様な資金の流れ　12

第 I 部　金融システム

第1章　資金の流れ —————————————————— 17

1　最終的な貸し手と借り手の変遷 …………………………… 18

1.1　経済部門別の資金過不足　18

1.2　戦後日本の部門別資金過不足の推移　19

1.3　高度成長期，安定成長期の貸し手と借り手　20

1.4　バブル期，失われた10年の貸し手と借り手　21

1.5　資金の流れの変化と金融システム　22

2　現代日本の資金循環 ………………………………………… 23

2.1　バランスシートと資金循環統計　23

2.2　資金循環の経路と形態　23

2.3　日本における資金の流れの特徴　25

3　日本の金融機関 ……………………………………………… 29

目 次 vii

　　3.1　民間金融機関と公的金融機関　29
　　3.2　預金取扱金融機関　31
　　3.3　その他の金融機関　33
　　Column 1-1　専門金融機関制度　33

第2章　銀　行 ———————————————— 39

1　銀行の制度 …………………………………………… 40

2　銀行の活動 …………………………………………… 41
　　2.1　銀行の業務　41
　　2.2　金融自由化と規制緩和　42

3　銀行の経営 …………………………………………… 44
　　3.1　銀行のバランスシート　44
　　3.2　銀行の収益構造　45
　　3.3　収益構造の現状　46

4　主要な経営課題 ……………………………………… 49

5　新規参入銀行 ………………………………………… 52
　　Column 2-1　銀行業への新規参入　53

第3章　金融市場 ———————————————— 57

1　日本の金融市場 ……………………………………… 58
　　1.1　金融市場の分類　58
　　1.2　金融市場の担い手　59

2　短期金融市場 ………………………………………… 61
　　2.1　インターバンク市場　61
　　2.2　オープン市場　62

3　株式市場 ……………………………………………… 64
　　3.1　株式の特徴と種類　64
　　3.2　株式市場の現状　66
　　3.3　株式市場間競争と取引所再編　69

4　債券市場 ……………………………………………… 71
　　4.1　債券の特徴と種類　71
　　4.2　債券市場の現状　74
　　4.3　社債市場改革　77

viii

Column 3-1 公募と私募　73

第4章　金融の新しい仕組み ——————————— 81
●証券化とフィンテック

1　金融の流動化・証券化 ································· 82

1.1　流動化・証券化の仕組みと分類　82
1.2　流動化・証券化の現状　84
1.3　流動化・証券化の課題　86

2　投 資 信 託 ································· 87

2.1　投資信託の仕組みと分類　87
2.2　投資信託の現状　91
2.3　投資信託の課題　92

3　フィンテック ································· 93

3.1　フィンテックとは　93
3.2　通貨・決済　95
3.3　クラウドファンディング　99
3.4　家計資産管理　102
3.5　保　険　103

Column 4-1 ブロックチェーン　98
4-2 貨幣発行自由化論　99
4-3 人工知能（AI）　101

第Ⅱ部　金融取引

第5章　金融取引と金利 ——————————— 107

1　貨幣の時間価値と金利 ································· 108

1.1　貨幣の時間価値——現在価値と将来価値　108
1.2　さまざまな金利の概念　108
1.3　金利の働き　112

2　満期の長さと金利の関係——金利の期間構造 ················· 115

2.1　利回り曲線　115
2.2　長短金利の関係——金利裁定　116
2.3　金利の期間構造の理論　118
2.4　金融政策と金利の期間構造　120

Column 5-1 イールドカーブ・コントロール　122

目 次　ix

第6章　金融取引の特徴と課題 ——————————— 125

1　不確実性と金融取引 ·· 126

1.1　取引相手をみつける問題　126
1.2　不確実性とリスク負担の問題　126

2　情報の非対称性と金融取引 ······································ 127

2.1　モラルハザードの問題　128
2.2　逆選択の問題　130

3　契約の不完備性と金融取引 ······································ 133

3.1　契約の不完備性　133
3.2　契約の不完備性のモデル　134

Column 6-1　中古車市場と保険市場における逆選択とモラルハザード　131

第7章　銀行の働き ——————————————————— 139

1　銀行の経済的機能 ·· 140

1.1　資産変換機能　140
1.2　情報生産機能　141

2　規模の経済性と範囲の経済性 ···································· 143

3　銀行と企業の取引関係 ··· 145

3.1　契約の不完備性と再交渉　145
3.2　リレーションシップ・バンキング　146
3.3　日本のメインバンク制　147

第8章　金融市場の働き ——————————————————— 151

1　取引対象の標準化——株式と債券 ······························ 152

2　取引所の機能 ·· 154

2.1　流動性の提供と情報公示機能　154
2.2　上場制度　159

3　格付の機能 ··· 160

4　金融市場とコーポレート・ガバナンス ······················ 162

Column 8-1　株式の注文処理方法——板寄せ方式とザラバ方式　156

第9章 金融取引と政府の役割 ——————————————— 167

1 公的金融の仕組み ································· 168

1.1 金融に政府介入が必要な理由 168
1.2 金融への介入手段 169
1.3 日本の公的金融 170
1.4 平時と危機時 177

2 民間金融機関貸出の信用補完 ··············· 177

2.1 公的信用保証の仕組み 178
2.2 信用保証制度の機能と弊害 180
2.3 信用保証制度の今後 181

3 金融市場への政府の関与 ····················· 181

3.1 インフラとしての金融市場 181
3.2 債権の証券化 182
3.3 ベンチャーキャピタル，ファンド 183

Column 9-1 財投機関としての日本学生支援機構 175

第Ⅲ部　金融政策と金融システムの安定

第10章 貨幣の働きとマクロ経済 ——————————— 187

1 貨幣の働き ··································· 188

1.1 3つの機能 188
1.2 現代の貨幣 188
1.3 マネーストック統計 189

2 決 済 ······································· 190

2.1 決済の仕組み 190
2.2 決済システム 191

3 信 用 創 造 ································· 193

3.1 数 値 例 193
3.2 実際の信用創造 194

4 貨幣と物価 ··································· 196

4.1 貨幣数量説 196
4.2 最近の流通速度の動き 198
4.3 マネー・ビューとクレジット・ビュー 199

目　次　xi

Column 10-1　マネーストックと銀行貸出の増減　*201*

第11章　日本銀行と金融政策 ———————— 205

1　日本銀行と金融政策運営 ················· 206

 1.1　日 本 銀 行　*206*
 1.2　金融政策の目標と手段　*207*
 1.3　金融政策の運営　*209*

2　金融政策手段と準備の需給 ················· 211

3　金融政策の効果 ····························· 214

4　金融政策をめぐる近年の議論 ··········· 218

 4.1　量的緩和とその効果　*218*
 4.2　金融政策の新しい試みと課題　*219*

Column 11-1　マイナス金利政策　*220*
    11-2　中央銀行の破綻　*222*

第12章　金融危機とプルーデンス政策 ———— 225

1　金融危機の背景 ····························· 226

 1.1　マクロ経済の環境　*226*
 1.2　金融機関のリスク管理　*228*

2　プルーデンス政策の手段 ················· 229

 2.1　事前的措置と事後的措置　*230*
 2.2　中央銀行の最後の貸し手機能　*233*
 2.3　公的資金の注入　*235*

3　プルーデンス政策の将来像 ··············· 236

Column 12-1　戦後初のペイオフの発動　*233*
    12-2　世界的な金融危機を題材とした映画作品　*238*

練習問題解答例　*243*

索　　引　*249*

本書のコピー，スキャン，デジタル化等の無断複製は著作権法上での例外を
除き禁じられています。本書を代行業者等の第三者に依頼してスキャンや
デジタル化することは，たとえ個人や家庭内での利用でも著作権法違反です。

序　章

金融の仕組みと働き

INTRODUCTION

　金融とは，資金を貸し借りすることにほかならない。金融がなければ，経済活動がほとんど行われなくなるだけでなく，そもそも株式会社などの多くの企業が存在しえない。本書では，経済にとって重要な金融について，その仕組みと働きを中心に解説する。

　そこでこの章では，まず金融取引の特徴を概観し，その特徴から金融取引を円滑に行うことを困難にする要因として情報の非対称性と契約の不完備性について説明する。次に，これらの要因などによる取引費用を軽減するために，金融システムがどのような働きをする仕組みが必要かを論じる。最後に，そのような金融システムが具体的にどのように貸し手から借り手に資金を流しているかについて概観する。

KEYWORDS

金融取引，リスク，取引費用，直接金融，間接金融

1 金融システムと金融取引

1.1 金融システムと金融取引の意義

　金融は，資金を貸し手から借り手へと渡す**資金移転**の働きをしている。移転される資金量は多く，金融機関を除く日本国内の企業，家計，政府などすべてを合計すると，資金を貸した結果生まれる金融資産は 3638 兆円（2016 年度末）にのぼり，資金を借りた結果生まれる金融負債は 3431 兆円（2016 年度末）にもなる。日本の GDP が 537 兆円（2016 年度）であるから，その規模の大きさがわかるであろう。このような規模からも金融が経済に必要不可欠であることは，容易に理解できよう。

　資金を移転するために，貸し手と借り手の間で**金融取引**が行われる。金融取引の意義として，貸し手と借り手の取引目的を考えよう。貸し手が資金を運用する目的は，現時点で支出する必要のない資金を将来のためにとっておき，またその間に金利等の収益を得ることであると考えられる。より厳密にいえば，現在の支出と将来の支出を金利等も含めて比較考量し，現在の資金をすべて使わずに将来の支出に回した方がよいと判断したときに，資金を貸し出すことになる。

　一方，借り手については，例として企業を考えた場合，将来の生産のために機械設備や工場を手に入れるなど，設備投資をするために資金を調達することが多い。新規事業のプロジェクトのために資金調達して機械設備を購入し，生産・販売でもうかった収益から返済を行う。このような目的のために使われる資金を**設備資金**と呼び，調達から返済までの期間が長期になる。

　企業が必要とする資金は，設備資金だけではない。企業は，日々の経済活動のためにも資金を必要としている。たとえば，機械設備で製品を生産して販売する場合でも，製品を販売する前に原材料を購入する必要がある。したがって，原材料を購入する資金がまず必要であり，このために企業は資金を借り入れる。この場合，原材料を利用して製品を生産し，それを販売した代金から返済を行う。このような資金を**運転資金**と呼び，設備資金に比べて短期間で返済される。

　金融の分野では，**短期**は 1 年未満，**長期**は 1 年以上とされ，短期間で返済されるものを短期資金，長期間にわたって返済されるものを長期資金と呼ぶ。短

株式：上場されている株式は2009年に電子化されたが，それ以前は印刷された株券があった。売買されて株主が変わると，裏面に新しい株主名が記載された。

期資金には運転資金が多く含まれ，長期資金には設備資金が多いといえよう。

短期資金が必要な借り手もいれば，長期資金が必要な借り手もいることからもわかるように，借り手の金融取引に対するニーズはさまざまであり，これは貸し手についても同様である。多様なニーズにできるだけ応え，金融取引を円滑に行うという働きを担うさまざまな仕組みが金融に用意されている。具体的には金融制度，金融規制，金融機関，金融市場などであり，これらが有機的に関係し合って**金融システム**を構成している。

1.2 金融取引の特徴

金融取引では，資金が貸し手から借り手へ移転される。一方，借り手から貸し手へは**借用証書**（IOU[1]）が渡される。具体的には債券，株式，手形（債券と株式については第3章を参照，手形については第10章の用語解説を参照）などが渡さ

---

1 "I owe you"の音を似せた造語であるが，一般的に利用されている単語である。

れるが，貸出や預金の多くでみられるように，借用証書に相当するものが存在しない金融取引もある。この場合でも，概念上は，貸出を行った銀行に借り手から借入証書が渡され，預金者に銀行から預金証書が渡されているとみなすことができる。

　一般的な財・サービスの取引と異なり，金融取引は取引が行われた後も，貸し出された資金が返済されるまで貸し手と借り手の関係が続く点が特徴的といえよう。言い換えると，金融取引の結果，貸し手は債権▶用語を保有し，借り手は債務▶用語を保有することとなり，この債権・債務関係が将来解消されてはじめて取引が完了する。

　取引が行われる時点と返済によって取引が完了する時点とが異なっているという特徴は，金融取引を難しくする。なぜなら，取引をするかどうかを決める現時点では，返済等が行われる将来までにどのような事態が発生するかを正確に予測することは，まず不可能であるという不確実性が存在するからである。金融取引をする者は，不確実性のためにさまざまな**リスク**を被ることになる。たとえば貸し手側からみると，借り手が事業に失敗して返済できなくなる債務不履行（デフォルト）が生じる**債務不履行リスク**ないし**信用リスク**や，貸し手側の事情で急に資金が必要となっても借り手に返済を早めてもらうことができずに流動性不足（第2.2項参照）に陥る**流動性リスク**がある。

　以下では，金融取引の特徴から取引を困難にする2つの問題，情報の非対称性と契約の不完備性に焦点を当てて考えていこう。

1.3　情報の非対称性

　不確実性をできるだけ小さくするために，貸し手も借り手も利用可能な情報を活用するであろう。たとえば，借り手の返済能力を予想するためには，借り手の現在の状況，今後の景気動向，借り手の産業の動向，借り手が行おうとしている事業の将来性などの情報が役立つはずである。

　しかし，貸し手と借り手が同じ情報をもっていることはまれである。借り手のことは借り手自身はよく知っているが，貸し手はあまり知らない。たとえば，借り手が資金を借りて行おうとしている新規プロジェクトについて，借り手はその計画を熟知しているが，貸し手はそうではない。このように，当事者の一

方が他方ほど情報をもっていない状況を**情報の非対称性**と呼び，金融取引の場合，借り手の情報を貸し手が十分にもっていないことがとくに問題となる。

借り手の情報を貸し手が十分にもっていないと，貸し手は被ることになる債務不履行リスクなどのリスクを適切に把握することができない。このような状況は，貸し手と借り手の間の**エージェンシー関係**▶用語から，貸し手の利益を犠牲にするような行動を借り手がとるという**モラルハザード**の問題を引き起こす。たとえば，安全な投資プロジェクトのために借り入れた資金を，貸し手に知られずに危険な投資プロジェクトに借り手が利用してしまう可能性がある。また，情報の非対称性があると，**逆選択**という問題も生じる。貸し手が，自分に有利になるように金利を引き上げたとしよう。すると，ローリスク・ローリターンの投資をする優良な借り手は，ローリターンのために高い金利を払うことができず，借りることができなくなる。結局，ハイリスク・ハイリターン型の投資をする借り手しか借りに来なくなり，多くのリスクを貸し手が背負ってしまうことになるというのが，逆選択の問題である。

もちろん，貸し手は借り手について調べることができる。情報の収集・分析は**情報生産**と呼ばれ，貸し手は情報生産を行うことで，情報の非対称性を軽減することができる。具体的には，貸し手が資金を提供する前に，借り手の現在の状況や，これから行う新規プロジェクトの見通しについて調べる。これは資金提供の前に行われるので「事前の」情報生産であり，**審査**（スクリーニング）と呼ばれる。

貸し手が行うべき情報生産は，これだけではない。新しく工場を造るために貸し出した資金が不動産投資に回されているかもしれないし，計画とは異なる工場が建設されるかもしれない。したがって，資金を貸し出した後も，返済が行われるまで「期中の」情報生産を続ける必要があり，これを**監視**（モニタリング）と呼んでいる。さらに，返済段階で，借り手はプロジェクトの収益を小さくみせて，金利軽減など返済を有利にしようとする可能性も否定できない。このようなことを防ぐために，「事後の」情報生産すなわち**監査**も必要である。

情報生産は情報の非対称性を軽減するが，完全に解消するのは難しいと考えられている。その主な理由は，情報生産に費用がかかるからである。借り手について調べる人員の人件費や調査にかかる諸費用を考えると，情報の非対称性

を100%解消させるまで情報生産を行うことは困難である。貸し手は，情報生産の費用と情報の非対称性軽減のメリットとを比較考量して，どこまで情報生産を行うかを決めていると考えられる。

また，情報の外部性▶用語も情報生産の障害となる可能性がある。情報はいったん生産されると，ほかの人も容易にその情報を利用できることがある。誰もが「ただ乗り」できる場合は，誰も費用をかけてまで情報生産を行おうとはしないという**フリーライダー（ただ乗り）問題**が発生する。この問題を回避するための仕組みが，金融システムには必要である。

情報の非対称性を軽減するために，借り手側が**情報開示**を積極的に行うこともある。たとえば，より多くの投資家に株式を購入してもらうために，企業が現状や今後の事業計画などを詳しく説明する **IR（Investor Relations）活動**が盛んに行われている。

1.4　契約の不完備性

金融の取引時点と完了時点が異なっているという特徴は，**契約の不完備性**の問題も引き起こしている。完了時点までにはさまざまな不確実性が存在し，すべてを想定して，どのような場合にどのようなことをするかを事前に貸借契約で決めておくことは難しい。たとえば，プロジェクトがなかなか軌道に乗らなくて，返済が滞っているとしよう。もちろん，返済ができないので債務不履行として処理することも可能である。しかし，一時的に返済を減免してプロジェクトを存続させ，後にプロジェクトが成功して，債務不履行のときよりも多くの資金が貸し手に戻ってくる可能性があるときには，どうするかが問題となる。この場合，なぜプロジェクトがなかなか軌道に乗らないのか，その理由によってプロジェクト存続の場合の成功の可能性が変わるなど，事前にすべての場合を想定して契約を作成することは困難であろう。このように，あらゆる事態に対応できるように完備された契約を結ぶことができないときの問題が，契約の不完備性の問題である。

上記の例で，一般によくとられる方法は，返済が滞った時点で返済を減免するかどうかを当事者間で**再交渉**することである。しかし，1人の借り手に対して無数の貸し手がいると，再交渉によって合意に至るのは困難である。また，

再交渉が可能な場合でも貸し手と借り手の間の情報の非対称性などによって，必ずしも望ましい貸借契約の修正で合意できるとは限らない。

2 金融システムの働き

2.1 資金移転と取引費用の軽減

金融取引によって貸し手から借り手へと資金移転を行うことが，金融の重要な働きである。しかし，金融取引を行うには多くの障害がある。たとえば，前節で扱ったリスク，情報の非対称性，契約の不完備性の問題は金融取引を難しくしている。

リスクがあることで，貸し手と借り手は貸借条件について異なった選好をもっている。一般には，貸し手はリスクが低いものを選好する。債務不履行リスクが低いのはもちろん，貸借期間が短く，取引単位（ロット）が小さい方がリスクが低くて好ましい。一方，借り手はその逆を選好するのが一般的である。選好の相違は適当な取引相手をみつける障害となり，その障害あるいはそのためにかかってしまう手間は**取引費用**とみなすことができる。また，情報の非対称性や契約の不完備性の問題は，情報生産や再交渉で軽減できるが，それらを行うために手間がかかる。これらの障害や手間も，取引費用とみなすことができよう。

取引費用を軽減して金融取引を円滑にすることは，金融システムが担うべき重要な働きである。事実，金融システムには取引費用軽減のための仕組みが随所にみられ，そのような仕組みを本書では明らかにしていく。費用軽減のためには，すでに述べた情報生産や再交渉を効率的に行えることが必要であるが，それらに加え，ここではさらに流動性の付与とリスク移転という2つの機能について説明する。

2.2 流動性の付与

金融取引は，返済によって完了する。もし貸し手が資金を貸し出した後に完了時点を自由に決定・変更することができれば，貸し手が被るリスクを減らすことができる。繰上げ返済を求めたり中途解約したりすることが考えられるが，

これらはその分，借り手側に負担を強いることになる。

　しかし，貸し手が保有する債権をほかの人に転売できれば，売却した貸し手は売却代金で事実上返済を受けたことになる。債権は新しい貸し手に移っただけなので，借り手は引き続き資金を借りたままでいられる。債券を例にとると，貸し手である投資家 A が保有している債券をほかの投資家 B に売った場合，投資家 B が支払う代金が投資家 A への返済に充てられ，債券を発行した企業は投資家間の債券売買に関係なく資金を借り続けていることとなる。債券のように売買できるという市場性が債権にあれば，借り手を犠牲にすることなく貸し手に利便性を与えることができる。

　返済を受けても債権を売却しても，貸し手は現金を受け取ることとなる。債権をいかに容易に現金化することができるかは，**流動性**と呼ばれる。たとえば，普通預金は好きなときに ATM まで行けば，多くの場合，手数料なしで現金に換えることができるので流動性は高い。一方，上述の例にあるとおり，債券はほかの投資家に売却することで現金化できるので，流動性は付与されているといえる。しかし，債券価格は日々変動しておりキャピタルロス▶用語を被るリスクがあるので，その流動性は普通預金ほど高くはない。もちろん，償還▶用語まで待てば額面▶用語の現金を確実に手に入れることができるが，この場合は償還まで待つという時間的コストを払う必要がある。このように，流動性は現金化するときの手数料，そのほか直接かかる費用（たとえば，ATM まで行く交通費），価格変動などによる目減りの可能性，必要な時間などの諸費用によって決まる。なお，最も流動性が高いのは現金そのものである。流動性が高ければ貸し手にとって利便性が高いことになるので，債権にできるだけ流動性を付与することは，金融取引費用の軽減につながる。

　貸し手にとっては金融取引の完了時点を自由に決められることが便利であるのと同様に，借り手にとっては金融取引の開始時点を自由に決められると利便性が向上する。すなわち，借り手が借りたいときに必要な資金を借りることができることは，借り手にとって大切であろう。このような資金の利用可能性は流動性とは異なるが，金融取引を活発に行うための重要な要素の 1 つと考えられる。

2.3　リスク移転

　将来に何が起こるかを正確に予測できない限り，いかに情報生産を行おうとも個々の金融取引にはリスクが伴う。そのリスクを負担したくない者から負担したい者へと移転する**リスク移転**も，金融システムが担う重要な働きである。たとえば，預金者の資金が銀行を経由して企業へ貸し出されている場合，リスク移転が行われている。企業への貸出はリスクを伴うが，預金者はそのリスクを負担したくないので，銀行が代わりにリスクを負担し，債務不履行の際の損失は預金者ではなく銀行が被ることになっている。また，保険はリスクを保険会社に移転するためのものであるし，先物，オプション，スワップといったデリバティブ▶用語もリスク移転のために利用することができる。

　資金はあるがあまりリスクを負担したくない貸し手が，リスク移転の機能を利用することによって資金を供給することができるようになる。つまり，リスク移転は金融の取引費用を軽減するといえる。

　リスク移転の際には，リスクを負担してくれる者に報酬を与える必要がある。預金と貸出において，預金金利が貸出金利よりも低い理由の１つは，預金者がリスク負担の報酬を銀行に与えているからである。保険では，結果的には事故や病気がなくて保険金の受け取りがなく，ただ保険料を払い込んだだけの保険加入者が多い。これも，加入者がリスク負担の報酬を保険会社に与えていると考えられる。

2.4　価格メカニズムと情報公示機能

　以上のような金融システムのさまざまな仕組みによって，取引費用は軽減されている。取引に関わる障害が少なくなると，**価格メカニズム**ないし**市場メカニズム**が十分に機能すると考えられる。すなわち，ミクロ経済学で財・サービスについて考えられているのと同様に，需要と供給が均衡するように価格ないし金利が決まり，資金を必要としている借り手へ適切な資金配分が行われることになる。このような適切な資金配分は，金融システムが担う働きの１つといえる。

　取引で成立する価格ないし金利は，貸し手や借り手のもつ情報が集約されているはずである。今後の景気動向や借り手企業の業績の見通しなどを考慮して，

貸し手や借り手はどのような金利であれば貸してもよいか，借りてもよいかを考えている。ある貸し手が提示した金利が高すぎると思えば，借り手は別の貸し手を探すことができるし，もしほかの貸し手も同様に高い金利しか提示しなければ借り手の判断が間違っていたと気づくはずである。結局，実現した取引には直接関わらなかった経済主体も含め，多くの主体のもつ情報がそれぞれの価格・金利に反映しているといえるのである。

　情報としてとくに大切なのは，リスクである。貸出はリスクがあるので貸出金利は高く，預金はリスクが少ないので預金金利は低い。保険は加入者のリスクが高くなれば，それに見合った高い保険料が課されるべきである。事実，地震の損害補償を含む住宅保険の保険料は高く設定されているし，最近は自動車保険の保険料は加入者の年齢や対象となる車種によって細分化されている。このようなリスクに見合った価格づけや金利設定が，大切といえよう。

　このような価格や金利を知ることは，そこに集約された情報を知ることにつながり，それを各経済主体は今後のそれぞれの行動に役立てることができる。たとえば，株価の変動から，企業や産業，景気動向などについて株式市場参加者がどのように考えているかを読み取ることができる。このような**情報公示機能**も，金融システムがもつ働きの1つである。

3　金融方式と資金の流れ

3.1　直接金融と間接金融

　金融には，**内部金融**と**外部金融**の2つの方式がある。内部金融は貸し手と借り手が同一経済主体のときの金融を指し，これまでに蓄積した貯蓄などの自己資金で賄う金融である。外部金融は貸し手と借り手が異なっている金融のことで，一般に金融といえば外部金融を指すことが多い。

　資金の貸し手や借り手には，家計，企業（非金融機関），政府，金融機関などの経済主体がある。しかし，これらの経済主体の中には，銀行のように，自らの資金を貸したり借りたりするのではなく，ほかの経済主体から資金を借りて，それをほかの経済主体に貸し出すものもある。それとは異なり，もともと自らの資金が余っていて，それを貸し出す経済主体を**最終的貸し手（資金余剰主体，**

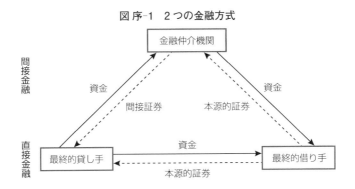

図 序-1　2つの金融方式

黒字主体）と呼ぶ。同様に，自らの資金が不足していて，不足分を借り入れる主体を**最終的借り手**（**資金不足主体，赤字主体**）と呼ぶ。最終的貸し手の典型例は家計であり，最終的借り手は企業や政府の場合が多い。銀行などの金融機関は，最終的貸し手でも最終的借り手でもなく，両者の間にいて資金移転を仲介していると考えられる。

　資金を最終的貸し手から最終的借り手へと移転する方法は，**直接金融**と**間接金融**の2つに大別される。これらの金融方式について，図 序-1 を利用しながら説明する。直接金融は，最終的借り手が最終的貸し手から資金を直接借り入れる方式である。この場合，資金と交換に最終的借り手は最終的貸し手に借用証書を渡すことになる。最終的借り手が発行する借用証書のことを**本源的証券**と呼び，直接金融での本源的証券としては株式や債券などが代表的であろう。実際には最終的貸し手は，株式や債券を証券会社という金融機関を通して購入することがほとんどであるが，証券会社は株式・債券の売買取引を仲介しているだけであって，株式・債券の購入者が資金を貸している相手は企業などの株式・債券発行者である。

　これに対し，間接金融では最終的借り手は最終的貸し手から直接には資金を借り入れない。最終的借り手は，金融機関から資金を借り入れ，金融機関はその資金を最終的貸し手から集めてくる。最終的借り手が発行する本源的証券は金融機関が資金と交換に購入し，金融機関は自ら借用証書を発行して，それを最終的貸し手に資金と交換に販売する。金融機関が発行する借用証書は，**間接証券**と呼ばれる。間接金融の典型例は，預金で資金を集めて貸出を行う銀行を

通した金融である。最終的借り手である企業が概念上発行する本源的証券が借入証書，銀行が最終的貸し手に発行する間接証券が預金証書である。

間接金融では，直接金融と異なり，最終的貸し手が資金を貸している相手は最終的借り手ではない。最終的貸し手も最終的借り手も，資金を貸し借りしている相手は金融機関である。間接金融では金融機関が資金の貸し借りという金融そのものの仲介を務めていることから，このことを**資金仲介**ないし**金融仲介**と呼び，このような金融機関を**金融仲介機関**という。

直接金融と間接金融とは，どちらか一方が優れているということはなく，現実にも両方の金融方式が併存している。それぞれに，第1，2節で述べたような取引費用を削減する仕組みがあり，貸し手や借り手の選好に応じて，直接金融と間接金融が使い分けられている。

3.2　多様な資金の流れ

現実の金融をみると，最終的貸し手から最終的借り手へと流れる資金の経路は複雑である。直接金融の代表例としてあげた株式や債券にも種類があり，株式としての性質をあわせもつエクイティ債と呼ばれる債券もある。間接金融には銀行以外に，保険・年金を通る経路もある。さらに，これら間接金融を担う金融仲介機関は，直接金融に分類される株式や債券を保有しており，間接金融と直接金融が混在している。

直接金融・間接金融のどちらかに分類できない資金の流れもある。それは，そのどちらの性質も部分的にあわせもつ**市場型間接金融**と呼ばれるもので，具体的には資産の流動化や投資信託（いずれも第4章を参照），シンジケートローン（第2章の用語解説を参照）があげられる。

民間が行う資金移転のほかに，公的金融もある。公的金融には，公的機関が民間の資金移転を手助けするものもあるが，公的金融機関自ら金融仲介を行って，民間とは別の資金の流れを担っているものもある（第9章を参照）。

資金が流れるこれらの経路には，**相対型取引**が行われているものと**市場型取引**が行われているものがある。相対型取引とは，取引相手と文字どおり相対して相手の「顔」をみて，相手が誰であるかを知ったうえで行う取引であり，貸出や預金の取引がこれに当たる。市場型取引とは不特定多数の取引者が集まっ

て取引を行うもので，基本的には相手が誰であるかはあまり重要ではない取引，もしくは相手の「顔」がみえない取引である。この典型例は，証券取引所での株式の売買取引である。

　また，資金の流れる経路には，**負債契約**に基づくものと**出資契約**に基づくものがある。債券や銀行などによる貸出は負債契約に基づくもので，利払いや返済期限・返済条件は事前に定められている。一方，株式は資金を提供して株式会社の所有者になる出資契約に基づいている。株式の保有者が得る配当金額は事前には定められておらず，会社の業績等に応じて事後的に決まり，会社が存続する限り返済は行われない。

　多様な資金の流れには，それぞれで取引費用を軽減する働きをする仕組みが多数ある。それらを具体的に担っているのが金融機関や金融市場などである。本書では，それらの仕組みを第Ⅰ部で説明し，金融取引でのそれぞれの働きについて第Ⅱ部で考察していく。

本章のまとめ

- 金融は，資金移転の働きをしている。
- 金融取引は，取引後も資金が返済されるまで貸し手と借り手の関係が続くという特徴がある。
- 金融取引の特徴のために，リスクの問題，情報の非対称性の問題，契約の不完備性の問題があり，これらのために取引費用がかかる。
- 取引費用を軽減するために，金融システムには情報生産，情報開示，再交渉，流動性の付与，リスク移転などの働きをする仕組みがある。
- 取引費用を軽減することにより，資金移転で価格メカニズムが機能して適切な資金配分が行われる。
- 資金移転には直接金融と間接金融という2つの方式があるが，現実には多様な資金の流れがある。

用語解説

　債権・債務：金融での債権・債務は，資金貸借をしていることを示す最も一般的な用語である。たとえば，債券，銀行貸出，預金は資金を貸している立場から

は債権，資金を借りている立場からは債務である。

エージェンシー関係：何らかの仕事を依頼人（principal）が代理人（agency）に依頼するときの両者の関係のことである。依頼人と代理人の間に情報の非対称性があると問題が生じる恐れがあり，この問題をエージェンシー問題，その問題のために発生する非効率性をエージェンシー・コストと呼ぶ。金融の場合，借り手が資金を借りて行う事業を仕事とすると，貸し手が依頼人，借り手が代理人とみなせる。また，株式会社の経営を仕事とすると，株主が依頼人，経営者が代理人とみなすこともできる。貸し手と借り手の間，株主と経営者の間にはエージェンシー関係があって，エージェンシー問題が生じることがある。

外部性：自ら費用をかけて経済活動した者が，その活動から生じる便益（収益やメリットなど）を受けるのが通常である。しかし，経済活動をした者以外の者も費用を負担させられたり便益を受けられたりする場合があり，これを外部性と呼ぶ。情報の外部性は，費用をかけて情報生産しても，その情報の活用という便益が簡単に他の者もできてしまうことを指している。

キャピタルロス：株式や債券等に投資するとき，購入した価格より売却する価格の方が低い場合，その差額分の損失をキャピタルロス（資本損失）と呼ぶ。逆に売却価格の方が高い場合の利益を，キャピタルゲイン（資本利得）と呼ぶ。なお，価格変動にかかわらず投資家が得る配当や利子はインカムゲインと呼ばれている。

債券の償還と額面：資金を貸し出すと，利子を受け取り，最後に元本の返済を受ける。債券の場合，最後に返済を受けることを償還，その金額を額面と呼ぶ。額面は債券発行時に決められていて，電子化されていない債券では表面に印刷されている。

デリバティブ：既存の金融商品（株式，債券，外国為替など）や指数（日経平均株価指数など）を使った新たな金融商品や新たな金融取引のことである。たとえば，先物取引は既存の債券等を決められた将来時点で決められた価格で売買する取引である。またオプション取引は，債券等を決められた将来時点で決められた価格で売る（買う）権利を売買する取引である。スワップ取引は，異なる金利や通貨の負債を抱えた二者が利払いや元本返済をお互いに交換する（お互いに相手の利払いや元本返済を負担する）取引である。

練習問題

1 貸し手と借り手の間の情報の非対称性を軽減するためには，どのような方策があるか。貸し手側と借り手側に分けて説明しなさい。

2 流動性とは何かを説明しなさい。また，普通預金と債券とではどちらの流動性が高いか，理由を含めて答えなさい。

③ 預金は，どんなリスクを誰から誰へ移転しているのかを説明しなさい。

④ 直接金融と間接金融のそれぞれにおける本源的証券の具体例をあげなさい。

参考文献

宇恵勝也（2010）『金融契約の経済理論――最適貸付契約の設計とインセンティブ』ミネルヴァ書房。

内田浩史（2016）『金融』有斐閣。

鹿野嘉昭（2013）『日本の金融制度（第3版）』東洋経済新報社。

前多康男・鹿野嘉昭・酒井良清（2006）『金融論をつかむ』有斐閣。

第Ⅰ部　金融システム

第**1**章

資金の流れ

INTRODUCTION

　序章で述べられたように，金融とは資金の貸し借りのことである。この章では，まず，誰が最終的な貸し手となる黒字主体であるのか，誰が最終的な借り手となる赤字主体であるのかを確かめたい。国により，時代により変化することを，戦後日本経済の例で取り上げる。次に，序章で学んだ直接金融，間接金融をキーワードに，どのようなルートで黒字主体から赤字主体に資金が流れているのか，重要な資料である資金循環統計を用いて解説する。現代も，高度成長期や低成長期も，日本の資金の流れにおいては，銀行などの金融仲介機関が重要な役割を果たしてきた。銀行以外にも目を向け，日本の主な金融機関を，この章の最後に紹介する。

KEYWORDS
資金過不足，資金循環統計，預金取扱金融機関

1 最終的な貸し手と借り手の変遷

1.1 経済部門別の資金過不足

　現代の多くの国々は，資本主義経済を原則にしながらも政府が関与する混合経済と呼ばれる経済体制をとっている。その中にはさまざまな経済活動を行う主体が含まれているが，活動内容に共通点の多い者をひとまとめにして経済部門と呼び，いくつかの部（sector）に分けてとらえることが，国全体の経済構造を理解するためには有効である。代表的な経済部門は，家計，企業，政府，そして海外部門である。

　家計の典型的な経済活動は，労働者として働いて所得を手にし，そこから消費をして生活することである。残った部分が貯蓄になり，その値がプラスであれば黒字（資金余剰）主体と呼ばれる。しかし，住宅購入のような大きな支出があれば所得では足りないため赤字（資金不足）主体となり，銀行などから借り入れなければならない。家計全体として資金余剰と資金不足とを相殺してプラスになれば，家計は資金余剰主体とみることができる。

　企業の典型的な経済活動は，生産を行って収入を得ることと，生産のために労働者を雇い，生産設備を動かすことである。労働者には賃金を支払い，生産設備を動かすにはコストがかかるため，収入から各種コストを差し引いたものが企業利潤となり，株主に配当されるか，企業の内部に留保されて企業の貯蓄となる。企業は，絶えず生産設備を整え，場合によっては生産力を増強するために設備投資を行う必要があり，銀行借入や株式発行などの資金調達を行わなければならない。そして，負債や株式の増加が貯蓄の増加を上回れば，企業は資金不足主体になる。

　政府は，税収などの歳入が社会保障や公共事業などの歳出を上回れば黒字主体であるが，不足すれば国債を発行して資金を借りる赤字主体となる。海外部門は，日本からの輸出が日本への輸入を上回れば，海外から日本への支払いが受け取りを超過し赤字主体となる。その際，日本への支払いを猶予してもらうための負債発行などの手段がとられる。

　各部門について**資金過不足**の対 GDP 比の推移を追ったものが図 1-1 である。どの部門も調達・運用の両面を行っており，それらを相殺し合ったものが資金

第1章 資金の流れ　19

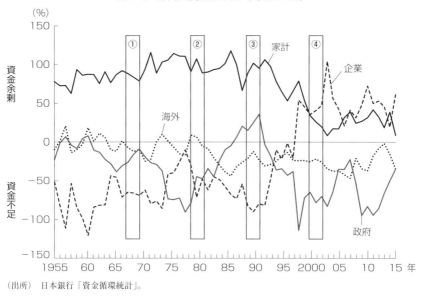

図1-1　部門別資金過不足（対GDP比）

（出所）日本銀行「資金循環統計」。

過不足であり，これが黒字なら資金余剰の状態にあり最終的な貸し手となり，図1-1でプラスの値で推移する。

1.2　戦後日本の部門別資金過不足の推移

　1955年以降の日本の資金過不足の動向をみると，ながらく最大の資金不足部門だったのが企業であり，60年前後にはGDPに匹敵する金額の資金を調達していた。だが1975年以降，企業の資金不足は急速に縮小し対GDP比で10％程度の年もあった。それが1980年代後半になるとまたもや資金不足が拡大し，かつての高度成長期に迫る値となっている。そして1990年代に入ると急減し，とうとう98年には戦後初めて企業が資金余剰部門に転じた。以後2000年代に入っても，黒字を続けており，年々のフローベースでは企業はいまや最大の貸し手となっている。

　1970年代後半に企業の赤字が縮小したとき，代わって最大の赤字部門となったのが政府である。石油ショック等で不況に陥った日本経済を財政面から刺激するために，1975年から特例国債（赤字国債）の発行が始まり，年々発行額

20　第Ⅰ部　金融システム

が増加していった。

　1981年からは，それまで赤字になったり黒字になったりしていた日本の国際収支に黒字が定着し，海外部門が日本から資金供給を受ける赤字主体となった。とくに1980年代半ばに日本の対米黒字が膨張し，海外の資金不足が企業や政府の資金不足を上回る年さえ現れた。

　家計は，戦後一貫して資金の最終的貸し手であった。図1-1にみるように，高度成長期から1985年ごろまでGDPと同水準（100％）の資金余剰が続いた。ところが，1980年代後半から徐々に変化がみられ，90年代に入るとはっきり低下し始めた。そして1998年からは急落し，99年以降は企業の黒字を下回るようになった。年々の貯蓄から投資を差し引いたフローベースでは，いまや家計が資金余剰部門とは言い難くなっているのである。もちろん，過去に蓄積された金融資産が1700兆円に達し，ストックベースで最大の資金余剰部門であることには変わりない。しかし，今後家計の金融資産の額が減少する気配さえ感じさせる劇的な変化がフローベースでは生じている。

　このように，経済部門ごとに資金過不足の大きさが変化し，赤字主体から黒字主体への転換が生じることもあり，時代によって最終的な貸し手，借り手が交代することもありうる。戦後日本の典型的な時代を4つ取り上げ，その時々の貸し手，借り手を整理しておこう。

1.3　高度成長期，安定成長期の貸し手と借り手

　以上の資金過不足の推移をみると，最終的貸し手と最終的借り手という観点からだけでも日本の金融システムがかなり変わってきたことがわかる。おおまかに時代を区分して典型的なパターンを模式化するために，図1-1に①1970年前後，②1980年前後，③1990年前後，④2000年前後，の4つの枠を書き込んである。それぞれの時代の貸し手，借り手を整理してみると，まず高度成長期末の1970年代ごろには，家計が大幅黒字の最終的貸し手で，企業が大幅赤字の最終的借り手だった（図1-2①）。海外部門は循環的に赤字と黒字を繰り返し，政府もほぼ収支がバランスしていたため，図1-2①に入れる必要はないだろう。

　政府は，1960年代後半から建設国債を発行し始め赤字部門に転じていた。

図1-2　戦後各時代の最終的貸し手と最終的借り手

①高度成長期（〜1970年ごろまで）

②安定成長期（1970年代後半から80年代前半）

③バブル期（1980年代後半から90年ごろまで）

④「失われた10年」（1990年代から2000年ごろまで）

さらに1970年代後半にはいわゆる赤字国債が年々増発され，政府が最大の赤字部門となった。企業の赤字は縮小し，海外部門も循環的な動きのままであるから，1980年前後の安定成長期には，家計を貸し手とした資金が，企業以上に政府に回されていた（図1-2②）。

1.4　バブル期，失われた10年の貸し手と借り手

　日本の国際収支黒字が定着し大きくなってきたのは1980年代に入ってからである。それは，海外部門が最終的借り手として日本の資金フローに登場し始めたことを意味する。1980年代半ばには海外部門の赤字はさらに膨らんだが，それでも最大の赤字主体は企業であった。1980年代後半から90年ごろまでのバブル期には，企業の投資意欲が旺盛で資金調達が活発に行われたからである。この時期の政府は，好調な景気や税収を反映して黒字化しており最終的借り手ではなくなっている（図1-2③）。

22 第Ⅰ部 金融システム

　バブル崩壊後の1990年代から2000年ごろまで不景気とデフレが続いたことから「失われた10年」と呼ばれるようになった。この時期，日本の部門別資金過不足に大きな変化が生じている。戦後を通してほとんどの期間赤字であった企業の収支が，黒字に転じたのである。その一方，戦後を通して最大の最終的貸し手であった家計の黒字額が急速に減少し始めた。いうまでもなくこれは，少子高齢化によって，日本の家計の貯蓄率が急低下してきたためである。2000年ごろからは，企業が家計を抜いて最大の最終的貸し手となっている（図1-2④）。また，バブル期に黒字化していた政府は，1990年代に入ると赤字に戻り，資金不足は年々拡大している。政府が最も多くの資金を需要する主体として定着したといえよう。なお，海外部門も赤字を続けており，年によっては政府赤字に近づく水準に達したこともあるが，近年は赤字が縮小する傾向にある。

1.5　資金の流れの変化と金融システム

　以上は最終的な貸し手と借り手の変化に注目した日本の資金の流れの変化を整理したにすぎない。実際には最終的貸し手であることが多かった家計も銀行から資金を借り入れているし，最終的借り手であることが多かった企業も，銀行預金などの形で他者に資金を貸している。

　また，問題になるのが，貸し手と借り手の間をどのような仕組みで結んでいたかという点である。序章で紹介された言葉を使えば，**直接金融**か**間接金融**か，どのような金融機関や金融市場が関わっているのか，どのようなIOU（序章を参照）が使われているのかという点を明らかにすることが，すなわち日本の金融システムを理解することにつながる。加えて，そのような仕組みによって，どのように流動性が供給され，リスクが移転されているのか，いわば金融システムの働きを理解することも，本書全体の大きな課題である。

　最終的貸し手と借り手の変化や，資金が流れる途中経路の変化をみるための重要な資料が，日本銀行の作成する**資金循環統計**である。そこには，事後的にみて，どの部門がどの部門からどの形態で貸借したかが記されている[1]。次節で，この資料を使って，現代の日本の資金循環をもう少し細かくみていこう。

2 現代日本の資金循環

2.1 バランスシートと資金循環統計

　貸し手から借り手へ資金が融通されれば、借り手から IOU が発行され貸し手に渡される。IOU は、返済までの期間、貸し手にとっては資産であり、借り手にとっては負債となる。したがって、さまざまな経済主体や経済部門の資産・負債の状態を示す**バランスシート**（貸借対照表）をみれば、誰が資金の貸し手であるか、借り手であるか、貸し借りがどのような種類の IOU によって成立したかをみることができる。

　日本銀行「資金循環統計」は、まさにそれを可能にする統計資料であり、経済部門（内訳部門を含めれば 50 部門）を表頭に、取引項目（IOU の種類、内訳を含めれば 57 取引）を表側にまとめたマトリックスにより構成される。各経済部門のバランスシートを、取引項目をそろえて横に並べたものと言い換えてもよい。

　資金循環統計には、「取引表」と「残高表」があり、取引表はある一定期間（3 カ月や 1 年）の資産の増減、負債の増減を示したものであり、フロー表とも呼ばれる。一方、過去に発行された資産や負債のうち、まだ返済が終わらず残っている金額を示したものが残高表であり、ストック表とも呼ばれる。表 1-1 には 2015 年度末（2016 年 3 月末）の残高表を簡単化したものが示されている。

2.2 資金循環の経路と形態

　この表の使い方を学ぶために、たとえば表頭から家計を探し、資産の一番上の欄をみると、「現金・預金」として 894 兆円という数値をみつけることができる[2]。預金は第 3 節で紹介する銀行などの**預金取扱金融機関**が資金を借りるために発行した IOU であるから、預金という名前で家計から銀行などにそれだ

　1　資金循環統計は、1954 年から 98 年までほぼ同一形式で集計・公表されていたが、金融システムの変化に対応し SNA（国民経済計算）との整合性を高めるために、99 年に大幅改定され、さらに 2016 年にも改定された。

　2　簡単化したこの表ではそこまで細分化していないが、元の残高表にさかのぼれば、預金の中でも普通預金など流動性預金が約 365 兆円、定期性預金が約 463 兆円などの内訳までわかる。

24　第 I 部　金融システム

表 1-1　簡単化された

	中央銀行		預金取扱金融機関		保険・年金基金		その他金融機関	
	資産	負債	資産	負債	資産	負債	資産	負債
現　金		100						
預　金				1,363				
日銀預け金		275						
貸出（借入）	35		740		50		435	217
証　券	381		420	100	383		135	421
保険・年金						513		
財政融資資金預託金								37
その他								
合　計	416	375	1,160	1,463				
純資産（資産−負債）								

(出所)　日本銀行「資金循環統計」。

けの資金が貸されたことを表している。同様に，民間非金融法人企業も約 261 兆円の現金・預金をもち，企業からも銀行などに預金として資金が流れているのである。

　では銀行などは，家計や企業から借りた資金をどのように運用しているのだろうか。それは，預金取扱金融機関の資産内容に示されており，貸出に 740 兆円が流れている。貸出の中身は，今度は企業・家計の負債面をみればわかり，企業に対するものが 356 兆円，家計に対する貸出が 317 兆円である。こうしてみてきた家計，企業，銀行などの貸借関係を図示したものが図 1-3 である。

　さらに銀行などは証券に 420 兆円を運用している。その中身は民間企業が発行した株式・債券，政府が発行した国債が主なものであり，銀行からそれらの金融市場を通じて，企業や政府にそれだけの金額の資金が流れていることがわかる。

　こうして，主な経済部門について資産と負債を調べていくと，部門間の貸借額，使われている IOU などがわかり，日本における資金循環の縮図を描くことができる。

　資金循環統計残高表を簡単化した表 1-1 を図に書き表したものが図 1-4 であ

資金循環統計ストック表

(単位：兆円)

民間非金融法人企業		一般政府		家計		海外	
資産	負債	資産	負債	資産	負債	資産	負債
261				894			
	356		160		317	158	120
315	769	200	1,055	272		305	549
				509			
		31					
517	302	322	30	31	73	114	259
1,094	1,428	554	1,245	1,706	390	577	927
	−334		−691		1,316		−350

り，日本銀行によって 3 カ月おきに「資金循環統計 参考図表」として作成されている。図の右側に最終的貸し手，図の左側に最終的借り手，そして図の真ん中には金融機関の名が書かれている。図 1-2 や図 1-3 と比較すると，最終的な貸し手，借り手の位置が左右逆になっていることに注意されたい。また，図 1-2 は毎年毎年の資金過不足，つまりフローの貸し借りについて書かれた図であるのに対して，図 1-3 や図 1-4 は過去から残っている資産負債の状態，すなわちストックの貸し借りについて書かれた図である。

2.3 日本における資金の流れの特徴

日本および諸外国の資金循環統計に基づき，家計の資産構成と企業の負債構成をまとめたものが図 1-5 である。図 1-4 に加え，この国際比較から，日本の資金循環の特徴を何点かあげることができる。

第 1 に，日本においては直接金融よりも間接金融の比重が圧倒的に高い。それは，まず家計の金融資産（資金運用）において，総額 1706 兆円のうち現金・預金が 894 兆円，52.4% に達することからわかる（金額は図 1-4）。この比率はアメリカの 13.8% よりも格段に高く，ヨーロッパ（ユーロエリア）の 34.4%

図 1-3　家計，企業，銀行間の預金，貸出を通じた資金の流れ

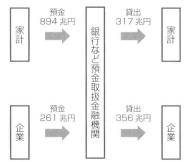

も大きく上回っている。家計による有価証券（株式，債券以外に投資信託も含む）保有は272兆円と家計資産の約16%にすぎず，アメリカの52%，ヨーロッパの29.8%を大きく下回っている。

次に民間非金融法人企業の負債（資金調達）に注目すると，総額1428兆円のうち，株式などの証券によるものが769兆円と過半を占めていることがわかる。この値は，アメリカよりはかなり低いものの，ヨーロッパに比べればそれほど低くない。

しかし，証券の比重が高いことが，資金の流れ方としての直接金融の比重が高いことを意味するわけではない。企業の発行した本源的証券が，最終的な貸し手によって直接保有されるわけではないからである。多くは預金取扱金融機関や年金・保険などに保有され，金融機関を介して間接的に家計などが保有しているにすぎない。

第2に，すでに資金過不足をもとに図1-2でも模式化したとおり，日本の資金循環においては政府が深く関わっている。まず最終的な借り手として，政府が1245兆円の資金調達を行っており，企業の1428兆円に迫る大きさである。第1節で述べたように，フローの貸し借りにおいては，いまや企業は黒字部門となり，一方の政府は赤字を続けストックの負債残高は際限なく膨らんできている。

それだけでなく，資金の貸し手としての政府も554兆円を運用しており，国債を含む証券を保有している。また，財政融資資金預託金という名で，中小企業などに融資をする政府関係機関に資金を貸しており，これが第9章で紹介さ

第1章 資金の流れ 27

図1-4 日本における資金の流れ（2016年3月末，兆円）

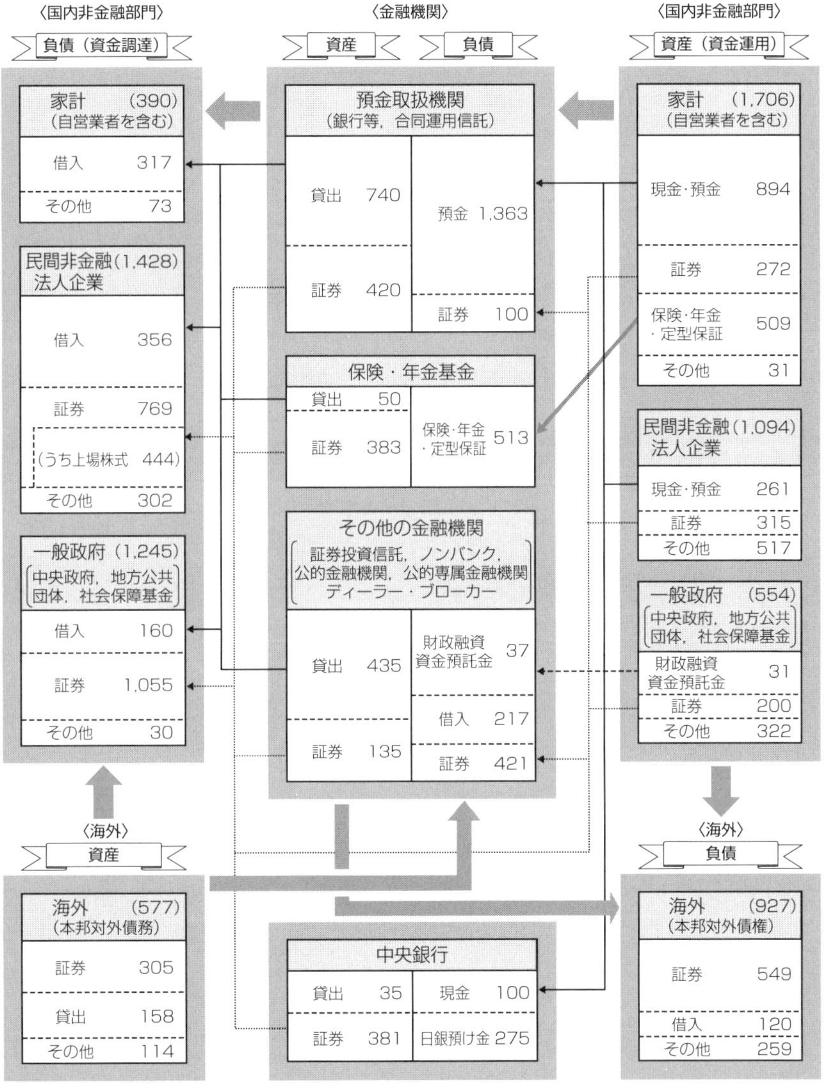

〈国内非金融部門〉 〈金融機関〉 〈国内非金融部門〉
負債（資金調達） 資産 負債 資産（資金運用）

家計 （390）
（自営業者を含む）
借入 317
その他 73

預金取扱機関
（銀行等，合同運用信託）
貸出 740　　預金 1,363
証券 420
　　　　　　証券 100

家計 （1,706）
（自営業者を含む）
現金・預金 894
証券 272
保険・年金 509
・定型保証
その他 31

民間非金融（1,428）法人企業
借入 356
証券 769
（うち上場株式 444）
その他 302

保険・年金基金
貸出 50
証券 383　　保険・年金 513
　　　　　　・定型保証

民間非金融（1,094）法人企業
現金・預金 261
証券 315
その他 517

一般政府 （1,245）
（中央政府，地方公共団体，社会保障基金）
借入 160
証券 1,055
その他 30

その他の金融機関
証券投資信託，ノンバンク，公的金融機関，公的専属金融機関ディーラー・ブローカー
貸出 435　　財政融資資金預託金 37
　　　　　　借入 217
証券 135　　証券 421

一般政府 （554）
（中央政府，地方公共団体，社会保障基金）
財政融資資金預託金 31
証券 200
その他 322

〈海外〉
資産

海外 （577）
（本邦対外債務）
証券 305
貸出 158
その他 114

中央銀行
貸出 35　　現金 100
証券 381　　日銀預け金 275

〈海外〉
負債

海外 （927）
（本邦対外債権）
証券 549
借入 120
その他 259

（出所） 日本銀行「資金循環統計 参考図表」。

28 第Ⅰ部 金融システム

図 1-5 資金循環の日米欧比較（2016 年 3 月末）

(1) 家計の金融資産構成

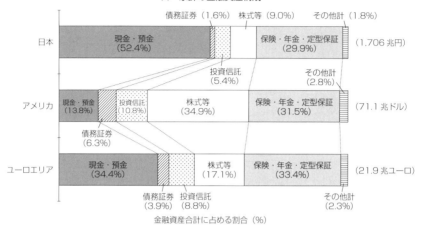

(2) 民間非金融法人企業の金融負債構成

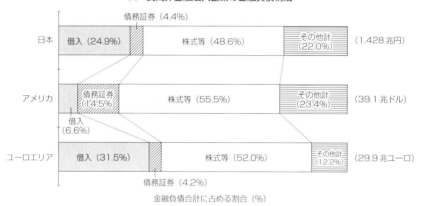

（出所） 日本銀行「資金循環統計 日米欧比較」。

れる**公的金融**の重要な資金源となっている。

　第 3 に，海外部門との資金の貸し借りが大きくなっている。図 1-4 には海外部門の負債が 927 兆円と記載されており，家計の負債よりもはるかに大きい。対外直接投資などによって日本が外国相手にもつ金融資産は世界一の水準を維持している。一方で，日本の対外資産よりは少ないものの，海外からの資金調達残高である対外負債も 577 兆円に達する。その中には外国企業による対内直

接投資や，外国投資家による日本国債の保有なども含まれている。日本の資金の流れは，海外の金融機関や金融市場との相互関係が強くなったといえよう。

3　日本の金融機関

前節でも確認したように，日本の金融システムは昔も今も間接金融中心である。したがって，銀行をはじめとした預金取扱金融機関が大きな比重を占めている。ただし，預金を扱う金融機関は銀行だけではないし，預金を扱わない間接金融機関も存在する。序章で解説されたように，貸し手から借り手への資金の流れは，さまざまな金融機関や金融市場を経由して行われるのである。それぞれの金融機関は，同じような金融機能を果たす面もあれば，独自の金融機能を果たす面もあり，金融機関の種類は**業態**と呼ばれて区別されている。日本の金融機関は，伝統的に，多様な金融機能をさまざまな「業態」によって分業する発想で制度が作られてきた。しかし，金融技術や情報技術の革新により，業態同士の関係は大きく様変わりしている。

ここでは，現在の日本の金融機関の業態とそれぞれの特徴を簡単にまとめたい。なお，銀行については第2章で詳しく取り上げられるため，それ以外の金融機関との違いに重点を置いて説明する。また，金融市場については第3章で分類・紹介される。

3.1　民間金融機関と公的金融機関

日本の主な金融機関の現状をまとめたものが図1-6である。まず中央銀行，民間金融機関，公的金融機関に分けられる。唯一の中央銀行である日本銀行は，「日本銀行法」にそのあり方が定められた資本金1億円（うち55％は政府出資）の認可法人であり，物価の安定と金融システムの安定を目的に，通貨および金融に関する調節などの業務を行っている。日本銀行の仕組みと働きについては，第11章で詳しく解説される。

民間金融機関の多くは営利を目的とする株式会社であり，そこでは取締役会などの経営主体に対して，株主が強い発言力をもつ。それ以外に，協同組織や相互会社組織など相互扶助性を目的とした民間金融機関も多数存在し，そこで

30　第 I 部　金融システム

図 1-6　日本の金融機関

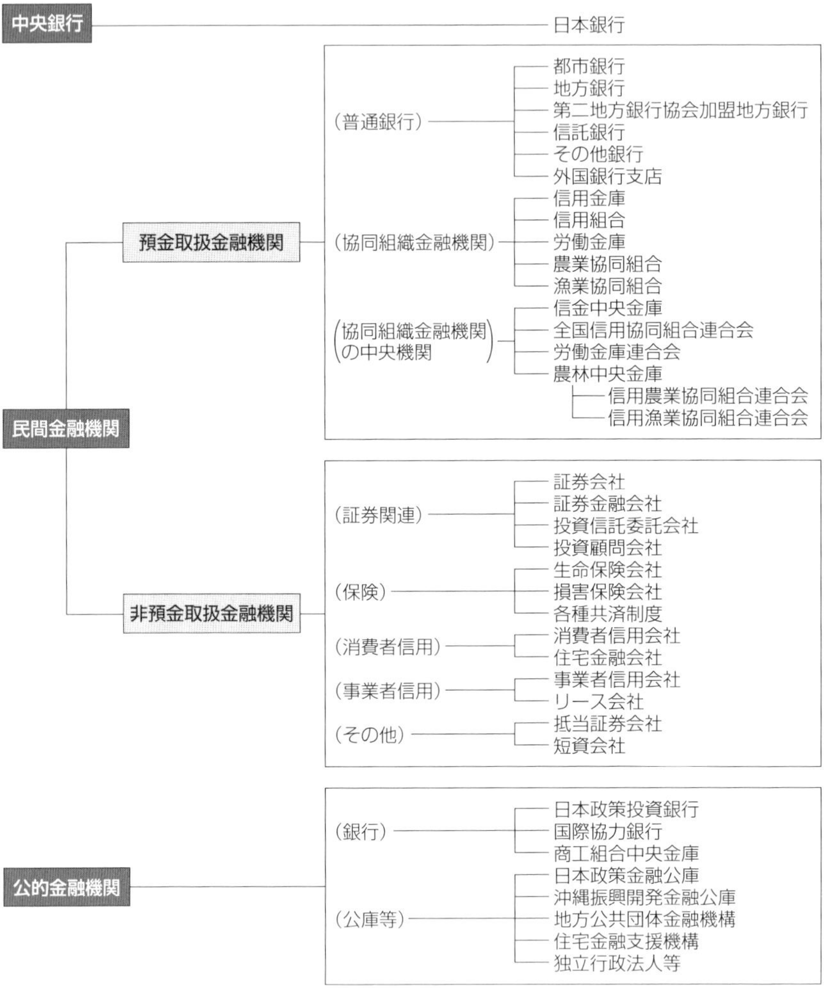

```
中央銀行 ─────────────────────────── 日本銀行

                                         ┌─ 都市銀行
                                         ├─ 地方銀行
                        （普通銀行）──────┼─ 第二地方銀行協会加盟地方銀行
                                         ├─ 信託銀行
                                         ├─ その他銀行
                                         └─ 外国銀行支店
                                         ┌─ 信用金庫
                                         ├─ 信用組合
          預金取扱金融機関   （協同組織金融機関）──┼─ 労働金庫
                                         ├─ 農業協同組合
                                         └─ 漁業協同組合
                                         ┌─ 信金中央金庫
                        （協同組織金融機関）─┼─ 全国信用協同組合連合会
                        （の中央機関）      ├─ 労働金庫連合会
                                         └─ 農林中央金庫
                                              ┌─ 信用農業協同組合連合会
民間金融機関                                   └─ 信用漁業協同組合連合会

                                         ┌─ 証券会社
                        （証券関連）──────┼─ 証券金融会社
                                         ├─ 投資信託委託会社
                                         └─ 投資顧問会社
                                         ┌─ 生命保険会社
                        （保険）────────┼─ 損害保険会社
          非預金取扱金融機関             └─ 各種共済制度
                        （消費者信用）────┬─ 消費者信用会社
                                         └─ 住宅金融会社
                        （事業者信用）────┬─ 事業者信用会社
                                         └─ リース会社
                        （その他）───────┬─ 抵当証券会社
                                         └─ 短資会社

                                         ┌─ 日本政策投資銀行
                        （銀行）────────┼─ 国際協力銀行
                                         └─ 商工組合中央金庫
                                         ┌─ 日本政策金融公庫
公的金融機関                             ├─ 沖縄振興開発金融公庫
                        （公庫等）──────┼─ 地方公共団体金融機構
                                         ├─ 住宅金融支援機構
                                         └─ 独立行政法人等
```

（出所）　鹿野（2013）表 1-1。

は会員，組合員，社員などが総会を通して経営参加することができる。

　日本では，民間金融機関に加え，日本郵政グループや政府系金融機関からなる公的金融機関の存在を無視することができない。その中には，今後も公的な役割を果たすことが期待されている日本政策金融公庫のような金融機関もあれば，完全に民営化されることを目指し株式会社化された金融機関もある。

3.2 預金取扱金融機関

民間金融機関は、預金を取り扱う機関とそうでない機関に分けられ、両者の違いは大きい。預金は貨幣として現金以上に日々の支払いに用いられているからであり、第2章で解説されるように、現代の支払・決済システムに深く関わっている。さらに第10章で紹介されるように、信用創造によって預金は増大し、預金取扱金融機関はそれ以外の金融機関にない信用創造機能をもつ。そして、企業などが発行した**本源的証券**を、預金という**間接証券**で得た資金を用いて購入することから、預金取扱金融機関は例外なく間接金融機関である。

a. 銀　　行

普通銀行は、「銀行法」に基づいて銀行業務を認められた金融機関であり、規模や営業基盤、歴史的経緯により、都市銀行、地方銀行、第二地方銀行に分けられる。これら銀行は、次章で詳しく説明されるように、預金業務、為替業務、貸出業務を固有の業務としている。それらに加えて、信託業務の兼営を許されている銀行が信託銀行である。以上4つの業態以外に、近年では店舗窓口をもたずにインターネット網やATM網によって銀行業務を果たす銀行も出現し、その他銀行と呼ばれている。

表1-2で各業態の総資産の額をみると、都市銀行が560兆円、それに地方銀行、第二地方銀行、信託銀行を合わせると、ほぼ1000兆円に達する。銀行が、他の業態を圧倒する資産規模であることがわかるだろう。1行当たりの資産額も、いわゆるメガバンクグループに属する都市銀行になると、100兆円を超えるほどの巨大さである。

b. 協同組織金融機関

協同組織金融機関は、営利ではなく相互扶助を目的とした民間金融機関であり、系統中央機関等（信金中央金庫など）とともに預金取扱金融機関に分類される。商店街や地場産業などの協同組合を出発点とすることから、規模は小さいが数は多い。信用金庫の資産規模は1金庫当たり平均して1兆円前後、信用組合は数千億円という数字が一応の目安になろう。そのほかに労働金庫、農協・漁協などの金融機関も協同組織金融機関である。これらは、いずれもバブル崩壊後の再編、合併、破綻などによって急速にその数を減らしてきた。

協同組織金融機関も預金、為替、貸出の3つを固有業務とする点では普通銀

32　第 I 部　金融システム

表 1-2　日本の主な金融機関数と資産規模等（2016 年 3 月末）

（単位：兆円）

		機関数	預貯金	貸出	総資産
全国銀行	都市銀行	5	366	252	560
	地方銀行	64	249	186	297
	第二地方銀行	41	64	49	73
	信託銀行	3	45	44	100
協同組織金融機関	信用金庫	265	135	67	148
	信用組合	153	20	10	22
	労働金庫	13	19	12	
	農協 JA バンク	659	96	21	
証券関連金融機関	証券会社	256			140
保険会社	生命保険会社	41		26	286
	損害保険会社	26		2	31
日本郵政	ゆうちょ銀行	1	178	3	207
	かんぽ生命	1		9	82

（出所）　ニッキン，全国銀行協会，信金中金，全国信用組合中央協会，全国労働金庫協
　　　会，農林中央金庫，証券経済研究所，生命保険協会，損害保険協会など。

行と同じである。ただし，徐々に緩められてきてはいるものの，協同組織金融
機関の活動範囲は一定地域内に限定されてきた。また，相互扶助組織として，
組合員や会員に向けてサービスが提供されることが本来の目的であるから，た
とえば信用組合の場合，組合員外からの預金受入や組合員外に対する貸出は
20% 以内に制限されている。それに比べ信用金庫の場合は，員外貸出に制限
はあるものの，預金は自由に会員外から集めてもよく，やや制限が緩い[3]。

3　JA バンクは，農業協同組合の金融機関であるから，正組合員である農家・農業経営
体のために活動すべきであり，農協法で預金や貸出の員外業務は 25% に制限されてい
る。しかし農家の減少により，農業とは関係ない加入者が準組合員という扱いで増加し
ている。

第1章 資金の流れ 33

> **Column 1-1 専門金融機関制度**
>
> 　第2次世界大戦後の日本の金融システムの特徴に,「専門金融機関制度」が
> あった。金融機関や金融市場が果たす役割を, それぞれ専門的な機関や専門的
> な市場に任せ, 業態間に垣根を設けようという発想である。たとえば, 短期の
> 融資は銀行に, 長期の融資は長期信用銀行や信託銀行に任せるという垣根が設
> けられていた。また, 都市銀行や地方銀行は主に中堅以上の企業に融資し, 信
> 用金庫や信用組合, 相互銀行 (現第二地銀) は中小企業融資に専念するという
> 垣根もあった。そして, 今では信じられないだろうが, 海外送金や円ドル交換
> のような外国為替取引も, 一部の金融機関に限定されていた。これらの垣根は
> 1980年代の金融自由化や90年代のいわゆる日本版ビッグバンなどを経て,
> とりはずされてきた。
>
> 　銀行業務と証券業務の垣根については, 比較的強く残されてきた。利益相反
> やインサイダー取引などの問題が生じる可能性が高かったからである。ところ
> が, 大恐慌時の反省から銀行証券の分離を定めたアメリカのグラス゠スティー
> ガル法は, 1999年のグラム゠リーチ゠ブライリー法によって撤廃された。そ
> れが, 商業銀行や投資銀行による新しい証券手法の開発・拡大をもたらし,
> 2000年代後半のサブプライムローン問題につながったとされている。

3.3 その他の金融機関

c. 証券関連金融機関

　預金を取り扱わない金融機関のうち, 証券市場に関係するものとして, 証券
会社, 証券金融会社などがある。これらは証券業者と呼ばれていたが, 証券取
引法を中心にいくつか分かれていた証券関連の法律が**金融商品取引法**▶用語に統
合され, これら業者の正式名称は**金融商品取引業者**と変更された。

　証券会社は, 証券市場に関係するさまざまな業務を行っている。固有業務と
呼ばれる中心的な業務は, 大きく4つに分けられる。第1に, **自己売買(ディ
ーリング)**業務であり, 証券会社自身の勘定で証券の売買を行い, その差益を
収入源とする。それに対して第2の**委託売買(ブローキング)**業務では, 顧客か
ら委託された売買を店頭で媒介したり, 証券取引所に取り次いだりする業務で,
委託手数料が証券会社の収入源となる。この2つの業務で扱われる証券は, 過
去に発行され流通している証券であるから, これら業務は流通業務または売買

34　第Ⅰ部　金融システム

業務と呼ばれる。

　固有業務の第3は，**引受（アンダーライティング）**業務である。新規に発行される証券を売りさばくために，たとえば証券会社が発行企業からあらかじめ一部を買い取るような引受業務や，売れ残った場合にのみ残部を引き取るような引受業務がある。証券会社は，証券市場の情報を収集して発行企業にアドバイスしたうえで引き受け，対価として引受手数料を受け取り収入源とする。

　証券会社の第4の業務は，証券の**募集・販売（セリング）**業務である。新規証券の発行者からの委託や，場合によっては引受証券会社からの委託を受けて，一般投資家に購入を呼びかけ，販売し，手数料を得る。この第3，第4の業務は，新規に発行された証券を扱うことから，発行業務と呼ばれる。

　以上4つの固有業務に加えて，それらから派生する付随業務その他が証券会社の主な業務であり，ディーリングなど一部を除けば，大部分の業務によって手数料を得る。ブローキングの場合に典型的にみられるように，自らが新たに証券を発行するわけではなく，企業が発行した本源的証券を，投資家の代わりに購入したり売却したりして手数料を得る。投資家自身が直接に株式を保有・売却する手助けをしていることから，証券会社は直接金融機関と呼ぶことができる。第3，第4の業務においても同様に，巨額の資金を自ら調達・運用するわけではなく，証券会社の1社当たり資産は金融機関の中でも比較的小規模である。

　なお，証券のすみやかな売買のためには，購入資金を融通したり，株式や債券を融通したりする仕組みが不可欠である。これは信用取引制度と呼ばれ，証券会社同士が融通し合うこともあれば，証券金融会社という専門機関も設立されている。その他の証券関連金融機関には，投資信託委託会社，投資顧問会社などがあるが，これらについては第4章で取り上げられる。

d. 保 険 会 社

　保険会社は，保険料として支払われた資金を保険契約準備金として積み立て，証券，貸出，不動産などで利子・売買益・賃貸料を得ており，銀行が預金を集めて貸出や証券で運用するのに類似した間接金融機関である。生命保険と損害保険とに分けられるが，一部兼業も許されるなど，両者の垣根は低くなっている。銀行の資産運用が貸出中心であるのに対して，保険会社の総資産のうち貸

出は1割にも満たず（表1-2），大部分は有価証券で運用されている。

　保険会社の業務においては，保険金と保険料の設定が非常に重要であり，事故率や死亡率の推計を厳密に行い，運用利率や経費率にも配慮しながら決定される。また，事故が発生したときの保険金支払いを確実にするために，銀行以上に安全で確実な運用が求められている。とくに生命保険の場合は，契約期間が数十年にわたるため，長期的に安定した運用を行う必要がある。したがって生命保険会社は，保険加入者に長期的な貯蓄手段を提供している**長期金融機関**に分類することができる[4]。また証券市場を中心に，巨額の資産運用を行っていることから，年金基金▶用語などと同様に**機関投資家**と呼ばれている。

e．ノンバンク

　預金は取り扱わないが，貸出等の与信業務を営む金融機関を，通称**ノンバンク**と呼んでおり，大きく消費者信用と事業者信用に分けられる。いずれも最終的借り手が発行する本源的証券を，銀行借入や市場からの資金調達で賄っており，資産変換を行う間接金融機関とみることができる。

　消費者信用会社は，その名のとおり消費者に対する与信業務を行っており，直接金銭を貸し出す消費者金融と，商品の購入代金を猶予する販売信用とに分けられる。後者は，信用供与の対象によって，個々の販売商品について信用を供与する信販会社，複数の商品購入をカード方式でとりまとめて信用を供与するクレジット会社などに分けられる。消費者金融会社は大手数社に集約され，かつては独立系の会社もあったが，現在ではメガバンクなど金融機関の子会社として系列化されている。また，販売信用の会社は，百貨店，自動車販売会社，家電量販店などによって，独自の子会社として設立される場合も多い。

　事業者信用会社は，事業者に対する与信の仕方によって，さまざまな種類がある。直接金銭を貸し出すのが事業者金融会社であり，不動産担保を必要としない無担保貸付も提供されている。リースも事業者信用の一種である。事業者自身が資金を調達して設備投資を行うのでなく，リース会社が調達した資金で

4　保険会社には，保険の受け手という側面と，資金の調達・運用を行う金融機関という側面がある。保険料を積み立てても，事故が起こらなければ保険金を受け取れない「掛け捨て型」保険の場合には，金融機関としての側面は薄いといえよう。

36　第Ⅰ部　金融システム

設備を購入・所有して，その設備を事業者に貸し出しリース料を得る。その他の事業者信用会社として，債権を買い取って管理・回収を専門的に行うファクタリング会社や，ベンチャー企業に対して出資形態で信用を供与し，経営や技術の指導を伴いながら成長企業を育成するベンチャーキャピタルなどがある。

　消費者金融会社，事業者金融会社は，かつてサラ金問題，商工ローン問題として，高金利と強引な資金回収が社会問題になったことがある。それを受けて出資法や貸金業法などが改正され，上限金利は 15～20% に引き下げられ，貸金業者に対する規制も強化されている。

本章のまとめ

- 日本の資金の流れにおいて，最終的貸し手と最終的借り手は，時代によって変化している。
- 家計は巨額の金融資産を保有している最大の貸し手であるが，近年では，家計の資金余剰が減少し，フローの意味では最終的貸し手とはいえなくなってきた。
- 企業の資金余剰が拡大し，フローの意味では最大の最終的貸し手となっている。
- 日本の資金循環は，間接金融中心である，政府が関わる部分が大きい，海外部門との関係が強まっている，などの特徴がみられる。
- 日本にはさまざまな金融機関があり，間接金融機関である銀行などの資産規模が大きい。
- 保険会社，証券会社，ノンバンクなどの金融機関も，それぞれの金融機能を果たす専門金融機関である。

用語解説

金融商品取引法：2006 年に証券取引法を改正し，金融先物取引法などの関連法も統合して制定された法律。利用者保護のために多様な金融サービスに対する規制を横断化する，市場の公正性・透明性を向上させるために情報開示を強化する，グローバル化対応のために国際的に通用する体制を作ることなどが決められた。

年金基金：年金とは，現役で働いている時期に積み立てた資金を，老後の生活に充てる仕組みである。日本には，加入者の職業や立場により，国民年金，厚生年金などがある。蓄積された巨額の資金およびそれを管理・運営する組織を年

金基金と呼び，証券市場などで長期間資産運用することから，保険会社と同様に機関投資家と呼ばれる。

練習問題

1　アメリカなど他国の最終的貸し手と借り手が，日本と異なるかどうかを調べなさい。

2　銀行など間接金融を通じた資金の流れと，証券市場など直接金融を通じた資金の流れに，その国の経済にとってどのような違いがあるのかを考えなさい。

3　銀行も保険会社もノンバンクも，間接金融機関に分類できる理由を説明しなさい。

参考文献

内田浩史（2016）『金融』有斐閣。

鹿野嘉昭（2013）『日本の金融制度（第3版）』東洋経済新報社。

日本銀行「資金循環」（https://www.boj.or.jp/statistics/sj/index.htm/）。

第Ⅰ部　金融システム

第**2**章

銀　　行

INTRODUCTION

　従来，日本の金融システムでは，金融機関が借り手と貸し手とを結びつけて資金を融通する，相対型の間接金融が圧倒的に優位であった。しかし，経済の成熟化や金融自由化の進展により，近年は大きく変化している。この章では，間接金融における代表的な金融機関である銀行に焦点を当て，その存在意義や機能について述べるとともに，主要な業務内容や近年の銀行経営をめぐる環境の変化，課題について説明する。また，異業種などからの新規参入の現状についても概要を述べる。

KEYWORDS

銀行の制度，銀行の業務，金融自由化，銀行の利益構造，新規参入銀行

1 銀行の制度

第1章で説明されたように，金融機関は，**預金取扱金融機関**とその他の金融機関に分かれている。さらに，預金取扱金融機関は，**銀行**と**協同組織金融機関**に大別される。また，その他の金融機関には，証券会社や保険会社，ノンバンク（消費者金融会社やクレジットカード会社）が含まれる。近年，日本では直接金融の比率が高まっているものの，依然として欧米諸国と比べて間接金融の比率が高いのが実情である。そして，その間接金融を中核とした日本の金融システムにおいて重要な役割を担っているのが，銀行に代表される預金取扱金融機関である。

狭義の銀行は普通銀行と呼ばれ，**メガバンク**に代表される都市銀行のほか，限定された地域を営業地盤としている地方銀行と第二地方銀行が含まれる。インターネット専業や商業施設との連携を主とした新しいタイプの銀行も，この普通銀行に含まれる。これ以外に，信託銀行や長期信用銀行も預金を取り扱っており，広義の銀行に含まれる。

都市銀行とは，東京や大阪などの大都市圏に本店を置き，全国規模の業務を展開している銀行のことである。1990年代後半までは13行存在していたが，その後に再編が急速に進み，現在では3大メガバンク（三井住友銀行・三菱UFJ銀行・みずほ銀行）を含む5行に集約されている。都市銀行の経営規模はきわめて大きく，預金量の総額では全国銀行の約50%を都市銀行が占めている。中小企業や個人などとも幅広く取引をしているが，3大メガバンクを中心に，大企業や上場企業との取引が圧倒的に多い。また，国際業務として，**シンジケートローン**▶用語や**プロジェクトファイナンス**▶用語などを積極的に推進しているのが特色となっている。

地方銀行とは，各都道府県に本店を置き，それぞれの地方を中心に営業を展開している銀行のことである。都市銀行の取引先が大企業を中心としているのに対し，地方銀行では地元の中小企業や個人が取引先の中心となっている。地方の優良企業の多くが地元の地方銀行を**メインバンク**としており，預金，貸出金ともに，都道府県内で圧倒的なシェアを誇る地方銀行が少なくない。現在，地方銀行の数は64であるが（2016年度末），地方銀行相互の合併事例はきわめ

て少なく，ほとんど変わらずに推移している。

　第二地方銀行とは，そのほとんどが以前は相互銀行と呼ばれ，1989 年にいっせいに普通銀行に転換したものである。各都道府県に本店を置き，それぞれの地方を中心に営業を展開している点は地方銀行と同じであるが，一部の例外を除き，取引先の規模は地方銀行よりも相対的に小さい。地方銀行とは大きく異なり，1990 年代初めには 70 近く存在した第二地方銀行の数は，この間の経営破綻や合併により，現在では 41 まで減少している（2016 年度末）。なお，近年では地方銀行と第二地方銀行とを合わせて**地域銀行**と呼ぶことが多くなっている。

　信託銀行とは，信託業務と銀行業務を兼営する銀行のうち，**信託**▶用語を主要業務とする銀行のことである。投資家から預かった金銭などの資産を信託財産として保管・管理し，信託銀行がその運用を代行する。主として債券を発行することで資金を調達していた長期信用銀行と並び，従来は**長期金融**を専門的に担う金融機関であった。普通銀行とは異なり，不動産の売買や遺言執行などの幅広い業務を取り扱っている点も信託銀行の特色である。1990 年代初めまでは，都市銀行，長期信用銀行，信託銀行を総称して大手銀行や大手行と呼んでいた。しかし，金融自由化の流れを受けて新規参入や再編が相次ぎ，現在では金融システムの中での信託銀行の役割は大きく変化している。

2　銀行の活動

2.1　銀行の業務

　銀行の本業である**固有業務**には，①預金者から信用を受けてお金を預かる預金業務，②企業や個人を相手に資金の融資や手形の割引を行う貸付業務，③振込や送金で債権や債務の決済を行う為替業務，の 3 つがある。受け入れる預金は，要求払預金（普通預金，当座預金，貯蓄預金など）と定期性預金（満期期日に定めのあるもの）に分類することができる。貸付については，証書貸付，手形貸付，手形割引，当座貸越に分類できる。このうち，大部分を占めるのが，融資金額や返済方法，利率等の融資条件を記載した金銭消費貸借契約証書という書類を銀行に差し入れたうえで行われる証書貸付である。また，**為替**▶用語は，

42 第Ⅰ部 金融システム

全銀システム▶用語と呼ばれる銀行間のネットワークで担われており，銀行ごとの受け払いの差額は，日本銀行に各銀行がもつ当座預金（**日本銀行当座預金**）を通じて決済している。日本銀行当座預金は，決済手段だけではなく，金融機関が個人や企業に支払う現金通貨の支払準備や，準備預金制度の対象となっている金融機関の準備預金としての役割ももっている。なお，銀行間決済の詳細については，第10章2節を参照されたい。

　固有業務以外に銀行が行っている業務のうち，銀行法で定められている業務を**付随業務**，銀行法に定めのないものを**周辺業務**と呼んでいる。基本的な付随業務としては，債務の保証または手形の引受，有価証券の売買，有価証券の貸付，国債の引受，地方自治体の出納業務，金融デリバティブ取引などが銀行法（銀行法第10条第2項）によって定められている。また，投資信託の販売や金融商品取引法に定める一定の業務を，他業証券業務として付随業務とは区別して呼んでいる（同第11条）。周辺業務とは，銀行本体では認められないものの，子会社や関連会社を通じて営業が可能な業務のことであり，証券，保険，クレジットカード，リース，ベンチャーキャピタル，投資顧問などの業務が含まれる。

　これらの付随業務や周辺業務は，1970年代後半以降の段階的な規制緩和によって，その範囲が拡大していった。1990年代初めの**バブル経済**崩壊後の景気低迷などを理由とする借り手の資金需要の悪化により，伝統的な貸付業務からの収益が落ち込む中，現在の銀行経営では付随業務や周辺業務の重要性が増している。

2.2　金融自由化と規制緩和

　日本の戦後の金融制度は，資金不足の時代に資金を効率的に活用し，設備投資主導で経済復興を実現させることを目的として，さまざまな規制がかけられてきた。具体的には，**業務分野規制**や**金利規制**，**内外市場の分断規制**などがあげられる。

　業務分野規制とは，専門的な金融機関を主要な金融業務の分野ごとに創設し，1つの金融機関が複数の業務を兼営することを制限してきた規制のことである。長期金融と短期金融の分離，銀行業務と証券業務の分離，銀行業務と信託業務

の分離が主な内容であった[1]。これらの規制は，過度の競争を避けて金融機関に経営の安定をもたらし，効率的な産業資金の供給に関して一定の成果を果たしてきた。しかし，**金融自由化**が進む中でしだいに実態とそぐわなくなり，1981年の銀行法，証券取引法の改正を機に，業態間の垣根の解消が段階的に進められることとなった。1993年に施行された金融制度改革法では，各業態が子会社方式により他業態の業務に相互参入できるようになったが，当初は子会社で取り扱い可能な業務の範囲に制限が設けられた。むしろ，近年では銀行本体による業務範囲が拡大する方向で規制緩和が進展している。

　金利規制とは，企業に低利の資金を供給することを目的に，銀行の資金調達コストである預金金利を臨時金利調整法により低く抑えてきた規制のことである。金利規制が緩和される契機になったのは，1970年代の国債の大量発行による国債の流通市場の誕生である。既発国債という自由金利商品が生まれた結果，一般事業法人の資金運用環境が定期預金を中心としたものから激変した。そこで，資金流出を危惧する銀行の要望に沿う形で，1979年に自由金利の金融商品である譲渡性預金（certificate of deposit: CD）が導入された。その後，1985年の大口定期預金の金利の自由化を経て，94年10月までに当座預金を除くすべての要求払預金の金利の自由化が実現された。

　内外市場の分断規制とは，戦後の外貨準備が少ない状況の中で，資金の外国への流出を抑えるために対外的な資本取引を禁止し，政府が為替管理を行った規制のことである。日本経済の国際化の進展や変動相場制への移行にも促され，1980年の外国為替及び外国貿易法（外為法）の改正で対外資本取引は原則自由化された。その後の情報通信技術の発展もあり，メガバンクを中心に，金融機関の経営の国際化は急速に進展している。

　これらの規制緩和を抜本的に推し進めたのが，「金融・証券市場の国際化」を旗印に1996年に始まった**日本版ビッグバン**である。この名称は，イギリスで1980年代に推進された大胆な証券制度改革が，宇宙を誕生させた大爆発を

1　信託銀行とは別に，一部の都市銀行と地方銀行については，銀行業務と信託業務との兼営が例外的に認められてきた。なお，2002年2月からは，都市銀行をはじめ銀行本体による信託業務（不動産仲介業務などを除く）への参入が解禁されている。

意味するビッグバンと呼ばれたことに由来している。日本版ビッグバンでは，包括的な金融システムの大変革を目指して，Free（市場原理が働く自由な市場），Fair（透明で信頼できる市場），Global（国際基準に則した開かれた市場）という3つの原則が掲げられた。また，基本方針の1つとして利用者の利便性の向上が示され，金融機関が取り扱うことができる金融商品の範囲の拡大などが実現した。具体的には，1998年に銀行の投資信託の窓口販売が解禁されたのを皮切りに，2001年からは保険商品についても段階的な解禁が始まり，07年には全面解禁が実現している。しかし，2014年から始まったNISAと呼ばれる少額投資非課税制度の導入にもかかわらず，第1章でみたように，家計が保有する金融資産に占める預貯金の比率は以前と変わらぬ高い水準のままであるなど，これら日本版ビッグバンの効果については，当初の目標と比べて不十分との指摘が少なくない。

　そのほか，金融システムの改革という点で大きな変化をもたらしたのが，1997年の改正独占禁止法の成立により設立が解禁された，**金融持株会社**▶用語の組織形態である。金融持株会社の設立は，グループとしての迅速な意思決定や責任・権限の明確化を可能にするなどのメリットが指摘されており，メガバンクだけでなく，地域銀行や保険会社の再編においても広く活用されている。

3　銀行の経営

3.1　銀行のバランスシート

　図2-1は，銀行のバランスシート（貸借対照表）の基本的な構成をまとめたものである。銀行は金融仲介を業務の基本としており，資金調達を意味する負債の大部分が預金によって占められている。全国銀行の総計ではその比率は約7割であり，大きく変化することなく推移している。ただし，業態別で比較すると，都市銀行よりも地方銀行，第二地方銀行の方が負債の総額に占める預金の比率は高い。都市銀行は，譲渡性預金やコールマネーなどの金融市場を通じた資金調達の割合が相対的に多くなっている。

　そして，この家計や企業から集められた預金を，貸出金として企業などに融資している。貸出金を除く資産の多くは，有価証券によって資金運用されてい

第2章　銀　行　45

図2-1　銀行のバランスシート（貸借対照表）の構成

（資産の部） 有価証券	（負債の部） 預金
貸出金	（純資産の部）
日本銀行当座預金	資本金

る。総資産に占める貸出金の比率は，都市銀行よりも地方銀行，第二地方銀行の方が高い。また，経年的に緩やかに低下しているものの，有価証券の多くが国債によって占められている。全国銀行の総計では，ピーク時の2011年度において，有価証券に占める国債の比率は約6割に達していた。

　なお，日本銀行当座預金も資金運用を表す総資産に含まれる。バランスシートの記載項目では，「預け金」に該当する。近年では，金融政策の影響もあり，「預け金」の残高は増える傾向にある。全国銀行の総計では，総資産に占める「預け金」の比率は18.7％に達している（2015年度末）。

3.2　銀行の収益構造

　次に，図2-2は，銀行の損益計算書の基本的な構成をまとめたものである。銀行にとっての売上高は経常収益と呼ばれ，資金運用収益，役務取引等収益，特定取引収益，その他業務収益，その他経常収益，信託報酬（信託業務を行っている銀行のみ）の合計として算出される。経常収益の最大の構成要素は資金運用収益であり，貸出からの受取利息である貸出金利息が含まれる。貸出金利息を除く資金運用収益の大部分は，保有する国債や株式からの受取利息などからなる有価証券利息配当金によって占められている。また，役務取引等収益とは，振込手数料などの銀行が提供するサービスの対価として得る収益のことであり，投資信託や保険商品等の販売による手数料収入もここに含まれる。特定取引収益には，デリバティブ取引等から生じる収益が含まれる。

　経常収益に対して，銀行の営業活動によって経常的に発生する費用の総額は

46 第Ⅰ部 金融システム

図 2-2 銀行の損益計算書の構成

銀行の損益計算書	
経常収益 　資金運用収益 　役務取引等収益 　特定取引収益 　その他業務収益 　その他経常収益	通常の活動によって得た収益
経常費用 　資金調達費用 　役務取引等費用 　特定取引費用 　その他業務費用 　営業経費 　その他経常費用	通常の活動にかかった費用
経常利益	通常の活動によって得た利益
＋特別利益	
△特別損失	
△法人税，住民税 　及び事業税	
当期純利益	経常利益から税金などを差し引いた最終的な利益

業務粗利益・業務純益	
資金運用収支	資金運用収益－資金調達費用
役務取引等収支	役務取引等収益－役務取引等費用
特定取引収支	特定取引収益－特定取引費用
その他業務収支	その他業務収益－その他業務費用
業務粗利益	銀行が本来の業務から得た利益
△営業経費 （臨時的経費を除く） △その他経常費用 （一般貸倒引当金繰入額）	銀行が本来の業務活動を行うために要した費用
業務利益	銀行が本来の業務活動によって得た利益
＋その他経常収益 （臨時収益）	株式等売却益など
△その他経常費用 （臨時損失）	個別貸倒引当金繰入額，貸出金償却，株式等売却損，株式等償却など
経常利益	通常の活動によって得た利益

(出所)　全国銀行協会公表資料。

　経常費用と呼ばれ，資金調達費用，役務取引等費用，特定取引費用，その他業務費用，その他経常費用，営業経費の合計として算出される。経常収益から経常費用を引くことで経常利益が求められるが，銀行業では，銀行本来の業務からの利益である**業務粗利益**をより重視している。

　業務粗利益は，資金運用収支（＝資金運用収益－資金調達費用），役務取引等収支（＝役務取引等収益－役務取引等費用），特定取引収支（＝特定取引収益－特定取引費用），その他業務収支（＝その他業務収益－その他業務費用），信託報酬（信託業務を行っている銀行のみ）の合計として算出される。また，業務粗利益から，人件費などの営業経費と一般貸倒引当金繰入額を引いたものを**業務純益**と呼んでいる。なお，業務粗利益と業務純益は，各銀行が金融庁に提出する決算状況表における利益指標であり，通常公表される損益計算書の記載項目ではない。

3.3　収益構造の現状

　図 2-3 は，最近の都市銀行の業務粗利益に占める資金運用収支と役務取引等

収支の比率を業務純益の推移と合わせてまとめたものである。都市銀行の場合，業務粗利益に占める資金運用収支の比率は緩やかに低下傾向にある。ピーク時の 2009 年度は 72.4％ であったが，15 年度は 61.2％ まで落ち込んでいる。この間の超低金利政策の影響もさることながら，大企業の資本市場からの証券形態による資金調達が増大し，銀行離れが進んでいることも影響していると考えられる。対照的に，役務取引等収支の比率が増える傾向にあり，2015 年度は 24.3％ と，業務粗利益の 4 分の 1 近くを占めるまでになっている。なお，多角的な業務内容を反映し，都市銀行では特定取引収支とその他業務収支の合計が 10％ 近くを占めている。また，企業業績の改善等による信用コストの低下のためか，直近の業務純益は増加する傾向にある。なお，業務純益が 2008 年度に大きく落ち込んでいるのは，リーマンショックを契機とする世界的な**金融危機**（詳しくは第 12 章を参照）の発生により，資金運用収益等が急減したことを反映している。

図 2-4 は，同様の推移を地方銀行についてまとめたものである。都市銀行とは異なり，いずれの比率ともあまり変化することなく推移している。役務取引等収支の比率がわずかとはいえ増える傾向にあるが，2015 年度でも 12.4％ にすぎない。また，資金運用収支と役務取引等収支との合計で業務粗利益の大部

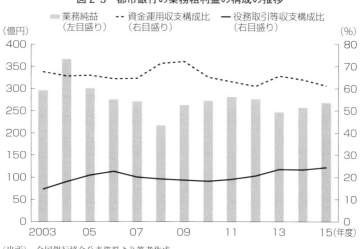

図 2-3　都市銀行の業務粗利益の構成の推移

（出所）　全国銀行協会公表資料より筆者作成。

48　第Ⅰ部　金融システム

図2-4　地方銀行の業務粗利益の構成の推移

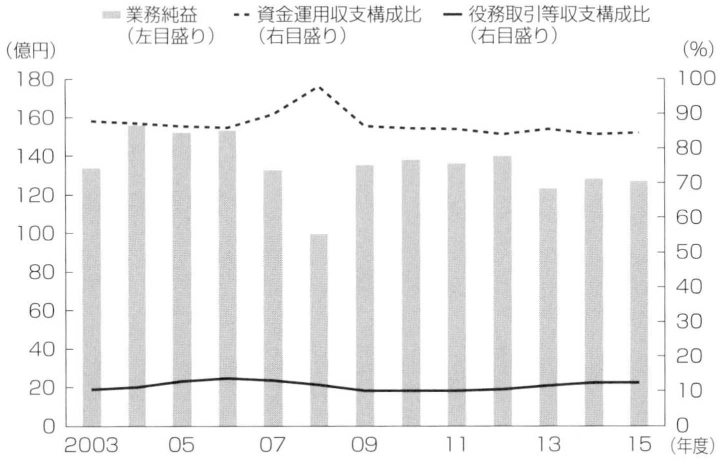

（出所）　全国銀行協会公表資料より筆者作成。

分を占めており，特定取引収支とその他業務収支はごくわずかとなっている。つまり，伝統的な貸付業務からの収益が落ち込む中，地方銀行は都市銀行と比べて代替的な収益基盤の確立に向けた取り組みが遅れているとみることができる。なお，地方銀行についても，図2-3の都市銀行と同様に，リーマンショック直後の2008年度の業務純益の顕著な落ち込みが示されている。

　図2-3に示されていたように，業務粗利益に占める資金運用収支の比率の低下は，借り手の資金需要が低迷していることを反映している。貸出が伸びない中，大手銀行のほとんどは運用対象として有価証券への投資を積極化させている。とくに，国債への投資が突出している。近年は日本銀行が国債を市場から大量に買い入れる**量的・質的金融緩和**（詳しくは第11章を参照）を続けていたこともあり，各行の国債保有残高は減少しつつあるが，大手銀行の保有有価証券全体に占める国債の比率は依然として5割前後である。しかも，先にも触れたように，超低金利政策の影響もあり，これらの利息収入が収益に大きく貢献する状況ではない。

　図2-5は，運用資産の利回りと調達資金の利回りの差である総資金利鞘の近年の推移をまとめたものである。いずれの業態とも，2000年代前半以降の低下傾向が顕著に示されており，収益環境が厳しさを増していることが理解でき

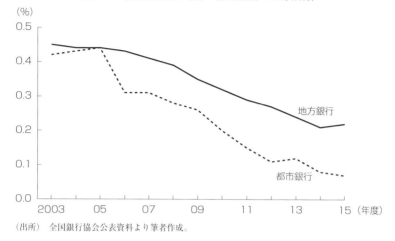

図2-5 総資金利鞘の推移（都市銀行・地方銀行）

（出所）全国銀行協会公表資料より筆者作成。

る。とくに，都市銀行が突出して低い。2015年度の数字はわずか0.07％であり，2000年代初めの水準から5分の1以下にまで低下している。この間，調達資金の利回りはわずかとはいえ低下しているが，運用資産の利回りが約半分になっている。これは，業務粗利益に占める役務取引等利益の比率が緩やかに増えていることを意味し，図2-3に示されていた都市銀行の利益構造の状況を裏付けているといえよう。

4 主要な経営課題

　近年，日本では，大手銀行を中心に持株会社を核とするグループ化が急速に進んでいる。時期や規模に関係なく，企業が合併や再編を行う理由には，規模や業務の拡大により規模の経済性や範囲の経済性が働くことへの期待や，経営資源の効率的再配分の追求などが考えられる（第7章2節を参照）。しかし，少なくとも近年の日本の大手銀行に関する限り，バブル経済崩壊後の経営体力の悪化で，合併を通じた規模拡大で経営体力の強化を目指したというのが実情であろう。事実，政府主導による早期の**不良債権**▶用語処理を目指した2002年の**金融再生プログラム**▶用語の影響もあり，大手銀行の経営体力は2000年代を通じ

50　第 I 部　金融システム

て急速に改善した。2002 年度末は 8.4% であった主要行の不良債権比率は，04
年度末には 2.9% にまで低下した。2008 年にリーマンショックを契機に世界的
な金融危機が発生した際，欧米に比して日本では金融部門への影響が小さかっ
た背景には，これらの大手銀行の経営体力の回復があった点は否定できない。

　他方，2016 年に入ってからの**マイナス金利政策**の導入にみられるように，超
低金利政策はこれからもしばらくは続くと考えられることから，代替的な収益
基盤をどのように構築するのかが大手銀行にとって重要な課題となっている
（詳しくは第 11 章の Column 11-1 を参照）。現在，国内の資金需要が伸びない中，
3 大メガバンクがそろって強化を図っているのが国際業務である。日本企業に
よる海外企業の合併・買収（M&A）の際の融資をはじめ，投資銀行業務や運
用関連業務まで，幅広く展開している。海外支店を通じた非日系企業との取引
も拡大している。とくに，リーマンショック後に欧米の金融機関の多くが撤退
したアジアにおいて，日本のメガバンクは存在感を増してきている。ただし，
これらの国際化の進展は，必然的に海外の大手銀行との競合関係を強めること
になるが，国際競争力という観点でまだまだ課題が多いのが実情である。

　ところで，2000 年代初めの金融行政は，大手銀行に不良債権処理を急がせ
る一方，地域金融機関に対しては従来の伝統的な相対型間接金融モデルが引き
続き有効であるとの判断から，**リレーションシップ・バンキング**（リレバン）の
機能強化を推進してきた[2]。リレバンとは，銀行が顧客との間で親密な関係を
長く維持することにより，顧客に関する情報を蓄積し，この情報をもとに貸出
等の金融サービスを行うビジネスモデルの総称である。個人や中小企業の金融
取引に関しては，**情報の非対称性**の問題が大きく，資本市場へのアクセスが困
難であることから，伝統的な金融仲介機関の存在意義は引き続き大きいと考え
られる。なお，リレバン機能強化の推進は，当初は 2003 年からの 2 年間の時
限的な取り組みであったが，その後に再び 2 年間延長され，07 年からは恒久
的に取り組むこととされた。

　地域金融機関が生き残るためにも，自らの存在意義の生命線である地元の顧

　2　金融庁では，リレバンの中心的な担い手を中小・地域金融機関としており，地方銀行，
　　第二地方銀行，信用金庫，信用組合の 4 つの業態がそこに含まれる。

客との密接な関係維持や，借り手に関する情報生産を強化することはとても重要である。しかし，リレバンの理念とは裏腹に，地域経済の衰退が加速しており，地元密着だけでは収益性を向上させることが難しい地域金融機関が少なくないのが現状である。事実，地域銀行で顕著にみられるように，近年は収益機会を求めての近隣他府県への店舗展開が増える傾向にある。地元以外の取引先を拡大することは，信用リスクの分散を図る点では一定の効果が期待できるものの，進出先の金融機関との厳しい金利競争により，かえって経営体力を弱めることになりかねない。マイナス金利政策の導入が，よりいっそうの悪影響を及ぼす可能性も否定できない。

　このような問題を回避するためには，地域金融機関についても，従来の相対型の貸付業務だけに固執するのではなく，情報生産機能や取引先との信頼関係など，自らがもつ比較優位を活かしながら，新たな金融業務に携わる必要があると考えられる。しかし，図2-4の地方銀行の利益構造の推移に示されていたとおり，現状では手数料収入に代表される非金利収入が収益に大きく貢献する状況には至っていない。

　他方，政府主導による地方創生に多くの関心が集まる中で，地域金融機関，とくに地方銀行が果たす役割に対して大きな期待が寄せられている。地方創生への貢献度を測るという，これまでにない監督当局の姿勢も示されており，リスクをとって地域経済としっかり向き合うことが切に求められている。ただ，資金運用のみならず，地域金融機関を取り巻く経営環境は，競合関係という点でも不透明感が強まっている。とくに，ゆうちょ銀行が2015年11月に上場したことで，将来的には株主からの圧力で業務範囲の拡大が実現する可能性を否定できない。事実，2016年4月から，ゆうちょ銀行の預入限度額が1000万円から1300万円に引き上げられた。貸付業務こそ現時点では解禁されていないものの，もし実現した場合，地域金融機関に与える影響は計り知れない。

　こうしたマイナス金利政策を含めた厳しい環境変化を反映してか，金融持株会社を活用した地域銀行の県境を越えた再編が増えつつある。直面する経営課題に自力で対応できない地域金融機関が増えることも予想され，このような再編の流れは今後とも続いていくと思われる。

52　第Ⅰ部　金融システム

5　新規参入銀行

　金融の自由化および情報技術の進展は，既存の銀行の合併や再編を促すだけではなく，金融業以外の異業種からの銀行業への新規参入も生み出している。これらの**新規参入銀行**の設立母体を大株主から分類すると，既存の大手金融機関のケースや，流通業のケース，情報家電メーカーのケース，商社のケースなどさまざまである。

　表2-1は，これまでの新規参入銀行の状況をまとめたものである。2000年以降に設立された新規参入銀行の数は10近くに達するが，その中核的な存在が，インターネット専業銀行である。インターネット専業銀行は，過度な人件費や店舗運営コストを必要としない分，預金金利を高くするなどして収益を顧客に還元して成長してきた。預金や振込が主たる業務ではあるが，中には投資信託や保険商品の販売，ローンにも積極的に取り組んでいる銀行もある。インターネット専業銀行の場合，支店のみならずATMすら設置しないところがほ

表2-1　新規参入銀行の概況

（単位：100万円）

	開業	業務純益	総資産	設立時株主
ジャパンネット銀行（JNB）	2000年10月	2,068	689,968	三井住友銀行，富士通
セブン銀行	2001年5月	39,019	910,801	イトーヨーカ堂，セブンイレブン
ソニー銀行（ソニーバンク）	2001年6月	5,797	2,126,564	ソニー，三井住友銀行
楽天銀行（旧：イーバンク銀行，e-Bank）	2001年7月	15,330	1,844,241	伊藤忠商事，住友商事
住信SBIネット銀行	2007年9月	12,639	3,968,151	住友信託銀行，SBIホールディングス
イオン銀行	2007年10月	10,792	2,713,397	イオン
じぶん銀行	2008年6月	1,269	807,086	三菱東京UFJ銀行，KDDI
大和ネクスト銀行	2011年4月	9,665	4,374,981	大和証券

（注）　業務純益と総資産は2015年度決算の数値。

第2章　銀　行　53

> **Column 2-1　銀行業への新規参入**
>
> 　従来，日本の銀行業には，旧大蔵省の保護のもと，厳しい参入規制が課せられてきた。1989年に相互銀行が普通銀行にいっせいに転換した際に，信用金庫が普通銀行に転換した一例を除けば，金融自由化が進展した1970年代以降も銀行の数が増えることは皆無であった。しかし，日本版ビッグバンにより銀行，保険，証券の相互参入が部分的に解禁されたことを機に，金融業以外の一般事業会社が既存銀行の支配株式の取得や銀行を新設することが可能になり，イトーヨーカ堂やソニーなどの異業種からの新規参入が相次いだ。第5節で述べたとおり，インターネット専業やコンビニのネットワークの活用など，個々に経営の独自色を打ち出している。金融庁では，これらの従来の伝統的な銀行にはない業務を行う新設された銀行を，「新たな形態の銀行」と分類している。なお，金融庁は，銀行業の免許の交付に際して，開業後3年以内の経常黒字化を新規参入の条件としている。これまでのところ，異業種が単独で新設した銀行のうち，この厳しい条件をクリアできたのはセブン銀行（当時の呼称はアイワイバンク銀行）のみである。

とんどであり，取り扱う商品や提供するサービスの変更がより機動的に行えるという利点がある。また，情報通信業と既存の銀行との共同出資により誕生したインターネット専業銀行の中には，モバイル媒体の活用に注力した銀行もあり，これまでの金融機関にはない個性的なサービスが利用者に支持されている。

　流通業が設立した新規参入銀行も個性的な経営を打ち出している。大手流通企業グループのセブン＆アイ・ホールディングス傘下のセブン銀行では，コンビニを含むグループの各店舗に設置したATMによる個人口座の管理が提供しているサービスの主体となっている。利用時間への制約が小さいATMが身近に存在するという利便性の高さを反映してか，セブン銀行の個人口座数や預金残高は増加を続けている。有人店舗もいくつか展開し，ローンや銀行代理業務などを行っている。また，同じく大手流通企業のイオングループ傘下のイオン銀行では，ショッピングセンターなどの大型商業施設に有人店舗をインストアブランチとして設け，利用者に対面のサービスを提供している。預金業務だけでなく，投資信託の販売や各種の個人向け融資も窓口で扱っており，一般の銀行としての性格も強くもっている。

54　第 I 部　金融システム

　そのほか，銀行の新規設立ではないものの，情報技術を使った新しい金融サービスである**フィンテック**と呼ばれる分野に，IT 系のベンチャー企業や大手の情報通信会社などが進出してきている（詳しくは第 4 章を参照）。既存の大手金融機関も独自の開発を続けており，競争が激化しているが，個人の決済サービス分野を中心に，これまでの金融機関が提供してこなかった新しいサービスが次々と拡充されている。

本章のまとめ

- 金融機関は，預金取扱金融機関とその他の金融機関に分かれている。
- 預金取扱金融機関の代表はメガバンクをはじめとする銀行であり，預金，貸付，為替という固有業務や，有価証券の売買などの付随業務を展開している。
- 近年，金融自由化や規制緩和の進展により，銀行の業務範囲は大きく拡大している。
- 他方，バブル経済崩壊後の長期の景気低迷による借り手の資金需要の低迷や持続する低金利政策の影響などにより，銀行の収益環境は厳しさを増している。

用語解説

シンジケートローン：幹事となる銀行（アレンジャー）が金利・金額・期間をはじめとする融資条件に関する統一的な契約書を提示し，融資団（シンジケート）に参加する銀行や投資家が同一条件で融資を行うこと。一般的な融資との違いは，借り手と貸し手が相対で交渉するのではなく，アレンジャーが取りまとめることにより，同一条件で複数の貸し手が融資を行う点にある。

プロジェクトファイナンス：天然資源の開発や道路・鉄道・港湾に代表されるインフラ整備など，巨額の費用が必要なプロジェクトに対して行う融資であり，その返済原資を対象プロジェクトが将来的に生み出すキャッシュフローに限定したもの。シンジケートローンの形式で実施されることが多い。

信託：委託者が金銭などの財産を信頼できる受託者に譲渡し，自らが指定した受益者の利益のために管理または処分させること。慈善や環境保護などの公益を目的とする公益信託と，個人の私的な利益を目的とする私益信託に分けられる。

為替：遠く離れた経済主体の間の金銭上の貸借を，現金を輸送することなく決済する方法のこと。債務者が債権者に送金する並為替（送金為替）と，債権者が債務者から取り立てる逆為替（代金取立て）に分けられる。また，債権者と債

務者が同じ国内にいる場合の内国為替と，別の国にいる場合の外国為替に大別される。

全銀システム：全国銀行データ通信システムの略称であり，銀行間の内国為替取引をリアルタイムで処理し，資金決済を行うための銀行間のネットワークシステムのこと。全銀システムで計算された個々の銀行ごとの受払差額は，一日の業務終了後に日本銀行に送信され，各銀行と全銀ネットとの間で日本銀行当座預金の入金または引落しを行うことで，最終的な銀行間の為替決済が完了する。なお，銀行以外の信用金庫，信用組合，労働金庫，農業協同組合も全銀システムに接続している。

金融持株会社：銀行や証券会社，保険会社などの異なる金融業態の株式を保有する持株会社のこと。この組織形態が解禁される以前は，金融機関がほかの業態に進出する際には業態別に子会社を設立せざるをえなかったが，金融持株会社を設立すると，同じ傘下企業として効率的なグループ経営が可能となる。現在，3大メガバンクはすべて金融持株会社を頂点とする金融グループを個々に形成している。

不良債権：銀行などが保有する債権のうち，借り手の諸事情により，当初の約束通りの返済ができなくなったもの。1990年代前半のバブル経済崩壊後，日本の金融機関は巨額の不良債権を抱え，破綻する銀行も多く現れた。

金融再生プログラム：不良債権問題の解決を通じた経済の再生を目的に，2002年10月に金融庁が発表した政策案のこと。都市銀行を中心とする主要行を対象に，資産査定の厳格化や自己資本の充実を通じて市場から信頼される金融システムの構築を目指した。個々の銀行は自己資本比率向上のために大規模な増資を行い，かつ不良債権処理を積極的に推進した結果，主要行の不良債権残高は2004年9月には半減した。

練習問題

1. 戦後の日本の金融制度について，その長所と短所を説明しなさい。
2. 現在の日本の銀行経営について，その特色と課題を説明しなさい。
3. メガバンクと地域金融機関との違いについて，説明しなさい。
4. 金融の自由化や情報技術の進展は，銀行の経営にどのような影響をもたらしているか，具体例をあげて説明しなさい。

参考文献

鹿野嘉昭（2013）『日本の金融制度（第3版）』東洋経済新報社。

多胡秀人（2007）『地域金融論——リレバン恒久化と中小・地域金融機関の在り方』金融財政事情研究会。

筒井義郎（2001）『金融』東洋経済新報社。

星岳雄・A. カシャップ（2006）『日本金融システム進化論』（鯉渕賢訳），日本経済新聞社。

前田裕之（2015）『ドキュメント銀行 金融再編の 20 年史——1995-2015』ディスカヴァー・トゥエンティワン。

第 I 部　金融システム

第**3**章

金融市場

INTRODUCTION

　第2章で取り上げた銀行は，自ら貸し手と借り手を結びつけて資金を融通するとともに，金融取引に関するさまざまなサービスを提供していた。この章で説明する金融市場においては，取引対象となる金融商品の競争的な売買を通じて，資金調達者と資金供給者の間で資金やリスクが移転される。このような市場型取引を円滑に行うために，取引期間，取引参加者，取引対象の金融商品などで分類されたさまざまな市場において，法制度・慣行や専門的組織が重要な役割を果たしている。以下では，金融市場の分類と担い手について整理したうえで，主要な金融市場である短期金融市場，株式市場，債券市場の概要と現状，制度改革の沿革等について解説していく。

KEYWORDS
短期金融市場，株式市場，証券取引所，債券市場

1 日本の金融市場

1.1 金融市場の分類

　広義の金融市場は，取引方法によって**相対型取引**の市場と**市場型取引**の市場に大別される。この章では後者の伝統的な市場型取引の市場を（狭義の）**金融市場**として取り上げる。なお，金融市場は，取引期間，取引参加者，取引対象の金融商品などによって分類される（図3-1参照）。

　取引期間に注目した分類では，1年未満の金融取引が行われる市場を**短期金融市場**，1年以上の金融取引が行われる市場を**長期金融市場**と呼ぶ。なお，長期金融市場は，**証券市場**，あるいは資本市場と呼ばれることも多い。

　短期金融市場は，まず取引参加者によって市場が区分されている。取引参加者が金融機関等に限定されている市場が**インターバンク市場**，金融機関以外も取引に参加できる市場が**オープン市場**である。インターバンク市場には，取引対象に応じてコール市場，手形市場などがある。オープン市場には，債券現先市場，債券貸借市場（レポ市場），CD市場，CP市場，国庫短期証券市場，ユーロ円市場，東京オフショア市場などがある。

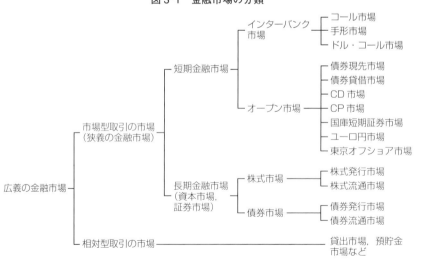

図3-1　金融市場の分類

(注)　外国為替市場，デリバティブ市場などについては，省略している。

長期金融市場では，主として株式や債券などの**有価証券**が取引され，取引対象に応じて**株式市場**と**債券市場**に区分される。さらに，新規に株式ないしは債券が発行され，資金供給者から調達者の間で資金がやりとりされる**発行市場**（プライマリー・マーケット）と，既存の株式や債券が売買される**流通市場**（セカンダリー・マーケット）に分類される。企業が長期資金を調達する場としては，発行市場が直接関係している。また，株式や債券は，発行された後に取引所や店頭市場などで売買可能であり，このような流通市場の存在が新規の株式・債券の発行を円滑にしている。

有価証券の概念は幅広く，また時代とともに変化している。現在では，伝統的な株式や債券のみならず，投資信託・貸付信託のような受益証券，さまざまな債権（各種ローンやクレジット・カードの債権，貸付債権，不動産など）を担保とする証券まで含まれているが[1]，ここでは伝統的な株式市場と債券市場について解説し，証券化商品等については第4章で取り扱う。なお，各種証券すべてについて取引所市場が整備されているわけではなく，店頭取引によって市場が形成されているものもある。

なお，短期金融市場，証券市場のほかに，**外国為替市場**，金融派生商品が取引される**デリバティブ市場**なども市場型取引の金融市場に位置づけられる。

以下，第2節では短期金融市場，第3節では株式市場，第4節では債券市場について解説する。

1.2 金融市場の担い手

金融市場においては，さまざまな主体が分業する形で資金供給者と資金調達者の間を結びつけている。金融市場の担い手としては，資金調達者・供給者のほかに，取引に関わるサービスを提供する**証券会社**や銀行，**証券取引所**（**金融商品取引所**）[2]などの市場運営者，決済機関，さらに公的機関や自主規制を行う

---

1 金融商品取引法において，有価証券が法的に定義されている。
2 現在の法律（金融商品取引法）における名称は「金融商品取引所」であるが，ここでは従来の証券取引法に基づく名称で，また東京証券取引所など現存する取引所名にも使用されている「証券取引所」を用いている。

業界団体なども含めることができる。また，**金融商品取引法（金商法）**をはじめとする金融市場に関する法律，自主規制ルール，取引慣行などは，金融市場が円滑に運営されるために必要な一種のインフラストラクチャであるといえる。

資金供給者・調達者にどのような経済主体がなるかということは，それぞれの市場において異なる。ただし，最終的な資金供給者は個人（家計），最終的な資金調達者は企業や政府となることが多い。資金供給者は投資家とも呼ばれ，**個人投資家**と**機関投資家**の2つに大きく分けられる。後者は，集約した資金の運用を業務として行う組織であり，**投資信託**や，**生命保険会社**，**年金基金**などが代表例である。

金融サービスを提供する組織には，銀行，証券会社，保険会社，格付機関，ベンチャーキャピタル，投資信託委託業者，情報サービス会社などがある。日本では，証券発行による資金調達の際には，証券会社がいったん買い取り（引受），そのうえで投資家に販売されること（分売）が一般的である。とくに社債発行の際は，債券の元利払いの信用力を表す**格付**を**格付機関**（アメリカ：S&P，Moody's，日本：格付投資情報センター〔R&I〕，など）から取得することが多くの場合求められる。なお，引受，分売などの業務や企業の買収・合併に関する業務などについては，投資銀行業務とも呼ばれている。また，最近では，未公開企業の株式を取得して資金提供や経営上のアドバイスを行い，上場後に市場で株式を売却して資金を回収する**ベンチャーキャピタル**が注目されるようになっている。情報サービス会社は，金融データの分析・提供や金融商品の評価を行っており，代表的なものとして，ブルームバーグ，トムソン・ロイター，モーニングスターなどがあげられる。

証券取引所は，証券取引システムの運営のほかに，取引される証券の質を確保するための上場審査・上場管理，不公正取引の監視などの業務を行っている。また，日本において，証券の保管・受け渡しの効率化を目的とする組織として**証券保管振替機構**（略称：ほふり）が設置されており，集中保管と同機関に設けられた口座間の振替による受け渡しの処理が行われている。

金融市場に関わる公的機関としては，政策の立案や制度の策定，金融機関の検査・監督を行う**金融庁**，取引の監視等を行う**証券取引等監視委員会**，中央銀行の一業務として決済システムを運営する**日本銀行**などがあげられる。また，

日本証券業協会や各証券取引所などは，証券取引や業務の現場に近いことを活かし自主規制機能を担っている。

2 短期金融市場

2.1 インターバンク市場

インターバンク市場は，金融機関等に取引参加者が限定されている。なかでも，**コール市場**は，呼べばすぐに戻ってくるような超短期の資金（"money at call" といわれる）を取引する市場であり，取引期間は日中（当日中に返済）から1年以内となっている。また，担保の有無によって，有担保コール取引と無担保コール取引に分類される。また，取引約定日以降に資金の受け渡しを行う先日付取引も無担保コール取引において導入されている。

市場を構成するのは，広義の金融機関であり，都市銀行（メガバンク），地方銀行，信託銀行，外国銀行，証券会社，保険会社，ならびに専門の媒介機関である短資会社，そして日本銀行などである。近年では，主な資金供給者は生命保険会社や信託銀行，調達者はメガバンクや地方銀行となっている。

コール市場では，一時的な資金過不足を調整するために短期の金融取引が行われている。日々の経済活動に伴う決済の大半が（金額ベースでは）預金口座を通じて行われ，各金融機関が日本銀行に保有する当座預金口座間の振替で最終的な帳尻を合わせることになる。したがって，金融機関同士の資金過不足を調整するコール市場は，いわば日本の金融システム全体の最後の調整弁としての役割を果たしている。

手形市場は，1971年にコール市場から比較的長めの取引（1カ月以上）を分離する形で創設され，手形を売買する形で資金が取引される。期間の違いを除けばコール市場と似通っていることから，コール・手形市場とまとめて呼ばれることもある。また，市場で取引される手形の大半は相手方が日本銀行となっている。なお，2001年1月に実施された日銀当座預金・国債の即時処理化（Real-Time Gross Settlement: RTGS化）後は，すべての日銀適格担保（手形，CP，社債，国債等）が手形買入オペレーション（第11章参照）の対象担保となり，06年6月にはペーパーレス化・電子化に伴って名称が共通担保資金供給オペレー

62　第Ⅰ部　金融システム

ション（共通担保オペ）に変更された。

2.2　オープン市場

　オープン市場には，銀行や証券会社など金融機関のほかに，事業会社や機関投資家なども取引に参加している。規制改革を受けて，近年では事業会社がCP市場をはじめとしてオープン市場を活用することも増えており，短期資金を直接調達・運用する市場としても参加者の拡大が期待される。

　債券現先市場は，一定期間後に一定の価格で債券を売り戻す，あるいは買い戻すことを条件に付けた債券売買（債券現先取引）が行われる市場である。したがって，債券売買の形式をとっているものの，実態は債券を担保とした資金貸借取引ともいえる。つまり，現先取引の買い手は，売り戻すまでの期間，債券を担保に資金を運用することになる。売り手にとっては，買い戻すまでの期間，債券を担保に差し入れて資金を調達することになる。

　債券現先市場は，第2次世界大戦後の1950年ごろに，証券会社が債券を買い戻す条件を付けて資金調達の手段として利用するようになったのが始まりとされている。金利規制が実施されていた当時，事業会社にとっては自由金利で運用可能な数少ない市場であった。なお，現先取引の対象となる債券としては国債が一般的である。

　債券貸借市場は債券貸借を行う市場であるが，1996年から現金担保取引が実質的に可能となり市場規模が拡大している。現在では，現金を担保として債券貸借（大半は国債の貸借）を行う現金担保付債券貸借取引（**レポ取引**[3]）が大半を占めている。債券の借り手は現金を担保として債券の貸し手に差し入れるため，債券の貸し手からみれば債券を担保として短期資金の調達を行っていることになる。取引の決済日には，債券の借り手は債券貸借料を債券の貸し手に支払い，債券の貸し手は担保の現金に対する金利を債券の借り手に支払う。したがって，債券の借り手は「金利−債券貸借料」のレートで資金を運用し，債券の貸し手

　3　日本で現金担保付債券貸借取引が導入された際に，アメリカのレポ取引（債券現先取引）をモデルとしたことから，日本版レポ市場と呼ばれる場合がある。そのため，日米で用語法が異なる点に注意が必要である。

は「金利－債券貸借料」のコストで資金を調達したことになる。

とくにレポ取引については，国債と現金が交換される形をとるためにリスクが小さく，日本銀行のオペレーション対象となったこともあって市場規模が拡大し，短期金融市場の中核的存在となっている。

CD 市場は，譲渡可能で自由に発行条件を決めることのできる大口定期預金である **CD（譲渡性預金）**が取引される市場である。1979 年に銀行による発行が開始され，規制緩和によって発行額が拡大していった。当初は自由金利の金融商品として事業会社が資金運用のためにも利用していたが，その後の金利自由化で顧客向けの金融商品としての優位性が薄れ，現在では金融機関同士のディーリング取引が主流となっている。

CP 市場は，信用力のある企業が短期資金調達のために発行する短期社債である **CP**（Commercial Paper）が取引される市場である[4]。日本では 1987 年に発行が開始された。企業が短期資金を市場から直接調達可能な手段として発行額は急速に伸びており，また流通市場の取引も拡大している。2002 年施行の「短期社債等の振替に関する法律」でペーパーレス化が実現し，発行・流通・決済の各コスト削減，決済期間の短縮化などにより，大企業を中心に資金調達手段として活用されている。

国庫短期証券市場は，**国庫短期証券**（Treasury Discount Bills: T-Bill）と呼ばれる短期の割引国債（2 カ月，3 カ月，6 カ月，1 年の 4 種類）が取引される市場である。2009 年 2 月に，それまでの割引短期国債（Treasury Bills: TB）と政府短期証券（Financing Bills: FB）が国庫短期証券という統一名称のもとに発行されることになった[5]。

ユーロ・カレンシー[6] とは本国以外で取引される通貨であり，その取引市場

---

4 2001 年 6 月成立の「短期社債等の振替に関する法律」で，従来の約束手形から，償還期限 1 年未満の短期社債と位置づけられることになった。

5 2009 年 2 月から，財政制度上の位置づけを変えることなく，統一名称のもとで発行されるようになった。なお，TB は期間 1 年未満の割引短期国債で普通国債に分類される。FB は国庫の一時的な資金繰りを補うために発行される政府短期証券で融通債に分類される。

6 EU における統一通貨の「ユーロ」とは異なる。

64 第I部 金融システム

がユーロ市場である。ユーロ円市場は，日本国外で取引される円建て金融資産，すなわちユーロ円が取引される市場であり，ロンドンを中心として，シンガポール，ニューヨークなどでも取引が行われている。ユーロ円市場の特徴としては，日本国内の規制・税金などが課せられないこと，また規制がないために新しい金融技術の導入を行いやすいことがあげられる。さらに，市場参加者が国際的で幅広く，大口取引中心のため，低コストでニーズにあった取引が容易なことも利点である。

オフショア市場とは，非居住者を取引相手とする場合に，一般の国内取引では課せられる規制や税金などが優遇される市場である。ロンドン市場のように非居住者の取引市場と国内市場が一体化しているものもあるが，1986年に創設された東京オフショア市場では，特別国際金融取引勘定（オフショア勘定）を開設し，非居住者との取引のみを行うという，内外分離型の市場となっている。参加者はオフショア勘定の開設を認められた日本の金融機関，そして外国政府，外国銀行の支店，外国法人，国際機関などの非居住者であり，ほかのオープン市場とは性格が異なっている。

3 株式市場

3.1 株式の特徴と種類

株式は株式会社の出資者としての地位を表すものであり，株式を所有して株主となることは，その会社に対して出資し経営に参加することを意味する。発行された株式は，会社の解散や自社株買いの場合等を除き償還されない。そのため，流動性を高めて売却を容易にするために，株式は1株単位に細分化され[7]，有価証券である株券の形をとっている。

株式市場で取引対象となる株式は，証券取引所での売買対象として認められていること，すなわち上 場していることが必要である。上場に関する制度としては，株式が証券取引所での取引に適しているかどうかを評価する上場審査

---

7 証券取引所における売買単位は単元と呼ばれ，2018年10月1日までに100株単位とする方針が決定されている。

制度, 上場後にも適格性が維持されるための上場管理制度, 投資判断の基礎と
なる企業情報を開示させるディスクロージャー制度などがあげられる。なお,
2009 年 1 月に上場企業の株券は電子化されており, 証券保管振替機構および
証券会社等の金融機関に開設された口座において株主としての権利は管理され
ている。

　株主の権利は経済的利益に関わる**自益権**と経営参加に関わる**共益権**の 2 つに
大きく分けられる。自益権は, 権利行使の結果がその株主個人だけに及ぶ財産
的権利であり, 会社から利益の**配当**を受ける権利である利益配当請求権, そし
て会社が解散した際に残余財産を受け取る権利である残余財産分配請求権が代
表的なものであり, ほかに株式買取請求権, 新株引受権などがある。共益権は,
経営に参加する権利であり, 権利行使の結果が株主全体の利害に影響する。主
なものとしては**議決権**がある。議決権は, 株主が会社の最高意思決定機関であ
る株主総会に参加して, 取締役や監査役など役員の選任, 決算書類の承認, 経
営方針など重要な問題に関する決議などを行う権利である。ほかには, 代表訴
訟提起権, 株主提案権, 総会招集権, 役員解任請求権などがある。

　日本で発行されている株式の大半は, 株主としての権利にとくに制限のない
普通株式である。普通株式以外には, 株主の権利を特定の内容や範囲に限った
種類株式がある。2002 年の改正商法でさまざまな種類株式を発行することが
可能になった。たとえば, 配当や残余財産の配分において優先的な権利をもつ
優先株式, 権利が普通株に比べて劣後して扱われる劣後株式, 議決権が制限さ
れている議決権制限株式, などがある。種類株を利用する具体例としては, ベ
ンチャー企業の創業者に出資比率以上の議決権を付与するケース[8], あるいは
ベンチャーキャピタルに対して取締役の選任といった特定事項に関してのみ議
決権を与えるケースなどが考えられる。株式による資金調達では, 経済的利益
の分配と経営への関与という両面を配慮する必要がある。種類株の活用によっ
て, 企業と資金提供者の状況や利害に応じた条件を織り込むことができれば,

8　2014 年 3 月に東証マザーズに上場したサイバーダインは, 創業者である社長が普通株
　　式の 10 倍の議決権を付与された種類株式を保有しており, 出資比率よりも議決権比率
　　が高くなっている。

増資による資金調達の可能性が拡大すると考えられる。

3.2 株式市場の現状

株式取引に関して，発行市場・流通市場いずれも高度に整備された市場が存在している。現在，一般投資家が現物株式等を取引可能で，金融商品取引法に基づき免許を受けて**取引所金融商品市場**を開設している金融商品取引所としては，**東京証券取引所**（東証），名古屋証券取引所（名証），福岡証券取引所（福証），札幌証券取引所（札証）の4取引所がある。

なお，日本の代表的な株式市場である東京証券取引所には，異なる特徴をもつ市場が複数開設されている。市場第一部（**東証一部**）は大企業向け市場であり，知名度の高い日本を代表する大企業の多くが上場している。市場第二部（東証二部）は中堅企業向けの市場，マザーズは比較的若い成長企業向けの市場と位置づけられている。東証との経営統合に伴い大阪証券取引所（大証）から移管されたJASDAQ（ジャスダック）には多様な業態・成長段階の企業が上場している。

表3-1には，株式による資金調達額の推移が示されている。日本の株式発行市場においては，1970年代半ばまでは既存株主に新株を割り当てる株主割当による額面発行増資が多かった。それ以降は公募による**時価発行増資**が主流となっている。また，1980年代後半には，**エクイティ・ファイナンス**と呼ばれる資金調達がバブル経済期の高株価を背景に活発に行われた。なお，エクイティ・ファイナンスとは，増資による資金調達や，事前に定められた条件で株式を購入可能な権利（**新株予約権；ワラント**）の付いた**新株予約権付社債**（ワラント債）や同様に株式に転換可能な社債である**転換社債**（現在は，**転換社債型新株予約権付社債**）による資金調達を指している。1990

東京証券取引所の東証Arrows（時事通信フォト提供）

第3章 金融市場　67

表3-1　株式による資金調達額

(単位：億円)

年	株主割当		公　募		第三者割当		新株予約権の権利行使		優先株式等		合　計	
	件数	調達額	件数	調達額	件数	調達額	件数	調達額	件数	調達額	件数	調達額
1998	0	0	8	2,782	32	6,880	28	864	5	4,710	73	15,236
1999	0	0	28	3,497	75	23,473	62	2,529	25	69,894	190	99,393
2000	2	82	24	4,941	46	9,228	87	1,056	4	1,073	163	16,381
2001	3	320	18	12,015	57	4,772	85	374	5	2,161	168	19,642
2002	0	0	19	1,533	62	4,844	78	2,763	36	9,968	195	19,107
2003	2	15	35	5,672	84	2,232	121	366	74	25,322	316	33,607
2004	1	27	78	7,502	129	5,726	228	995	50	13,626	486	27,877
2005	1	37	74	6,508	150	7,781	336	1,669	45	11,678	607	27,673
2006	0	0	69	14,477	145	4,165	371	1,513	26	5,597	611	25,751
2007	1	81	60	4,570	117	6,621	347	1,650	12	7,955	537	20,877
2008	1	1	27	3,417	93	3,958	240	209	9	5,937	370	13,523
2009	0	0	52	49,668	115	7,146	169	188	28	4,740	364	61,743
2010	1	7	50	33,089	88	5,356	159	246	10	736	308	39,433
2011	0	0	45	9,678	66	3,952	171	261	7	693	289	14,584
2012	1	4	53	4,518	71	1,593	174	218	17	12,755	316	19,088
2013	1	10	114	11,137	151	3,719	350	1,904	3	1,200	619	17,970
2014	1	14	129	13,780	190	3,928	412	1,087	4	2,242	745	21,037
2015	1	1	131	9,620	187	1,635	437	815	6	7,513	762	19,583
2016	1	2	95	2,577	151	6,230	483	901	7	1,480	737	11,191

(出所)　東京証券取引所「上場会社資金調達額」。

年代前半は，バブル経済崩壊後の株価急落を受けて，増資による資金調達は激減した。1990年代後半以降は，銀行への公的資金注入や大規模増資が実施された年を除いて，おおむね1兆円台から3兆円台で推移している。

　図3-2には株式流通市場の代表格である東証一部における売買代金の推移が示されている。株式流通市場は発行済みの株式を投資家間で売買するための市場であり，企業の資金調達に直接は結びつかない。だが，発達した流通市場の存在は，購入後の株式の換金を容易なものとし，新規に発行される株式の販売を円滑にしている。また，企業価値に関する評価が流通市場において株価に集

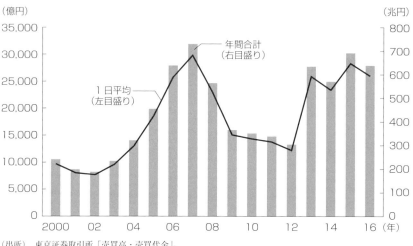

図3-2 東証一部売買代金

(出所) 東京証券取引所「売買高・売買代金」。

約されることで，当該企業の資本コストについての有用な情報が発信されることにもなる。ただし，流通市場がこのような情報公示機能を十分に果たすには，取引注文ができるだけ1カ所に集中され，多様な評価に基づいて株価が形成されることが望ましい。また，売り・買いそれぞれの注文に厚みがあれば，企業価値の変化と無関係な一時的な注文の動きによって株価が乱高下する恐れは小さくなるだろう。そこで，従来，上場銘柄については取引所に注文を集中させることが義務づけられていた。

だが，**取引所集中義務**による独占的な地位は，取引所の運営を非効率なものにする可能性がある。また，小口注文も大口注文も同様に集中させて取引を行うことは，多額の資金を運用する機関投資家等にとっては，自らの売買によって株価を変動させることになり，必ずしも望ましいものではない。そこで，日本版ビッグバン▶用語における改革の1つとして，1998年12月から取引所集中義務が撤廃された。取引所に上場されている銘柄についても，大口取引や複数銘柄を一度に取引するバスケット取引，個人投資家向けの夜間取引などで**取引所外取引**が行われるようになった。取引所外取引では，証券会社等の民間業者が**PTS**（私設取引システム，第9章の用語解説を参照）と呼ばれる電子証券取引システムを提供して，証券取引所を通さずに投資家間の売買注文を仲介している。

アメリカでは，PTS が発展した **ECN**（Electronic Communications Network：電子証券取引ネットワーク）が投資家の直接参加によって取引高を大きく伸ばしている[9]。取引所側も，取引所外取引に対抗して，通常の取引時間外に大口取引やバスケット取引などを対象とした立会外取引▶用語の制度を導入している。

　取引所集中義務の撤廃を契機に，日本の株式流通市場においても市場間競争の展開が期待されていた。ただ，現状では全取引に占める取引所取引の割合は売買代金の9割以上であり，また取引所取引のうち99% 以上が東京証券取引所に集中している。

3.3　株式市場間競争と取引所再編

　1996 年 11 月に第 2 次橋本内閣が打ち出した**日本版ビッグバン**と呼ばれる大がかりな金融制度改革は，株式市場における競争と再編の発端の1つとなった。十数年を経て，新規公開企業獲得をめぐる市場の相次ぐ創設と再編，東証への一極集中の加速と東証・大証の経営統合という大きな足跡を残した。図3-3には，取引所再編の経緯が整理されている。

　株式発行市場に関しては，大証新市場部のように緩やかな上場審査基準を有した市場部門を設置することにより，従来から新規公開銘柄の獲得を目指す動きは存在していた。だが，東証一極集中の進展に加えて，一連の証券市場改革は，東証以外の市場が新規公開銘柄の積極的獲得によって，発行市場・流通市場双方の活性化を図らざるをえない状況を作り出した。さらに，市場を通じた企業の資金調達拡大への要請，ベンチャーキャピタル等によるプライベート・エクイティ（未公開株式）投資増大への期待などから，ベンチャー企業や中小企業などが株式公開可能な市場を早期に整備することが望まれるようになった。

　以上のような背景をもって，1999 年には東京証券取引所にマザーズ市場（以下，**東証マザーズ**），2000 年には大阪証券取引所に米ナスダックと提携したナス

　9　取引市場間の競争が活発はアメリカでは，全上場銘柄の売買高のうち3割から4割が取引所外取引となっている。ただし，取引がさまざまな市場で行われること（市場の分裂）が，価格発見機能の低下をもたらす恐れもある。詳しくは，日本証券経済研究所（2016b）などを参照。

70　第 I 部　金融システム

図 3-3　証券取引所の再編

取引所	1997	99	2001	03	05	07	09	11	13	14
東京証券取引所									2013.1 日本取引所グループ	大阪取引所
新潟証券取引所		2000.3 東証に統合					TOKYO AIM 取引所 2009.5 2012.7	東証に統合		
広島証券取引所		2000.3								
大阪証券取引所										
京都証券取引所			2001.3 大証に統合					大証に統合		
ジャスダック市場 ※店頭登録市場	1998.12 証取法上の店頭売買 有価証券市場となる			ジャスダック 証券取引所 2004.12			2010.4			
名古屋証券取引所										
福岡証券取引所										
札幌証券取引所										

（出所）　金融審議会・市場ワーキンググループ資料。

ダック・ジャパン市場（2002 年 12 月より「ヘラクレス」に名称変更。以下，大証ヘラクレス）が開設された。ともに，成長性に富んだ新興企業の上場を可能とする比較的緩やかな上場審査基準を設け，既存の店頭市場を含めて新規公開銘柄の獲得競争を開始した。その結果，新規公開企業の総数が急増し，とくに新設された両市場では新規公開に至る営業年数の短い企業，いわゆる「若い」企業の上場が増加した。また，新規公開業務を中心的に担う主幹事業務についても，大手証券会社の寡占状態から中堅・外資系の証券会社が参入するという変化がみられた。

　市場間競争の本格化によってもたらされた大きな変化の 1 つは，会社設立から公開に至る所要年数の大幅な短縮である。2000 年代半ばまでの数年間，東証マザーズ市場ならびに大証ヘラクレス市場においては設立後 10 年未満で新規公開に至った企業が多くみられ，新規公開企業数は年間 100 社を超える水準が定着していた。新規公開に至る所要年数の短縮は，ベンチャー企業投資の「出口（Exit）」への展望を拓き，より多くの起業家と投資家をベンチャービジネスに参入させる効果を生むと考えられる。ただし，リーマンショック翌年の2009 年には年間 19 社にまで急減したように，株式市場の状況や経済環境に影

響を受けやすい面がある。東証と大証の経営統合という機会を活かし，各市場の特徴を明確にしたうえで，適切な上場基準の設定や上場審査を行うことを通じて，より多くの企業が株式市場からの資金調達を実現できるような環境整備が期待される[10]。

株式流通市場に関しては，1998年12月に取引所集中義務が撤廃され，取引所外取引，PTSを通じた取引が可能となった。その結果，大阪証券取引所等においては，東証との重複上場銘柄のクロス取引（同一数量・同一値段の売り注文と買い注文を出して約定させる取引）が取引所外取引や東証の立会外取引に流出し，独自銘柄確保の重要性が増すことになった。また，1998年12月の証券取引法改正によって店頭市場の位置づけが見直され，従来の補完的市場から店頭売買有価証券市場とされ，有価証券市場として明確化された。さらに，2004年12月にジャスダック証券取引所の創設に伴い，ジャスダック市場は取引所有価証券市場となり，既存の証券取引所と完全に競合する存在となった。2010年10月にジャスダックは大証傘下のヘラクレス，NEO（旧ジャスダック内の新興企業向け市場部門）と統合され，大証のもとに（新）ジャスダックが開設された。2013年7月には東証と大証の現物市場が統合され，東証一部，二部，マザーズ，ジャスダック，TOKYO PRO Marketなどを有する日本取引所グループとなった[11]。これにより，日本における市場間競争は事実上終結した。

4 債券市場

4.1 債券の特徴と種類

債券は，資金調達を行う発行体が，元本や利子の支払いを約束して発行する証書である。負債の一種であるので，原則として，株式とは異なり返済期限があること，満期時には元本を償還すること，期間中に確定利子が付くこと，な

10　東証と大証の経営統合に伴う市場再編後は，新規公開企業数で東証マザーズがジャスダックを上回る傾向にある。

11　大証での現物株式の取引は東証に移管され，大阪にデリバティブ取引が集約されたことに伴い，**大阪取引所**と名称変更された。

72　第 I 部　金融システム

どの特徴がある。なお，銀行借入に比べて流通性が高いという違いがある。

　債券は，発行体，償還までの期間，利払いの方法，募集の形式などによって分類することができる。まず，発行体別に，公共債，民間債，外国債に大きく分けられる。国が発行するものが**国債**であり，債券市場の中核を占めている。ほかに，地方公共団体が発行する**地方債**，政府保証債や財投機関債などの政府関係機関債がある。国債，地方債，政府関係機関債などを総称して，公共債と呼んでいる。また，国債は満期別に，短期国債（1年以内），中期国債（2〜5年），長期国債（6〜10年），超長期国債（10年超）に分類され，利払いの方法によって利付債と割引債に分けることができる。根拠法によっては，建設国債と特例国債（赤字国債）に分類される。また，国債の元本部分と利子部分を分離させ，独立して流通させることのできる利付債であるストリップス債が 2003 年から導入されている。

　民間債には，特例法に基づいて一部の金融機関が発行する金融債，一般企業が発行する**社債**（普通社債，あるいは事業債），転換社債型新株予約権付社債，新株予約権付社債などがある。社債は，担保の有無によって，無担保社債，担保付社債（物上担保付社債），一般担保付社債に分けられる。また，電力会社が発行する電力債とその他企業の一般事業債に分類されることもある。転換社債型新株予約権付社債は，社債権者（社債の保有者）の請求に基づいて，発行の際に定められた条件で株式に転換できる社債であり，商法改正以前の 2002 年 3 月までは転換社債と呼ばれていたものである。新株予約権付社債は，**ワラント債**とも呼ばれており，事前に定められた条件のもとに株式を引き受ける権利（**ワラント**）が付与された社債である。転換社債型新株予約権付社債と新株予約権付社債は，株式としての性質を併せ持つため，**エクイティ債**とも呼ばれる。

　外国債は，外国の政府・法人が発行する円貨建て債券や，外国の政府・法人や日本企業が外貨建てで発行する債券などを指す。また，日本では外国債のことを外債と呼ぶことが多い。

　また，募集の形式によっても分類され，不特定多数の投資家に販売する**公募債**と，特定少数の投資家向けの**私募債**などがある。

Column 3-1　公募と私募

　この章では，募集の形式として公募と私募を取り上げた。株式発行の場合の公募増資，債券の種類としての公募債と私募債，などが具体例である。なお，公募と私募については，日本においては金融商品取引法で「有価証券の募集」ならびに「有価証券の私募」として規定されている。

　公募とは，不特定かつ多数（50人以上）の一般投資家を相手方として勧誘する場合を指している。私募とは，有価証券投資に関する専門的知識や経験を有する適格機関投資家のみを相手とする場合（プロ私募），あるいは少数（50人未満）の者を勧誘の相手方とする場合（少人数私募），となっている。

　公募の場合は，不特定多数の投資家から資金を集めることが可能となる一方，投資家保護のために，規制や情報開示，事務手続きなどが厳しくなっている。私募の場合は，相手方が少数であったり，投資判断力や経験などに優れた機関投資家が相手方となるので，規制や手続きが緩やかとなっている。

　株式については，公開（上場）しているかどうかが，**公募増資**により幅広い投資家からの資金調達が可能になるかどうかの基準になる。もちろん，公開していても，増資に際しては経営権が問題になるので，資本提携などの目的がある場合には，特定の第三者に新株を割り当てる**第三者割当増資**が選択される。

　社債については，もともと機関投資家による購入を想定して発行されることが多く，FA債（注12参照）のように社債券面の金額が1億円以上といったこともめずらしくない。近年の低金利局面では，機関投資家は運用に苦慮しており，私募でも十分に消化できるといわれている。そのため，事務的な負担などを考慮すると，あえて公募で発行する必要がない事例も多いと考えられる。また，私募の方が，投資家のニーズにあわせて商品設計することが可能というメリットがある。それでも公募で発行するのは，私募では消化が困難な1000億円単位の多額の発行をする場合や，電力会社や鉄道会社などが営業地域に居住する個人投資家向けに小口（100万円程度）の社債を発行する場合などである。過去には，経営状態の悪化した小売業の大手企業が，プロ私募では買い手がつきにくくなったため，個人投資家向けに小口の社債を多数発行し，経営破綻後に社債を販売した証券会社を巻き込んで問題になった事例もある。公募債であっても，いったん発行された後は，投資家自身も発行企業の経営状態に目を配る必要があることを認識させた一件であった。

74 第 I 部 金融システム

4.2 債券市場の現状

債券発行市場は，資金調達を行う発行体，債券を購入する投資家，発行者と投資家を仲介して事務手続きや募集業務を行う証券会社や銀行などの引受業者などで構成される。

国債については，2006 年 3 月に複数の引受業者が構成する引受シンジケート団による引受（シ団引受）が廃止され，公募入札方式による発行が基本となっている。また，国債の安定的な消化の促進，国債市場の流動性の維持・向上等を図ることを目的として，国債市場特別参加者制度（**プライマリー・ディーラー制度**）が 2004 年 10 月から導入されている。国債市場特別参加者には大手証券会社・銀行等が指定されており，一定額の応札・落札の責任を負う一方で，特定の入札への参加や財務省と直接意見交換できるといったメリットがある。なお，財政悪化に伴う国債発行額増加に対応して，年限の多様化，発行方式の多様化などが進められている。

社債の場合，複数の引受業者によって引受シンジケート団が構成されることが多い。社債発行の特徴としては，無担保社債の場合は原則として**社債管理者**が設置され[12]，担保付社債の場合は担保に関する業務等を行う担保の受託会社が必ず設置されることがあげられる。従来，社債による資金調達は限られたものであったが，1990 年代に適債基準・財務制限条項の撤廃など社債市場の環境整備が進んだ。一方，株式市場の低迷により 1990 年代以降，エクイティ債の発行水準は伸び悩んでいる。なお，社債を発行する場合，**格付機関**から取得している**格付**[13] が信用リスクを評価するために重視されており，格付が低ければ社債の発行自体が困難となる場合も多い。表 3-2 には格付別の社債発行額が整理されている[14]。

図 3-4 には流通市場における種類別の債券売買高がまとめられている。債券

---

12 例外規定の条件（社債券面金額 1 億円以上，または券面 50 枚未満の場合）を満たせば，財務状況や事業活動の監視を行い，社債権者の権利をとりまとめる社債管理者を設置せずに，社債事務のみを取り扱う財務代理人（FA）を置くだけでよい。このような社債は FA 債あるいは不設置債と呼ばれている。機関投資家への販売を念頭に置いた社債については，手数料を削減できるため，FA 債が多く発行されている。

13 格付については第 8 章を参照。

第3章 金融市場 75

表3-2 格付別社債発行額

(単位：100万円，％)

	2009年度			2010年度			2011年度		
	銘柄数	発行額	発行額に占める割合	銘柄数	発行額	発行額に占める割合	銘柄数	発行額	発行額に占める割合
AAA	26	745,000	7.6	59	1,360,000	14.1	23	480,000	6.0
AA＋	33	680,000	6.9	35	675,000	7.0	24	620,000	7.7
AA	53	1,471,000	14.9	46	1,654,000	17.2	41	888,000	11.1
AA－	87	3,259,200	33.1	59	1,956,000	20.3	66	2,140,400	26.7
A＋	62	1,648,000	16.7	43	937,200	9.7	59	1,546,000	19.3
A	47	719,000	7.3	78	1,377,300	14.3	73	1,219,000	15.2
A－	42	928,700	9.4	53	877,800	9.1	44	665,000	8.3
BBB＋	16	195,000	2.0	42	676,600	7.0	28	321,000	4.0
BBB	9	204,300	2.1	12	105,100	1.1	17	147,600	1.8
BBB－	0	0	0.0	2	10,000	0.1	0	0	0.0
計	375	9,850,200	100.0	429	9,629,000	100.0	375	8,027,000	100.0

	2012年度			2013年度			2014年度		
	銘柄数	発行額	発行額に占める割合	銘柄数	発行額	発行額に占める割合	銘柄数	発行額	発行額に占める割合
AAA	2	70,000	0.9	2	60,000	0.8	3	45,000	0.5
AA＋	41	965,000	12.0	53	1,170,000	14.8	34	845,000	9.9
AA	76	1,648,000	20.6	60	1,240,000	15.7	50	900,000	10.5
AA－	79	2,171,400	27.1	71	1,527,000	19.4	69	1,450,000	16.9
A＋	46	896,000	11.2	66	1,089,000	13.8	81	1,487,000	17.3
A	80	1,569,000	19.6	77	1,611,000	20.4	67	1,349,600	15.7
A－	37	338,000	4.2	54	767,000	9.7	63	1,352,000	15.8
BBB＋	23	278,100	3.5	24	265,000	3.4	25	1,071,000	12.5
BBB	10	78,400	1.0	13	153,600	1.9	6	73,000	0.9
BBB－	0	0	0.0	1	1,400	0.0	0	0	0.0
計	394	8,013,900	100.0	421	7,884,000	100.0	398	8,572,600	100.0

(注) 条件決定日ベースで集計。四捨五入により合計が合わないところがある。交通債，放送債を含む。格付は，最高ランクを採用。

(出所) 日本証券経済研究所（2016a）73頁。

流通市場の特徴として，転換社債の取引を除いては，店頭市場での取引がほぼすべてを占め，証券取引所での取引量が極端に少ないことがあげられる。その

---

14 日本の社債市場の課題として，投資適格と位置づけられる BBB 格の発行額が相対的に少なく，市場の裾野に広がりが欠ける点が指摘されている。

図3-4 公社債種類別売買高

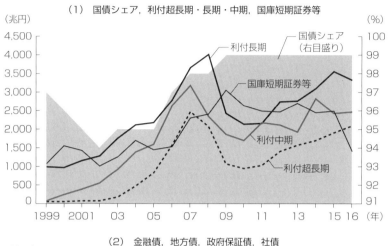

(1) 国債シェア，利付超長期・長期・中期，国庫短期証券等

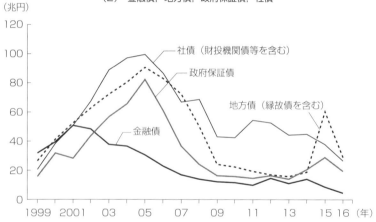

(2) 金融債，地方債，政府保証債，社債

(注) 現先売買高を含み，新株予約権付社債を除く。
(出所) 日本証券協会。

理由としては，銘柄数が非常に多いこと，機関投資家の大口売買が大半を占めるうえに複数銘柄を組み合わせた複雑な取引が多いことなどが考えられる。そのため，取引形態を標準化する必要のある取引所取引よりも，相対で取引条件を決定する店頭取引▶用語の方が債券流通市場での取引に適している。

債券の種類別では，国債が大半の売買シェアを占める。これは，発行量がき

わめて多く流動性に優れているだけでなく，信用度が高いこと，日本銀行の金融調節の主要な対象となっていること，金融機関が自己資本比率を計算する際にリスクゼロとして扱えるために売買ニーズが高いこと，などが要因である。なお，国債の利回りはリスクフリー・レートと位置づけられ，さまざまな期間における利子率の基準となっている。

4.3 社債市場改革

　1980年代以降，日本の社債市場では相次いで改革が実施され，従来の社債制度を特徴づけていた有担保原則と社債受託制度はともに改められた。

　有担保原則は，戦前の金解禁から昭和恐慌時に償還不能となる無担保社債が続出した反省から生まれた社債浄化運動に端を発している。有担保原則は戦後の厳しい起債調整の中で維持され，1979年に完全無担保転換社債，85年に無担保普通社債がようやく発行された。1990年に適債基準が財務状況に関する基準に代わって格付基準に一本化され，無担保社債に関する財務制限条項も見直された。1993年の適債基準見直しに引き続き，96年1月には適債基準と財務制限条項設置義務そのものが廃止された。

　社債受託制度のもとで，銀行・信託会社は商法に基づく募集の受託銀行として，発行事務代行と発行後の社債管理などの業務を行っていた。本来，募集の受託業務は，社債権者の保護や社債の募集・償還に関するさまざまな事務などを，証券会社の引受業務と分離して銀行が担っていたものである。だが，受託銀行は発行段階の業務を通じて実質的に発行内容に関与することが可能であり，実際メインバンクが受託銀行となる事例が大半であった。また受託手数料も高率であるなどの問題が指摘されていた。1993年の商法改正で募集の受託会社は廃止され，発行後に限定して社債権者のために弁済を受ける業務などを行う社債管理会社（現・社債管理者）の制度が導入された。さらに，一定の条件を満たせば，社債管理者を設置せずに**財務代理人**（FA）を置くだけでよい。機関投資家への販売を念頭に置いた社債については手数料を削減できるため，現在では財務代理人のみを置く社債も多く発行されている。

　厳しい適債基準に従って一部の優良企業だけが社債を発行していた時代には，資金調達のチャネルとして社債市場の役割は非常に限定的であった。適債基準

78 第Ⅰ部 金融システム

が撤廃され発行可能な企業の裾野が広がっている現在，長期資金を社債，短期資金をCPといった形で，負債の多くを市場から調達することも企業の選択肢となりつつある。一方で，格付機関や監査法人による発行会社の監視と情報生産の重要性は，市場を発展させるうえでますます高まっている[15]。

本章のまとめ

・金融市場は，取引期間，取引参加者，取引対象の金融商品などによって分類され，伝統的な金融市場は短期金融市場と長期金融市場（証券市場）に大別される。それ以外に，外国為替市場，デリバティブ市場をはじめ，取引される金融商品に対応したさまざまな市場がある。

・短期金融市場は，金融機関等に参加者が限定されるインターバンク市場，金融機関に加えて事業会社や機関投資家等も参加するオープン市場に大きく分類される。また，日本銀行が金融政策を行ううえで，短期金融市場においてオペレーションを行うことが多い。

・証券取引所での取引が認められることを上場といい，資金調達のために新規に株式が発行される株式発行市場，既存の株式が取引される株式流通市場に機能上は分類される。市場を運営しているのは，法律上は金融商品取引所と呼ばれる組織である。

・日本において，債券売買のほぼすべては店頭取引で占められており，取引されている債券の大半は国債である。

用語解説

日本版ビッグバン：1996年11月に第2次橋本内閣が打ち出した大がかりな金融制度改革で，「Free：市場原理が働く自由な市場に」「Fair：透明で信頼できる市場に」「Global：国際的で時代を先取りする市場に」という3原則を掲げ，①資産運用手段の充実，②金融機関の競争促進とサービスの向上，③効率的な市場の整備，④公正・透明なルールと金融システム安定化の枠組みの整

---

15 2008年のリーマンショックに端を発した世界的な金融危機では，サブプライムローンを裏付けとした証券化商品の格付が適切になされていなかったことが大きな問題の1つであった。また，しばしば露見する大企業における不正会計問題において，それらを見抜けなかった監査法人に対して厳しい目が向けられている。

備，という4本柱から構成されていた。具体的には，銀行・証券・保険等の業務分野規制の緩和・撤廃，金融持株会社の解禁，外為法改正，連結財務諸表制度の見直しや時価会計導入など企業会計制度の改革，金融機関等のディスクロージャーの充実，破綻処理・利用者保護の枠組み整備，などが含まれるが，なかでも証券市場に関する制度改革が中核をなしていた。

立会外取引：通常の取引時間に行われる取引（立会内取引）以外の取引のことをいう。東証では ToSTNeT と呼ばれるシステムにより，立会内取引では円滑な執行が困難な大口取引や複数の銘柄を同時に取引するバスケット取引などが行われている。

店頭取引：投資家の売買注文を証券会社等が取引の相手方となって行う取引のことをいう。OTC（Over-the-counter）ということもある。なお，債券の売買については大半を店頭取引が占めている。

練習問題

① 有価証券として定義されている金融商品を調べなさい。

② 株式発行市場と株式流通市場の関係について説明しなさい。

③ 日本における証券取引所再編の経緯について説明しなさい。

参考文献

榊原茂樹・城下賢吾・姜喜永・福田司文・岡村秀夫（2013）『入門証券論（第3版）』有斐閣。

日本証券経済研究所（2016a）『図説 日本の証券市場（2016年版）』日本証券経済研究所。

日本証券経済研究所（2016b）『図説 アメリカの証券市場（2016年版）』日本証券経済研究所。

第Ⅰ部　金融システム

第**4**章

金融の新しい仕組み
証券化とフィンテック

INTRODUCTION

　前の2つの章では，銀行（金融仲介機関）と金融市場という2つの異なるタイプの金融取引の方式について説明を行った。この章では，伝統的な金融取引の方式の枠に収まらない新しい金融（取引）の仕組みについて取り上げる。具体的には，前半で，「金融の流動化・証券化」について取り上げ，あわせて投資信託などの金融商品の仕組みやその課題等について説明する。また，後半では，最近の情報技術革新の影響を受けて注目を集めている，いわゆる「フィンテック」について取り上げ，新しい金融サービスやそれを支える要素技術について説明する。「金融の流動化・証券化」と「フィンテック」は，登場した時期は異なるものの，いずれも，従来，銀行や金融市場がもっていた機能が，個別の主体や機能（サービス）に分解される（「**金融のアンバンドリング化**」▶用語）という点において共通するところがあり，金融取引とその働きのあり方に対して，将来的に影響を及ぼすことが議論されている。

KEYWORDS

流動化，証券化，投資信託，フィンテック，仮想通貨，ブロックチェーン，クラウドファンディング，AI（人工知能），金融のアンバンドリング化

1 金融の流動化・証券化

1.1 流動化・証券化の仕組みと分類

資産の流動化・証券化とは，貸付債権や私募債，住宅等の不動産ローン債権，不動産など，流動性に乏しい資産を譲渡して流動性を高めるための仕組みであり[1]，①証券発行の有無，②対象資産，③流動化・証券化の枠組み，などの観点からさまざまに分類することができる[2]。

まず，証券発行の有無に関しては，**流動化**の過程で証券が発行されない場合と，証券が発行される場合に分類できる。とくに後者については**証券化**と呼ばれる。

図4-1には証券化の流れ，図4-2には証券化の仕組みが示されている。対象となる資産が将来生み出すキャッシュフローが証券化商品の価値を裏付けしている。証券化の仕組みを組成するのが，**アレンジャー**と呼ばれる銀行や証券会社などの専門組織であり，証券化商品の引受・販売も行うことが多い。**オリジネーター**（原資産保有者）と呼ばれる資産の保有者から対象となる資産を切り離して，**特別目的事業体**（Special Purpose Vehicle: **SPV**）に譲渡される。その際，複数の資産が取りまとめられることで個別資産のリスクが分散される。また，オリジネーターから資産が分離されることで倒産隔離が実現され，SPVや証券化商品への投資家はオリジネーターの倒産等の信用リスクから影響を受けないようになる。そして，対象資産から生じるキャッシュフローを裏付けとして**資産担保証券**（Asset Backed Securities: **ABS**）や**住宅ローン担保証券**（Residential Mortgage-Backed Securities: **RMBS**），**商業用不動産担保証券**（Commercial Mortgage-Backed Securities: **CMBS**）などが発行され，投資家に販売される。資産の管理やキャッシュフローの回収に当たるのが**サービサー**である。貸付債権の証券化の場合などでは，サービサーはオリジネーターが兼ねることも多い。また，

---

1 当初の資産所有者（オリジネーター：原資産保有者）から資産を譲渡する，すなわち貸借対照表（バランスシート）から切り離すため，**オフバランス化**とも呼ばれる。

2 関連する概念を整理すると，より包括的なものから順に，①ストラクチャード・ファイナンス（仕組み金融），②流動化，③証券化，となる（高橋，2009）。

第 4 章 金融の新しい仕組み　83

図 4-1　証券化の流れ

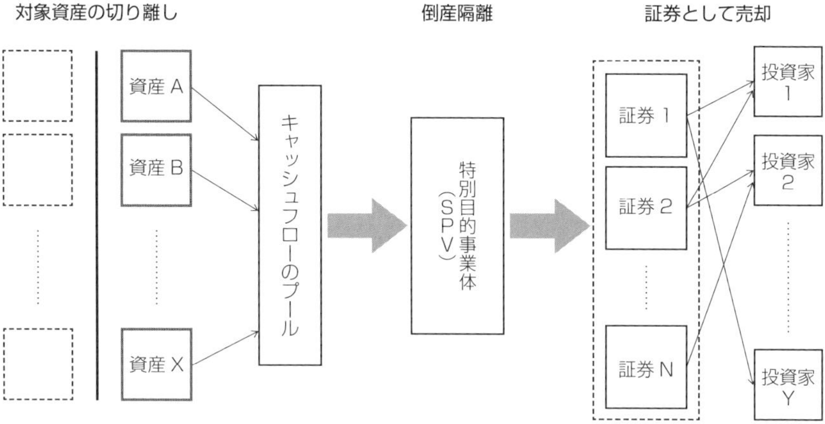

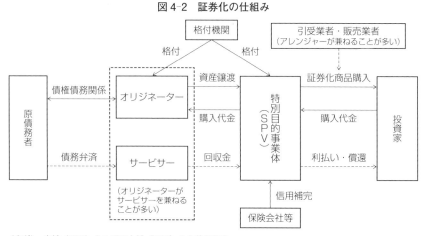

（出所）　大橋（2010）より筆者作成。

図 4-2　証券化の仕組み

（出所）　高橋（2009）ならびに大橋（2010）より筆者作成。

保険会社による信用補完，格付の取得によるリスク指標の投資家への提供などが，証券化の仕組みに応じて行われる。

　証券化商品を発行する際には，投資家のニーズにあわせてさまざまな特徴をもつ証券を組成することが可能である。たとえば，**優先劣後構造**を利用して，キャッシュフロー支払いの優先順位が高い一方でリターンの低い（ローリス

ク・ローリターンの）証券と，キャッシュフロー支払いが劣後する一方でリターンの高い（ハイリスク・ハイリターンの）証券を発行し，投資家の選択肢を広げることができる。

対象資産は，原理的には将来にわたってキャッシュフローを生み出す資産であればよい。現実には，関連する法制度の整備状況に応じて対象資産の幅が広がってきている。具体的には，RMBSやCMBSのような不動産ローン債権を対象とするものと，不動産ローン債権以外を対象とするABSに大別される。

まず，不動産ローン債権を対象とする証券化の代表例がRMBSである。アメリカでは，1970年に政府系金融機関のGNMA（Government National Mortgage Association；通称ジニーメイ）が住宅ローン債権を裏付けとした証券化を開始した。その後，他の個人向け住宅金融に関わる政府系金融機関も相次いで住宅ローン債権の証券化を行い，アメリカの証券化商品市場発展の基礎を築いた。

不動産ローン債権以外を対象とするものはABSと総称されるが，その対象資産は，貸付債権，社債，リース債権，消費者ローン債権，など多岐にわたっている。このうち，貸付債権や社債をはじめとする証券等を裏付けとして発行されるものを**債務担保証券**（Collateralized Debt Obligation: **CDO**）と呼んでいる。なかでも，ローンを担保にしたものが**ローン担保証券**（Collateralized Loan Obligation: **CLO**），社債を担保にしたものが**社債担保証券**（Collateralized Bond Obligation: **CBO**）である。CDOは，大企業向けローンや大企業が発行する社債だけでなく，中小企業向けローンや中小企業が発行する私募債，証券化によって発行された証券などを対象資産として発行することもできる。リース債権，クレジット債権，消費者ローン債権，売掛債権などは，日本においては1993年施行の特定債権法により証券化が早い時期から行われたものである。これらの資産には小口のものが多いため，プールすることによりリスク分散の効果が働きやすく，証券化に適した資産の一例と考えられる。

1.2 流動化・証券化の現状

流動化・証券化関連の市場は，法制度等の整備に応じて発展・拡大してきたが，2000年代後半のリーマンショック・世界金融危機の影響を受け，その後やや減少傾向がみられる。図4-3には，日本における1991年度以降の証券化

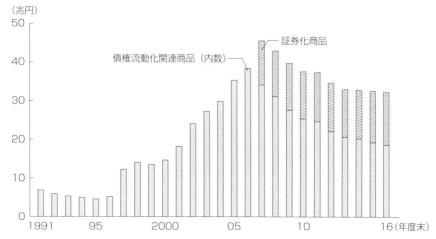

図 4-3 証券化商品・債権流動化関連商品残高

(注) 証券化商品残高は 2007 年度分から公表されている。2006 年度末までは債権流動化関連商品残高，07 年度末以降は債権流動化関連商品残高を内数とした証券化商品残高を示している。
(出所) 日本銀行「資金循環統計」「証券化商品残高」。

商品・債権流動化関連商品残高の推移が示されている。1993 年には，特定債権法が流動化・証券化に関する法律の先駆けとして施行された (2004 年廃止)。特定債権法により，リース債権，クレジット債権などを特定債権として分類し，特定債権のプールを分割譲渡すること（流動化）や，信託受益権（受益証券）の販売（証券化）ができるようになった。特定債権法は日本に流動化・証券化を定着させた意義は大きいものの，対象資産や利用可能な枠組みが限定されており，市場規模の拡大は当初緩やかなペースであった。

1998 年には SPC 法（特定目的会社による特定資産の流動化に関する法律）が施行され，対象資産の拡大とともに，同法上の特定目的会社 (Special Purpose Company: SPC) を用いた証券化が可能となった。2000 年には，SPC 法を改正する形で**資産流動化法**が施行され，流動化対象資産が広く財産権一般に拡大するとともに，SPC 法上の特定目的会社に加えて特定目的信託が導入され，流動化・証券化の枠組みの幅が広がった。

なお，SPC 法，資産流動化法の施行に前後して，債権譲渡特例法 (2005 年に動産・債権譲渡特例法に改正)，サービサー法，改正投信法，金融商品取引法など

86　第Ⅰ部　金融システム

の関連諸法が施行されている。

1.3　流動化・証券化の課題

　流動化・証券化は当然のことながら「魔法の杖」ではない。さまざまな対象資産をプールすることによるリスク分散や，キャッシュフローやリスクを加工することによって投資家の選好に応じた証券を生み出すことは可能である。だが，一般的な金融取引と比べて，証券化の仕組みは複雑で組成に多くの主体が関与することから，問題の生じやすい面がある。

　流動化・証券化では，対象資産を創出するオリジネーター，証券化の仕組みを構築するアレンジャー，資金の出し手となる投資家，証券化商品の引受業者・販売業者，対象資産の管理・キャッシュフローの回収に当たるサービサー，証券化商品の信用リスクを評価する格付機関など，各主体がそれぞれの専門業務に特化して機能を果たしている。

　各主体が特定の機能に専門化することで，個々の機能については効率的にサービスを提供できるかもしれない。だが，さまざまな主体間に存在する情報の非対称性のため，証券化商品のリスク評価が不正確ないしは困難になる可能性がある。また，証券化では各主体間でさまざまな契約関係が結ばれるため，エージェンシー問題等の発生に注意する必要もある。

　2000年代後半に生じた世界金融危機の背景には，アメリカの住宅ブームに乗って大量に発行されたサブプライムローン（信用力の低い顧客向け住宅ローン）を裏付け資産とした証券化商品の問題があった。住宅ローン会社（＝オリジネーター）はローン債権をSPVに転売することを前提に融資を行っていたケースも多く，審査やモニタリングを行うインセンティブが不十分であった。アレンジャーは証券化商品の組成による手数料獲得を優先し，裏付け資産の質や特性に十分な目配りができていなかった恐れがある。格付機関は，体制が不十分なまま急増する証券化商品への格付を行っていた可能性があるが，このような行動は発行体から手数料を受け取って格付をするビジネスモデルにおいては避けがたかったと考えられる[3]。

　このように，証券化の枠組みに関わる各主体が個別の利益を追求していても，住宅価格の上昇局面では延滞債権を担保でカバーできていたため問題は表面化

しなかった。だが，アメリカの住宅価格が下落し始めた2006年ごろから，格付の大幅な引き下げが目立つようになった。仕組みが複雑なうえに裏付けとなる資産の数が膨大なため，投資家によるリスク評価は事実上困難であった。格付に投資判断を依拠していた投資家たちは，これらの証券化商品を売却しようとしたが，リスクを把握できない状況で買い手はほとんど現れず，金融市場は大きな混乱に陥った。証券化商品に投資するファンド・機関投資家等に融資や資金供給の約束を行っていた金融機関の経営も次々と悪化し，世界的な金融危機へとつながった。

　流動化・証券化は，流動性に乏しいさまざまな資産に流通性を与え，また投資家の選好に沿った金融商品を生み出すことで，より円滑な資金循環を実現できる手法である。一方，特定の機能に専門化した多くの主体が関与するため，各主体が適切な行動をとるインセンティブの付与や枠組み全体の慎重な設計が欠かせないことに注意が必要である。

2 投 資 信 託

2.1 投資信託の仕組みと分類

　投資信託（**投信**）は，「小口資金の集約による規模の経済性獲得」「**分散投資によるリスク低減**」「専門化・分業化を通じた収益性の向上」が特徴の金融商品である。多数の投資家から小口資金を集めて大口資金とし，資産運用の専門家が株式・債券等の有価証券や不動産をはじめとするさまざまな資産に投資を行い，その運用収益を投資額に応じて投資家に還元する仕組みとなっている。複数の投資家から資金を集めて大口の基金（fund）とし，投資・運用を行う集団投資スキームであることから，**ファンド**とも呼ばれる（図4-4参照）。投資信託の原型となるファンドは，19世紀にヨーロッパで誕生したものである。

　投資信託に関する全体の枠組みは，「投資信託及び投資法人に関する法律

　3　証券化商品に対する格付は，100年以上の歴史を有する事業会社の社債に対する格付に比べて，デフォルト事例等の情報の蓄積も少なく，評価方法が（事後的にみれば）確立していなかったと考えられる。

図4-4 投資信託の概要

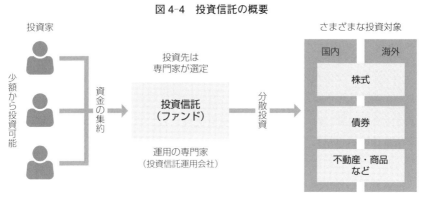

(出所) 投資信託協会ウェブサイトより一部加筆修正のうえ筆者作成。

(投信法)」が定めている。また，金融商品取引法(金商法)が投信委託会社に関する規制を定めているほか，金商法上の自主規制機関である投資信託協会が自主規制ルールを定めて投資家保護を図っている。

投資信託は，契約型と会社型という設立の形態で大別される。さらに，募集の形態(公募と私募)，投資対象(株式投信と公社債投信)，追加設定の有無(単位型と追加型)，発行証券の買取請求権の有無(オープンエンド型とクローズドエンド型)，収益の分配方法，上場の有無(上場型と非上場型)等の観点から，分類することができる。

まず，設立形態に関しては，**契約型投資信託**と**会社型投資信託**に分類できる。契約型には，委託者指図型投資信託と委託者非指図型投資信託がある。図4-5には，日本において主流である契約型の委託者指図型投資信託の仕組みが示されている。委託者指図型投資信託は，信託約款をもとに，委託者(投資信託委託会社)が受益者(投資家)に対して受益証券を発行し，投資家から募った資金の運用指図は委託者が行い，運用資産の管理を受託者(信託銀行)が行うというタイプの投資信託である。

図4-6には会社型投資信託の仕組みが示されている。投資を目的とする**投資法人**を設立し，投資家はその投資法人が発行する投資証券を取得して，株主に相当する「投資主」となり，運用成果の分配を受ける。投資法人は，株主総会に相当する「投資主総会」，役員会など通常の事業会社に近い形態で運営され

図 4-5 契約型投資信託（委託者指図型投資信託）の仕組み

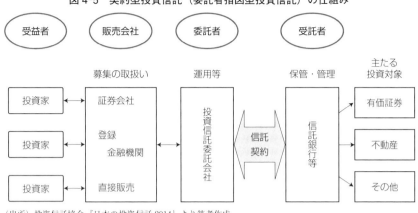

（出所）投資信託協会『日本の投資信託 2014』より筆者作成。

図 4-6 会社型投資信託（投資法人）の仕組み

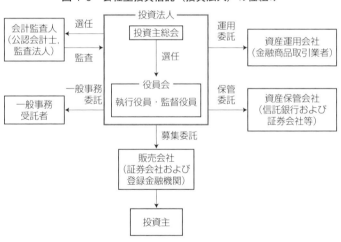

（出所）投資信託協会『日本の投資信託 2014』より筆者作成。

る。ただし，実際の資産の運用・保管，一般事務・募集などは，外部の資産運用会社（金融商品取引業者），資産保管会社（信託銀行など）に委託しなければならない。

　日本における会社型投資信託の代表例は，**不動産投資信託**（Real Estate Investment Trust: **REIT**）である。運用先は主に不動産に限定され，収益の 90％

超を投資家に分配するなどの条件を満たせば実質的に法人税がかからず，収益がほぼ分配金として出されるものである。また，多くの不動産投資信託の投資証券は，証券取引所に上場され一般に売買されている。

販売対象の違いでは，**公募投信**と**私募投信**に分類される。公募投信は50名以上の不特定多数の投資家に販売される投資信託である。私募投信は，金融商品取引法で規定されている機関投資家・特定投資家，または50名未満の少数の投資家が対象であり，1998年の法改正により解禁されたものである。

運用対象別には，株式への投資を行わず国債や社債などを中心に運用する**公社債投資信託**と，株式を運用対象に含める**株式投資信託**に区分される。株式投資信託は，運用スタイルの違いによって，パッシブ運用（インデックス運用）とアクティブ運用に分けることができる。パッシブ運用では，**株価指数**（東証株価指数〔**TOPIX**〕や**日経平均株価**など）をはじめとしたインデックスを運用の基準（ベンチマーク）とし，ベンチマークに連動させる形で運用を行う。アクティブ運用は，さまざまな情報収集・分析等を通じてリターンの獲得を積極的に求める運用スタイルである。

また，値動きが株価指数などの各種インデックスに連動し，その発行証券が取引所に上場しているものを**上場投資信託**（Exchange Traded Funds: **ETF**）という。指定参加者等からの現物資産等の拠出により設定され，投信に組み入れられた証券等との交換が随時可能なものが多い。そのため，ETFと拠出された現物資産等のうち割高な方を売り，割安な方を買うという裁定取引を通じて，ETFの市場価格と運用対象の指数との乖離が小さく保たれるようになっている。

追加の設定・販売の有無に関しては，追加ができない単位型（ユニット型）の投資信託と，随時追加可能な追加型（オープン型）の投資信託に分けられる。現在，日本では追加型が主流となっている。

収益の分配方法については，分配型と無分配型に分類される。分配型は，定期的に運用収益から分配金を支払うタイプのものである。日本では，退職した世代を中心に定期的に分配金を受け取ることができる分配型が人気を集めている。だが，取引費用や税金の面などから，中長期的な運用においては無分配型の方が適している点に注意が必要である。

買取請求に関しては，クローズドエンド型とオープンエンド型に大別される。前者は，発行者が受益証券の買い戻しを保証しない投資信託で信託期間満了まで解約することはできない。ただし，証券取引所において上場されることが多く，市場での売却を通じて換金可能である。オープンエンド型は，発行者が受益証券の買い戻しを保証するものであり，その日の**基準価額**[4] をもとに，ファンドに対する解約請求，もしくは販売会社に買取請求を行う。一般に，追加型投資信託は，いつでも解約等を通じて換金することが可能であるが，単位型の投資信託の場合は，投資信託設立後の一定期間（クローズド期間）は解約ができないことが多く，さらに解約時には，一定の費用（信託財産留保額）を徴収されるケースがある。信託財産留保金とは，ファンドの解約の際に発生する費用が残存するファンドの保有者にも及ぶことを避けるために，途中解約した投資家から徴収する費用（ペナルティ）であり，留保額は，信託財産にそのまま留保されて，基準価額や分配金に反映される。

2.2　投資信託の現状

図4-7には，日本における公募投信の純資産総額の推移が示されている。1951年の証券投資信託法施行で日本における投資信託は本格的にスタートした。1980年に誕生した公社債投信の1つである中期国債ファンドは，預金に近い利便性と預金以上の収益性を併せ持っていることから，人気を集めることとなった。1985年以降，バブル経済期には株式市場が活況を呈し，株式投資信託を中心に著しい成長・拡大をみせた。

だが，バブル崩壊後，株式投資信託が大きく落ち込む一方，中期国債ファンドやMMF（Money Management Fund）といった公社債投資信託は純資産規模を拡大させた。

しかし，エンロン事件[5]の影響を受けてMMFの残高が急減し，2002年末に

4　株式や公社債などの信託財産をその日の時価で評価し，利子や配当金などの収入を加えて計算したファンドの資産総額を受益権の口数で割ったもの。受益権1口当たりの純資産価値のこと。

5　2001年の秋にアメリカのエネルギー会社エンロンが経営破綻した際に，エンロン社の社債を大量に保有していたMMFが元本割れを発生させてしまった事件。

92　第 I 部　金融システム

図 4-7　公募投信の純資産総額の推移

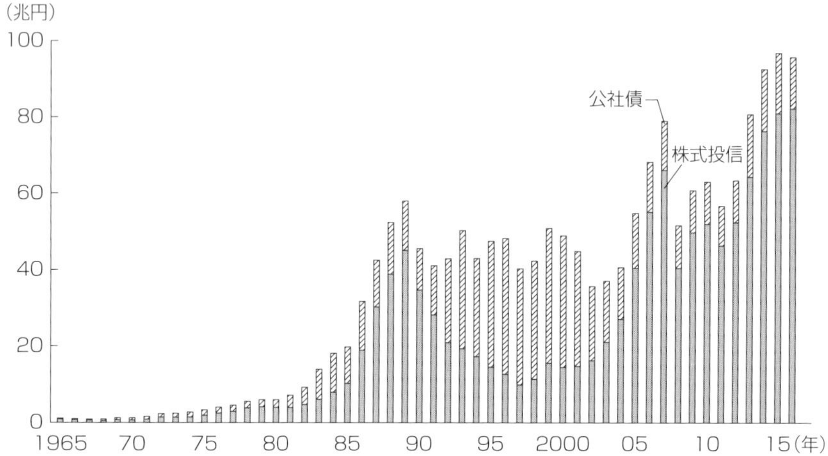

（兆円）

（出所）　投資信託協会。

は公募投信の純資産残高が 36 兆円にまで落ち込んだ。その後，世界金融危機
の影響で残高は一時的に減少したが，2010 年以降株式投信を中心に増加傾向
を示しており，近年では 100 兆円に迫る勢いとなっている。

　投資信託の販売に関しては，1951 年の証券投資信託法施行以来，長期にわ
たり証券会社のみが行ってきたが，98 年に銀行等の金融機関が直接販売する
ことが認められた（銀行の窓口販売）。銀行等が販売した投信残高（公募・私募合
計）は急速に増加し，2016 年には契約型公募投信で約 30%，公募・私募合計
で 50% 程度にまで達している。このことは，銀行がもっている顧客との豊富
な接点や顧客からの信頼感が，投資信託の販売に活かされた結果といえるかも
しれない。また，低金利環境の長期化による預金金利の低迷が，分配金利回り
の高い投信への資金流入を促した可能性も考えられる。今後，確定拠出年金の
普及に伴い，主要な運用対象として投資信託が拡大していくことも期待される。

2.3　投資信託の課題

　預金では，金融資産の販売，製造（銀行のポートフォリオ運用），管理といった
機能・サービスが，銀行という単一の組織によって提供されるが，投資信託の
場合は，販売は証券会社・銀行等，運用は投資信託委託会社，管理は信託銀行，

がそれぞれ提供することになる。預金は，銀行が自ら発行する負債であり，銀行が破綻しない限りは，元利合計は保証されている。一方，投資信託の場合には，運用リスクは投資家が直接負担することになり，運用機関と投資家，さらには販売会社と投資家との間で，いわゆるエージェンシー・コストが発生する可能性がある。

たとえば，委託会社と投資家との間では，投資家サイドからみて最も望ましい運用を行っているのかどうか（「忠実義務」を果たしているか）に関して，情報の非対称性が存在する。特定のインデックスを追いかけるパッシブ運用では，この種の問題は小さいと考えられるものの，ファンド・マネージャーの裁量余地が大きいアクティブ運用の場合は，エージェンシー・コストが大きくなる恐れもある。

販売会社と投資家との間でも，販売会社の推奨するファンドが投資家のニーズや選好にあったものかどうかという点に関して，情報の非対称性が存在する。たとえば，販売会社が，販売手数料獲得のために投資家にとっては必ずしも望ましくない投資信託を推奨販売するケースや，既存の投資信託を継続保有する方が望ましいにもかかわらず別の投資信託の新規購入を勧めるケース等が考えられる。

また，証券会社が販売を行っていて委託会社に対する影響力が強い場合（委託会社が証券会社の子会社の場合など）には，投資信託の販売力を背景とした株式売買注文の圧力や，頻繁な投信の新規設定が行われる可能性もある。

こうした問題に対しては，①投資信託の商品特性や運用結果に関する情報公開（目論見書や運用報告書の作成，外部の投信評価機関による格付など），②販売手数料の無料化（ノーロードタイプの投資信託），信託報酬の残高比例型から成功報酬型への変更，ファンド・マネージャーの報酬体系の透明化，③委託会社の販売会社からの資本・人的面での独立化といった点が対応策として考えられる。

3 フィンテック

3.1 フィンテックとは

フィンテック（Fintech）とは，金融（Finance）と技術（Technology）を掛け

合わせた造語の１つであり，一種の流行用語である。しかし，近年，アメリカや中国において，IT（情報技術）を活用した金融サービスが次々に開発され，かつ，急速なスピードで普及し始めており，フィンテックは世界的に大きな注目を集めつつある[6]。図 4-8 は，世界におけるフィンテック分野への投資額の推移を示している。

日本においても，海外のフィンテックの隆盛を受けて，2016 年 5 月において銀行法（および資金決済法）の改正がなされた。改正法の主な内容は，①銀行がフィンテック企業に従来の持ち株規制を超えて出資できるようになったこと，②仮想通貨と法貨との取引所について，一定の規制（登録制）が課されるようになったことである（「マウントゴックス（MtGox）事件」[7]への反省や対応）。こうした法律の改正は，フィンテック企業の既存の銀行との提携を拡大し，また，ベンチャー企業としての退出（Exit）戦略を容易にするという側面があり，日本でもフィンテックの普及・投資が拡大することが期待されている。

ところで，フィンテックの定義については，さまざまであり，明確なものは存在しない。何がフィンテックで何がフィンテクでないかを区別することは非常に困難であるが，以下では，既存のフィンテックサービスを，①通貨・決済，②資金調達，③個人資産管理，④保険，の 4 つの領域に分けて説明することにする。

フィンテック企業が金融システム全体やそのビジネスモデルにもたらす影響について，その詳細を述べることは本書の範囲を超えている。ただ，こうしたフィンテック企業が登場してきた背景には，以下で述べるような情報生産技術の発展（基幹技術の発展）があり，①既存の業界に対する金融規制のもとでは，企業や消費者の求めるサービス水準に乖離が生じ，多くのビジネス機会が発生していること，②IT 企業の情報生産・解析能力が，既存の金融機関のそれを

---

6 既存の銀行界の代表者ともいえる JP モルガンの最高経営責任者（ジェームズ・ダイモン）は，2015 年に株主に対して，新興企業が脅威になりつつあるという意味で，「Silicon Valley is Coming」と述べ，注目を浴びた。

7 MtGox 事件とは，当時ビットコインの世界最大の取引所（現金とビットコインの交換所）であった MtGox 社が，2014 年 2 月に，顧客から預かっていたビットコインが「紛失」したと発表し倒産（会社更生法申請）した事件。

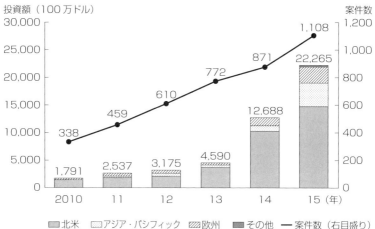

図 4-8　フィンテック分野への投資額の推移

(出所)　アクセンチュアによる CB Insights データの分析。

一部凌駕しつつあり，そのことが，既存の金融の産業構造やビジネスモデルに大きな影響を及ぼしつつあること等の要因を指摘することができよう。

3.2　通貨・決済

a．仮想通貨

「仮想通貨」は「暗号通貨」などとも呼ばれ，法定通貨である貨幣および紙幣，電子マネー（資金決済法における第三者型前払式支払手段）と異なり，明確な発行者がおらず，仮想通貨のシステムそのものへの信頼が価値の裏付けとなっている点が大きな特徴である（表 4-1 参照）。

仮想通貨の代表としては，「ビットコイン」が有名である。ビットコインは，2008 年 11 月末に，Satoshi Nakamoto を名乗る人物が，1 本の論文についてネットワーク関係者にメールをしたのが，その始まりであるとされている。ビットコインに関しては，ビットコインと既存の通貨の交換を行う取引所において不正やトラブルが発生したものの，ビットコインのシステム自体は，これまで停止状態になったことはなく，アメリカだけでなく世界中にその利用者が拡大している。

図 4-9 は，ビットコインの市場価格（ドル換算）の推移をグラフ化したもの

表 4-1　仮想通貨，法定通貨，電子マネーの比較

	仮想通貨	法定通貨	電子マネー
発行者	システムが自動発行	政府・中央銀行	電子マネー事業者
価値の裏付け	システム全体への信頼	国家への信頼（徴税権，国家権力）	電子マネー事業者への信頼（供託金への信頼）
匿名性	取引履歴は公開されるが誰が保有者かは匿名性が保たれている	匿名性高い	取引履歴の情報は電子マネー事業者が管理

図 4-9　ビットコイン価格の推移

(出所)　Blockchain info.

である。ビットコインは発行量がプログラムで規制されていることもあり，市場価格には，上昇トレンドが見受けられるが，自国通貨（法貨）への不安やその値動きのよさから投機的な資産運用の対象ともなっており，変動性も高い。

　ビットコインについては，①個人間で文字どおり「送金」できる，②手数料が無料や格安である，③特定の国家の監視や制限等が存在しない，という点がメリットとして指摘されている。①については，通常の通貨で送金を行う際には，銀行システムを介在しなければならないが，ビットコインの場合には，インターネット等を通じて直接相手（Peer to Peer）にビットコインの所有権を移転させることができる。この点は②と③とも関連するが，海外に送金をする場合に，これまで高い手数料を銀行に支払っていたものが，インターネットを通

じて瞬時にかつ安い手数料で「送金」することが可能となり，このことが，ビットコインの送金サービスでの人気につながっている。もちろん，ビットコイン自体は，法貨ではないためいわゆる法的な意味においての**ファイナリティ**（**支払完了性**）がない。したがって，実際に，法貨建てでの債務を解消しようとすると，いったんは，既存の通貨と変換しなければならないという問題がある。また，上記で言及したように，現状ではビットコインの価格は不安定であり，価値の保蔵手段としての機能はあまり高くない。また，ビットコインのシステムを動かしている**ブロックチェーン**（Column 4-1 参照）については，取引履歴が長くなるにつれてその検証に多くの計算力を要すること，検証する端末に寡占化のおそれがあること，などの問題が指摘されている[8]。

　現在，ビットコイン以外にも，上記のような問題への対応という側面も含めて，さまざまな仮想通貨が誕生している。ビットコインを拡張し，株式や証券といった通貨以外の資産の取引が容易に行えるもの（Colored Coins），ビットコインと同じ仕組みのうえで取引の自動執行の仕組みを備えたもの（Ethereum），ビットコインとは違う取引認証システムを使い既存の多様な通貨（円やドルなど）との間の送金が容易に行えるようにしたもの（Ripple）などである。また，既存金融機関も，ブロックチェーン技術を用いた新しい送金・決済手段の開発を進めている。

b．モバイル決済手段

　モバイル決済とは，一般には，スマートフォン等の携帯端末を使った決済方法のことを指す。従来のクレジットカードを用いた決済では，店舗側にカードをスキャンする機械が必要となり，端末の費用やカード会社に支払う手数料が高いという問題が指摘されていた。もっと簡単にかつもっと安くクレジットカードでの決済を利用するために登場してきたのが，クレジットカードを使ったモバイル決済のサービスである。

8　取引量が拡大するにつれデータの処理速度が遅くなることは「スケーラビリティ」問題と呼ばれている。この問題に関しては，ブロックサイズを大きくして取引スピードを引き上げることを主張するグループとそれに反対するグループで意見の対立が生じている（分裂騒動）。また，検証端末の寡占化は，「マイニングの寡占化」の問題であり，取引履歴が改ざんされるリスクが拡大するという問題がある。

Column 4-1　ブロックチェーン

　ブロックチェーンとは，暗号技術を利用して，データの改ざんをほぼ不可能にしたデータベース技術のことをいう。従来の，一般的な銀行のコンピュータでは，メインフレームと呼ばれる巨大なコンピュータが，預金，引出，振込等の取引が発生するたびに，その取引記録を中央の巨大コンピュータに集中的に記録・保存していくのに対して，ビットコインで用いられているブロックチェーンでは，多数の端末のコンピュータが，ネットワーク上で互いにデータの更新を行う。ブロックチェーンのことを「分散型台帳（distributed ledger）」と呼ぶことがある。

　ビットコイン上の取引データは，「ブロック」と呼ばれる取引の束に約 10 分ごとにまとめられ，ブロック全体のデータを代表する「ハッシュ値」が計算される。ハッシュ値とは，「ハッシュ関数」にデータを入力して得た値のことで，元の入力データがわずかでも異なるとまったく異なる値が得られることから，ハッシュ値から元のデータを推測するのは非常に困難であるとされている。ビットコインでは，このハッシュ値の特性を利用し，「Proof of Work」(注)（「マイニング〔発掘〕」）と呼ばれる作業を通じて，データベースの正統性の検証・更新が行われている。

　　（注）　ネットワークの参加者が，特定の値より小さいハッシュ値を求めるという条件のもとで任意の入力値を計算し，誰かが求めた値が正しいことをネットワーク参加者で相互に確認する。計算に用いられた取引データの集合を，新たな「ブロック」として正式に承認し，計算に成功した者に，報酬としてビットコインが付与される。

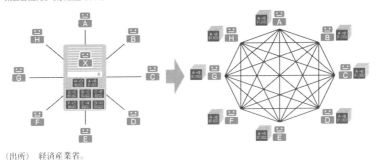

（出所）　経済産業省。

> **Column 4-2　貨幣発行自由化論**
>
> 　オーストリアの経済学者でありノーベル経済学賞を受賞したハイエク
> （F. A. von Hayek）は，ケインズの論敵としても知られており，生涯を通じ
> て自由を標榜した論陣を張り続けた。彼が，通貨のあり方に関して主張したの
> が，いわゆる「貨幣発行自由化論」であり，通貨を国家のコントロールに置か
> ずに，通貨の発行と流通に自由競争を導入すべきという議論を提示している。
> ハイエクは，政府あるいは中央銀行による貨幣発行そのものに対して批判して
> いるのではなく，通貨発行の独占的・排他的権利に対して批判的な立場をとっ
> ており，民間発行の貨幣を含めた市場における通貨（貨幣）間の自由な競争を
> 通じてこそ，長期的にみて経済活動も安定化すると主張した。ハイエクがこの
> 議論を展開した1970年代は，世界的に高いインフレーションが深刻な問題
> となっており，インフレーションの抑制あるいは貨幣価値の持続的原価に対す
> る根本的な処方箋として，貨幣発行の自由化論を展開したのである。ビットコ
> インをはじめとする仮想通貨を支持する人々の中には，ハイエクの哲学思想が
> その背景にあるとの指摘がある（European Central Bank, Virtual Currency
> Schemes, 2012）。

　代表的な企業としては，アメリカのSquare社があり，スマートフォンに読
み込み端末（リーダー）を付けることで，店舗側の読み込み機械の導入費用の
削減，入金のタイミングの短縮化，会計処理の手間削減（売上の集計等が可能）
になるというメリットを表現している。

　また，アメリカのPayPalもクレジットカードを利用した決済方法ではある
が，支払いに必要なクレジットカードの番号等については，PayPalに登録す
ることで，支払先にいっさいの個人情報がわたらないというメリットがある。
また，銀行口座からPayPalに「現金」を引き出して保存する機能が付いてお
り，「電子財布」としての機能ももっている。そのほか，中国に関しては，Ali-
payやWeChat等のモバイル決済が普及しており，スマートフォンを使った
支払・送金が一般的になっている。

3.3　クラウドファンディング

　クラウドファンディングとは，インターネットを通じて不特定多数の資金供

給者（crowd）から少額ずつ資金調達（funding）する仕組みである。インターネットの特徴である「双方向性」と「低コスト」を活かし，企業活動等に関する情報提供・フィードバックのコスト，資金調達のための取引コストを大幅に低減させている。インターネットの発展により「資金」と「事業」を世界規模で結びつける新しい仕組みが可能になったといえよう。なお，リターンが常に無視されているわけではないが，金銭以外のモチベーション（熱意，共感，将来性など）も無視できない点である。

　基本的な類型としては，寄付型，購入型，貸付型，投資型に分類できる。資金需要者と資金供給者をマッチングさせるプラットフォーム（ウェブサイト）が類型ごとに存在しており，資金需要者に関する若干のスクリーニングが行われている場合もある。

　寄付型は文字どおり寄付による資金提供であるが，インターネットを通じた情報発信・状況の把握などが容易で，より広範な人々から寄付を募ることができる点がメリットといえよう。購入型では，資金提供の対価として商品・サービスを受け取ることになるが，前払いの形での資金調達だけでなく，インターネットを通じたマーケティング活動としての側面を併せ持つ場合もある。貸付型と投資型は金融取引としての性質をもち，前者は対価として金利相当，後者は出資分に応じた事業収益をそれぞれ受け取るものである。

　貸付型については，借り手に関するさまざまな情報（年齢，収入，クレジットスコア，電子商取引の取引記録，SNSの情報など）を**人工知能**（Column 4-3参照）も用いて分析することで，これまで銀行の融資対象とならなかった顧客層への貸付が可能になると考えられる。アメリカでは，一部の個人事業主や中小企業にとっては金融機関からの融資よりも有利な条件での資金調達手段，投資家にとっては高いリターンでの運用先として，双方のニーズを満たす存在となっている。貸付型クラウドファンディング業者大手のLending Club（2006年設立）が2014年12月にニューヨーク証券取引所に上場したように，市場規模はこれまで拡大している。ただし，規制強化や不良債権の増加により，今後の展開にはさまざまな可能性が考えられる[9]。

　なお，当初，貸し手に個人投資家が多かったことから，「P2P（Peer to Peer）レンディング」と呼ばれていた。ただ，最近では高いリターンに目を付

第4章　金融の新しい仕組み　101

Column 4-3　人工知能（AI）

　人工知能とは，コンピュータを使って人間の知能と同じ機能を実現するシステムのことを指す。具体的には，①画像認識（画像データから物体や人間の顔を認識する等），②音声認識（音声を認識してテキスト化する等），③自然言語処理（文章を理解し音声等で自動応答する等），④予測分析（膨大なデータから未来を予測する等），などの領域が含まれていると考えられている。昨今，人工知能が急速に注目を浴びているのは，ディープラーニング（深層学習）と呼ばれる人工知能に関する最新の研究である。ディープラーニングは，脳神経のネットワークをコンピュータ上で模擬的に再現するニューラルネットワークを応用した学習方法であり，最近では，2015年10月に，グーグルによって開発された囲碁のプログラム（AlphaGo）が世界トップクラスのプロ囲碁棋士にハンディキャップなしで勝ったことから世界的な話題となった。

　人工知能に関しては，資産を自動的に運用するロボアドバイザーや従来の信用スコアリングに頼らない独自の融資システム（審査とマッチング），窓口でのコールセンターの自動応答，などへの応用が検討されているほか，金融分野以外にも，自動車運転技術への応用も期待されている。

けた機関投資家が貸し手となることも増えたため，「マーケットプレイス・レンディング」という言葉も使われている。

　投資型については，株式型とファンド型（匿名組合型）にさらに分類できる。株式型については，日本では2015年に法制度が整い，証券会社および株式投資型クラウドファンディング専業業者が取り扱えることになった。少額要件として，発行者1社当たりの資金調達額が年間1億円，投資家1人当たりの同一発行者への投資額が年間50万円という制限が設けられている。ファンド型は，プラットフォーム運営業者が仲介を行う形で投資家と事業者の間で匿名組合（ファンド）契約を結ぶ仕組みで，これまで日本におけるクラウドファンディングの中心的な形態であった。

9　日本においては，貸金業法の規制のため，個人同士のマッチングを行うことは困難であり，匿名組合（ファンド）を通じて出資者からの資金を資金需要者に融資する仕組みをとっている。

102 第I部 金融システム

日本のクラウドファンディング市場規模は，2012年度の約70億円から16年度には480億円近くにまで拡大している。類型別の構成は，貸付型が9割近く，購入型が1割弱（いずれも2016年度）となっている[10]。

3.4 家計資産管理

a. 家計資産管理（PFM）

家計資産管理サービスのことを一般に Personal Financial Management (PFM) サービスと呼ぶ。PFM サービスを一言でいえば，家計簿の作成を簡単化し，かつ「見える化」したものであるといえる。その基本的な機能は通常の家計簿のように，日々の支出・収入や資産の残高の記録から成り立っているが，自動的にデータを集めて，分析・表示できることがその特徴としてあげられる。日本のマネーフォワードを例にとると，銀行やクレジットカード，証券会社や年金資産のオンライン口座情報を登録することで，収入・支出データや資産の残高を自動で取得し，家計簿を作成するサービスとなっている[11]。そのほか，カメラで撮影したレシートについても自動的に取り込むサービスを行っている。

また，こうした個人の家計簿作成だけではなく，小規模の事業者向けに，請求書を作成してメールで送付するだけでクレジットカードによる支払いを可能にするサービスを提供したり，取引明細を自動的に取り込むだけではなく，法人としての会計上の仕分けについても自動的に行い，企業の帳簿管理や税務申告の際のコストを削減するサービス（クラウド会計・経理支援サービス）も登場している。

b. ロボアドバイザー

ロボアドバイザーとは，インターネットを通じた顧客投資家のプロファイリングとそれに基づく資産運用方針を提供するサービスである。年齢，年収，保有資産，投資目的，リスク許容度などに関する質問への回答に基づき，アルゴ

---

10 矢野経済研究所推計。

11 銀行がもっている残高や取引明細のデータを外部のフィンテック企業等が利用して新たな金融サービスを作り上げることを「銀行サービスの API（application programming interface）化」▶用語と呼ぶ。

リズムがその個人のタイプを絞り込んでいき，最適なポートフォリオを作成し，運用期間中のリバランスなども自動で行う。これまで富裕層が主な対象だったオーダーメイドの資産運用アドバイスに近いサービスを，一般の個人投資家も低コストで受けることができるようになる。

アメリカでは2008年の金融危機以降にロボアドバイザーを提供するベンチャー企業が相次いで設立された。既存金融機関が対面販売の軸足を富裕層に置いたことで，それ以外の顧客層向けの資産運用サービスに参入する余地が大きくなったことが背景にあった。だが，近年では大手もロボアドバイザー市場に参入しており，競争は激化している。

日本においては，2016年2月にお金のデザインの「THEO」，同年7月にウェルスナビの「WealthNavi」によるサービスが始まり，プロファイリングを通じたポートフォリオ提案やETF・投信を用いた投資一任契約による資産運用サービスが提供されている。また，既存の証券会社・銀行も次々とロボアドバイザーを用いたポートフォリオ提案をはじめとしたサービス提供を開始している。

3.5　保　険

技術革新の最も影響を受ける可能性があるのが，保険業界であるといわれている。人工知能のほかに，ゲノム解析，自動運転，IoT（モノのインターネット化），医療診断，万能細胞，など，災害や医療に関わる技術進歩は目覚ましいものがある。たとえば，損害保険の領域においては，車にセンサーを付けて安全運転をすると保険料が安くなるサービスや，カーシェアリングの契約者のみが対象となる自動車保険，などが登場している。また，将来的には，完全な自動運転技術が確立されれば，自動車保険自体が必要とされなくなる可能性も指摘されている。

一方，生命保険の領域では，体にセンサー端末を付けて，健康的な生活・運動をすれば保険料が安くなる商品や，インターネット上で，保険契約者のグループを作り，保険サービスをシェアするような動き（P2P保険）も広がりつつある。保険契約者のグループを作ることで，リスクのある行動が互いに抑制される結果，保険料が値下がりすることがそのねらいであると考えられている。

104　第Ⅰ部　金融システム

本章のまとめ

- 流動化・証券化は，さまざまな資産に流動性を与え，投資家の選好に沿った金融商品を生み出すことで，より円滑な資金循環を実現することが可能な手法である。だが，多くの主体が関与するため，各主体が適切な行動をとるインセンティブの付与や枠組み全体の慎重な設計が欠かせない。
- 投資信託は，多数の投資家から小口資金を集めて大口資金とし，資産運用の専門家が株式・債券等の有価証券や不動産をはじめとするさまざまな資産に投資を行い，その運用収益を投資額に応じて投資家に還元する仕組みの金融商品である。少額の資金しか保有していない個人であっても分散投資によるメリットを受けることができる。なお，運用会社・販売会社が，顧客利益第一に行動するような枠組みづくりを進める必要がある。
- フィンテックとは，金融（Finance）と技術（Technology）を掛け合わせた一種の造語であり，IT（情報技術）などを活用した先進的な金融サービス全般を指すことが多い。通貨・決済，融資・運用・調達，会計・個人財産管理，保険など多岐にわたる分野において，ベンチャー企業も含めてさまざまな企業が参入している。今後，金融サービスの利便性やコストを大きく改善するだけでなく，既存の金融ビジネスのあり方を変革させる可能性もある。

用語解説

金融のアンバンドリング化：金融業がもつさまざまな金融サービスがその機能や個別要素に「分解」される状況を金融のアンバンドリング化と呼ぶ。たとえば，金融の証券化では，既存の銀行の貸出債権に関して，「オリジネーション」「債権回収（サービシング）」「信用保証」「販売（ディストリビューション）」等の役割（機能）に分解され，新しい金融商品が投資家に対して提供される。一方，フィンテックに関しても，決済，仲介，運用，送金，通貨等の金融サービスが，それぞれのフィンテックベンチャーによって提供されることになり，既存の金融業者のサービスの分解化としてとらえることができる。

API（アプリケーション・プログラミング・インターフェース）：ほかのシステムやソフトウェアに機能を提供するための規約全般のことを指す。APIを使えば，外部のサービスと連携する際に，システムの開発が簡単になるなどのメリットがある。家計資産管理（PFM）の領域において，銀行自身の口座情報等をAPIを用いて外部企業に公開・提供する取り組みが進んできている。とくに，日本では，2016年5月に，銀行法が改正され，銀行や信用金庫に対してAPI公開の努力義務を課すことが決定された。

練習問題

1. 証券化の課題について説明しなさい。
2. 投資信託の特徴と役割について説明しなさい。
3. 仮想通貨の普及に向けての課題について検討しなさい。

参考文献

岩村充（2016）『中央銀行が終わる日——ビットコインと通貨の未来』（新潮選書），新潮社。

大橋一彦（2010）『証券化の知識（第2版）』（日経文庫），日本経済新聞出版社。

大村敬一・俊野雅司（2014）『証券論』有斐閣。

榊原茂樹・城下賢吾・姜喜永・福田司文・岡村秀夫（2013）『入門証券論（第3版）』有斐閣。

高橋正彦（2015）『証券化の法と経済学（増補新版）』NTT出版。

田中英隆・石渡明（2016）『格付——価値の再認識と広がる投資戦略』日本経済新聞出版社。

辻庸介・瀧俊雄（2016）『FinTech入門』日経BP社。

日経コンピュータ編（2015）『FinTech革命』日経BP社。

日本証券経済研究所（2016）『図説 日本の証券市場（2016年版）』日本証券経済研究所。

ハイエク，F. A.（1988）『貨幣発行自由化論』（川口慎二訳），東洋経済新報社。

第Ⅱ部 金融取引

第5章

金融取引と金利

INTRODUCTION

この章では，金融取引における金利の意味や働きについて説明する。前半では，お金の時間価値という概念や金利の定義について説明し，異時点間（現在と将来）の購買力および将来のリスクに対する評価ツールとしての金利の働きについて述べる。後半は，満期の長さと金利水準との関係（金利の期間構造の理論）について説明する。

KEYWORDS

将来価値と現在価値，単利と複利，スポット・レート，金利の期間構造，純粋期待理論

108　第Ⅱ部　金融取引

1　貨幣の時間価値と金利

1.1　貨幣の時間価値——現在価値と将来価値

　金融資産の購入・発行は，株式であれ債券であれ，必ず，将来における何らかのお金の流れ（**キャッシュフロー**▶用語と呼ぶ）を伴っている。たとえば，債券であれば，**利子**や**元本**の受け取りが相当し，株式であれば，**配当**や売却時の受取代金がこれに相当する。つまり，金融資産を購入するということは，現在のお金を手放して将来のお金を獲得するという意味をもっているのである。

　当然ながら，利子や配当が存在する分だけ（当面これらキャッシュフローには不確実性が伴わないと想定），現在投資する1万円と将来（1期間先とする）受け取る1万円ではお金の価値が異なることになる。このとき，現在投資するお金の金額を**現在価値**と呼び，受け取るお金の将来時点での金額を**将来価値**と呼ぶ。お金の将来価値は，投資金額に利子や配当の分を加えた金額になることから，現在価値と将来価値の間には，以下の関係が成り立つことになる。

　　将来価値＝現在価値×(1＋r)

　ここでrは，現在と将来（1期間先）の間で成立している金利水準であり，現在の1円のお金は，将来の(1＋r)円のお金と同じ価値をもつ，つまり交換可能であることを意味している。たとえば，図5-1のように，金利が年5％であるとしよう。すると，現在の90.7万円は，1年後の95.24万円，2年後の100万円と等しい価値をもつことになる。金利は，現在のお金の価値を将来のお金の価値に変換する，あるいは時間を逆向きに考えて，将来のお金の価値を現在のお金の価値に換算する（この作業を「**割引**」と呼ぶ）機能をもっている。以下では，さまざまな金利の概念やその働きについて述べることにする。

1.2　さまざまな金利の概念

　一般に債券は，①**利払い**などのタイミング，②**満期**の長さ，③発行主体の**信用度**などに応じて分類することができる。まず，利払いなどのタイミングについては，満期までに定期的に利息（**クーポン**）が支払われ，満期時に元本が**償還**されるものを**利付債**と呼ぶ。その一方で，満期までの間にいっさいの利払い

図 5-1　現在価値と将来価値

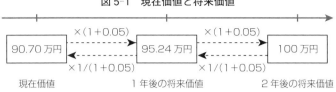

がなく，償還時にのみ債券の額面金額が支払われるものを**割引債**と呼ぶ[1]。以下では，簡単化のため，将来のキャッシュフローには，債務不履行等のリスクはなく確実にクーポン支払いや元本の償還が行われるものとして説明する。

a. 単利と複利

さまざまな種類の金利の定義について説明する前に，金利の計算には，**単利**と**複利**という2つの計算方法（あるいは運用方法）があることを述べておく。単利とは，投資元本を変えない，あるいは獲得したクーポンの再投資を行わないとする場合の計算方法であり，複利とは，逆に，獲得したクーポンの再投資を行うことを想定する場合の計算方法である。

たとえば，満期までの期間が2年で，1年当たり10万円のクーポンが支払われる額面100万円の利付債を例にとると，2年後に獲得する元利合計は，

　　単利運用では，$100 \times (1 + 0.1 \times 2) = 120$ 万円

　　複利運用では，$100 \times (1 + 0.1)^2 = 121$ 万円

となる。

いま，この利付債の市場価格が100万円だとすると，2年間を通した利回り（元利合計÷100万円）は，単利では20％，複利では21％となる。つまり，同じ債券であっても，単利運用を想定した場合と，複利運用を想定した場合では，利回りの値が異なってくるのである。

b. 満期保有利回り

金利の代表的な概念として**満期保有利回り**がある。これは，購入した利付債

---

[1] 利付債に関して，利息部分と元本部分がそれぞれ別々に取引されるものがある。こうした債券は，一般に「ストリップス債」と呼ばれている。

を満期まで保有し続けた場合の保有期間（年当たり）の平均的な利回りを表す概念である。

たとえば，残存期間2年の利付債を例にとると，市場価格（P），毎年同額支払われるクーポン（C），償還額面（B）と置くと，その満期保有利回りは，

単利については，

$$満期保有利回り（単利） = \frac{クーポン（C） + （償還額面（B） - 市場価格（P））÷ 2}{市場価格（P）}$$

複利については，

$$市場価格（P） = \frac{クーポン（C）}{（1 + 満期保有利回り（複利））} + \frac{クーポン（C） + 償還額面（B）}{（1 + 満期保有利回り（複利））^2}$$

の式を満たす利回り（「満期保有利回り（複利）」）の値として定義される。

単利と複利は，一般には，対象とする債券が同じであっても，満期保有利回りが異なる値になることに注意が必要である。図5-2は，ある利付債に関して，債券価格の変化に応じて単利と複利がどのように変化するかを示したものである。複利と単利では，債券価格の変化に対する感応度が違うこと，また，債券価格が額面より低いか高いかによって両者の値が逆転することがわかる。これは，複利では，クーポンが再投資されると想定されている分，債券価格の変化（もしくは償還額面との差額）が利回り水準に及ぼす影響が限定的である一方，単利では，より直接的に利回り水準に反映されるからである。

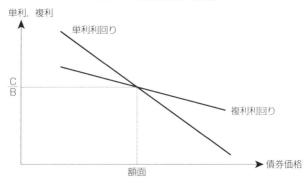

図5-2　単利と複利の関係

c. スポット・レート──割引債の満期保有利回り（複利）

スポット・レートは，債券等の現在価値を計算する際に用いられる金利の概念であり，後述する金利の期間構造の理論においても利用される。スポット・レートを説明するために，残存期間が2年の割引債を考えてみよう。

割引債の償還額面（B），市場価格（P）と置くと，スポット・レートは，

$$市場価格(P) = \frac{償還額面(B)}{(1 + スポット・レート)^2}$$

の式を満たす金利（スポット・レート）として定義される。

上記の定義式は，右辺の分母を左辺に掛けることでわかるように，現時点における割引債の市場価格に等しい金額を，当該スポット・レート（年率換算）で2年間繰り返し運用することを想定した（「複利」運用）金額と割引債の額面金額が等しいことを意味している。スポット・レートは，割引債の残存期間ごとに異なる値となる可能性があることから，対応する期間ごとに計算される金利の概念であることに注意する必要がある。

d. その他（直利，クーポンレート，実質金利と名目金利）

このほかの金利の定義としては，債券のクーポン額を債券価格で割った値である**直接利回り（直利）**という概念が存在する。また，クーポン額に対する額面価格で割った値を**クーポンレート**と呼ぶ場合がある。クーポンレートは，クーポンの水準を重視した金利の概念であり，実務上もしくは一部の機関投資家において金利の尺度として用いられることがある。

また，上記の金利の定義区分とはやや性格が異なるものの，**名目金利**と**実質金利**という金利の定義も存在する。

実質金利とは，インフレーションの影響を考慮して評価した利回りのことで，名目金利と実質金利の関係は，近似的に，以下の**フィッシャー式**で表すことができることが知られている。

実質金利 ≒ 名目金利 − 期待インフレ率

この式からもわかるように，期待インフレ率が高い場合には，当然ながら実質金利は低くなる。あるいは，別の言い方をすれば，期待インフレ率が高い場合は，実質金利を一定にして，名目金利が高くなることを意味している（フィ

ッシャー効果▶用語）。名目金利と実質金利の違いは，実物的な生産・投資活動や金融政策の効果を考える場合に重要になってくる。

1.3 金利の働き
a.「価格」としての金利

第1節では，お金の現在価値を将来価値に変換する（あるいは将来価値を現在価値に変換する）際に金利を用いた。このような金利の役割は，別の言い方をすれば，金利が，「現在の購買力」と「将来の購買力」を交換する際の「価格」として機能していることを意味している。そこで，以下では，**異時点間の消費**の最適な選択問題を通して，価格としての金利の働きについてみてみることにする。

図5-3は，個人が，現在と将来の2時点における購買力の組み合わせを，どのように行うかを図示したものである。グラフの横軸は，現在の消費の水準（C_1）を表しており，縦軸は将来の消費水準（C_2）を表している。また，右下がりの曲線は，この個人の現在と将来の消費に関する選好（同じ効用が得られる現在と将来の消費の組み合わせ：**無差別曲線**）を表しており，一般に，個人は，現在と将来の消費が等しい傾向（**消費の平準化**）を好むことから，曲線は原点に対

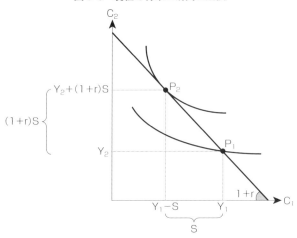

図5-3　現在と将来の消費の選択

して凸の形状をしている。

いま，この個人が，各時点で得られるお金＝給与所得（Y_1, Y_2）について，どの程度消費に回し，どの程度，貯蓄や借入等を行うか（この際の金利をrとする）について考える。なお，ここでは，異時点間の評価という側面に焦点を当てるために，将来のキャッシュフローは確実でリスクはないものと想定する。

仮に，得られる給与水準に応じて消費の水準を決めるとすると，現在と将来の消費の組み合わせは，点P_1で表される。これに対して，お金を一部運用に回したり借入を行ったりすることで達成可能な消費の組み合わせは，点P_1を通る傾き（$1+r$）の右下がりの直線で表されることになる[2]。

このような状況における個人の最適な消費の組み合わせは，右下がりの直線と無差別曲線が接する点P_2で示される。点P_2は，達成可能な消費の組み合わせの中で，最も右上方の無差別曲線が通る点であり，結局，この図のケースでは，Sの水準だけ現在の消費を抑制して，将来にS($1+r$)のキャッシュフローを獲得することになる。

ここで再び，金利（r）の役割について確認してみよう。傾き（$1+r$）の右下がりの直線に沿ってお金の運用・借入が可能ということは，金融市場において，現在の1単位のお金が将来の（$1+r$）単位のお金と同じ価値（交換可能）であることを意味している。言い換えれば，金利は，現在と将来の購買力に関して，一種の「価格」として機能している。

上の説明では，金利水準が与えられたもとで，ある個人の資金運用額について検討したが，個人の資金運用額・借入額がどのようになるかは，各個人の無差別曲線の形状によって異なる。したがって，金融市場全体の需給関係あるいは「価格」水準は，社会全体の個人の効用関数に依存する。また，個人以外に，資金を調達して生産活動を行う企業を想定すると，生産技術の影響等も考慮する必要がある。

b. リスクプレミアム

一般に，財・サービスの種類が異なればその価格も異なるように，金利も，

---

2 右下がりの直線を式で示すと$C_2 = Y_2 + (1+r)(Y_1 - C_1)$と表すことができる。これを予算制約式と呼ぶ。

114　第Ⅱ部　金融取引

その商品の特性が異なれば価格が異なってくる。とくに，金融取引の場合は，現在と将来といった異なる時点にまたがる取引であり，さまざまな不確実性・リスクを包含している。そのため，不確実性やリスクを嫌う投資家は，安全な金融資産に比べて，不確実性やリスクを受け入れることの代償として，追加的な利回りを要求することになる。

　前節では，将来キャッシュフロー（Y_2 や $S(1+r)$ など）は確実であると想定してきた。しかし，実際の世界では，将来のキャッシュフローにはリスク（債務不履行等のリスク）が伴う。

　たとえば，ある金融資産の将来キャッシュフローにはリスクが伴い，状態1（確率 p_1 で発生）が生じれば CF_1 の値をとり，状態2（確率 p_2 で発生）が生じれば CF_2 の値をとるものとする。ただし，$CF_1 < CF_2$ であり，$p_1 + p_2 = 1$ であるとする。

　一般的な投資家は，リスクを嫌う傾向があるので，キャッシュフローにリスクのある金融資産の現在価値は，そうでない場合に比べて，現在価値が低くなると想像される。キャッシュフローにリスクがある場合の現在価値の評価方法（アプローチ）にはさまざまなものがあるが，以下では，**リスクプレミアム**を用いた考え方について紹介する。

　このアプローチを用いると，上記のような金融資産（将来キャッシュフローにリスクがある金融資産）の現在価値は，次のように表現することができる。

$$現在価値 = \frac{p_1 \times CF_1 + p_2 \times CF_2}{1 + r + \alpha}$$

すなわち，分子には「将来キャッシュフローの期待値（平均値）」を用い，分母には，通常の金利（リスクのない資産に対して適用される金利（r））とリスク回避反映した金利の上乗せ分（α）を足し合わせたものを使って，割引現在価値を計算する方法である。

　α は，しばしば，「リスクプレミアム」[3] と呼ばれており，投資家全体のリス

　3　キャッシュフローの債務不履行等のリスクを想定しているので，「信用リスクプレミアム」といった方がより正確である。後で述べる「流動性リスクプレミアム」と区別してとらえる必要がある。

クに対する態度を反映している。すなわち，投資家の**リスク回避傾向**が強まるならば，その分，リスクプレミアム（α）は拡大し，キャッシュフローにリスクのある金融資産の現在価値は低下することになる。

　ただし，リスクプレミアムの解釈については，若干注意が必要である。というのは，リスクプレミアムの水準は，個別の金融資産のリスクのみに依存するのではなく，ほかの金融資産あるいは金融市場全体のリスクとの関係において決まってくるからである。たとえば，ほかの金融資産では，状態1（状態2）が生じた場合にはキャッシュフローの値が大きく（小さく）なると想定すると，両方の金融資産を保有することは，片方のキャッシュフローの低下をもう片方のキャッシュフローの増大で補うことにより，キャッシュフロー全体のリスクを減少させることにつながるため，それぞれの金融資産を個別に保有するよりも，投資家のリスクプレミアムは小さくなる（現在価値は上昇する）と想像される。一般に，リスクプレミアムは，個別の金融資産のリスクと金融資産をさまざまに組み合わせても回避できないリスク（**システマティックリスク**と呼ぶ）との関係によって測られる。

2　満期の長さと金利の関係──金利の期間構造

2.1　利回り曲線

　これまでは，金利の定義とその働きについて説明してきたが，以下では，金利と満期の長さの関係について説明する。一般に，債券利回りの水準と満期までの残存期間との関係を**金利の期間構造**と呼ぶ。また，金利の期間構造に関して，横軸に満期までの長さ（残存期間），縦軸に利回り水準をとったグラフを**利回り曲線（イールドカーブ）**という。縦軸の利回りとしてどの利回りの定義を用いるのかという点については，通常は，割引債のスポット・レートを用いることが多い[4,5]。

　4　スポット・レートを用いる利回り曲線を「スポット・レート曲線」と呼ぶことがある。スポット・レートの代わりに，縦軸に「利付債の満期保有利回り（複利）」をとることがあるが，この場合は，利回りに残存期間以外の要素（中途期間のクーポン）が反映さ

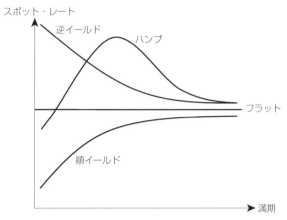

図 5-4 利回り曲線

　図 5-4 は，利回り曲線のグラフの例である．曲線の形状は，その時点の金融経済情勢の違いによって異なっており，右上がりの曲線は，**順イールド型**，右下がりは**逆イールド型**，水平のものは**フラット型**，こぶ状のものは**ハンプ型**と呼ばれている．一般には，景気が過熱気味で金融引き締めなどが行われている時期には，「逆イールド型」，それ以外の多くの時期では「順イールド型」が一般に観察されるようである．

2.2　長短金利の関係――金利裁定

　金利の期間構造あるいは利回り曲線の形状は，どのような要因に依存するのであろうか．別の言い方をすれば，短期金利と長期金利の間には，どのような関係が存在するのであろうか．このことを議論するための準備として，**金利裁定**という考え方について説明する．

　いま，簡単化のために，現時点から 2 期間の資産の運用を考えている投資家

　　れるので，残存期間に純粋に対応した利回りの指標としては適切ではない．
　5　残存期間ごとのスポット・レートの水準を計算するには，残存期間ごとに割引債の市場価格が成立していることが望ましいが，現実には，利付債の市場価格も利用して，スポット・レートの算出を行う．

を考えよう。この場合，投資家にとっては，次のような2つの運用戦略が考えられる。

運用戦略1：残存期間が2期間の債券に投資して満期まで保有する
運用戦略2：残存期間1期間の債券に投資し，さらにもう1期間は「先物金利」▶用語で運用する

運用戦略1に基づいて資金1単位を運用したとすると，通算の元利合計は，

$(1+s_2)^2$ （ここでs_2は残存期間2年のスポット・レート）

となる。一方，運用戦略2に基づいて運用すると，通算の元利合計は，

$(1+s_1)(1+f_{1,2})$

となる（s_1は残存期間1年のスポット・レート，$f_{1,2}$は1年後から1年運用する場合の先物金利）。

先物金利とは，将来の期間に関する金利の水準を現時点で約束（契約）するもので**フォワードレート**とも呼ばれている。将来の期間に関する金利ではあるが，現在で約束しているので，運用戦略2については，元利合計に不確実性は存在しない。

したがって，この2つの運用戦略の違いによって，獲得できる元利合計に差があるならば，投資家の運用戦略は，どちらか片方に一方的に偏ることになるであろう。別の言い方をすれば，どこかである種の「均衡状態」が生じるとすれば，それは，下記のように，両者の運用戦略の元利合計が等しい場合であると考えられる（金利裁定）。

$(1+s_2)^2 = (1+s_1)(1+f_{1,2})$

上記の式は，金利裁定を通じて，短期金利と長期金利との間で何らかの規則的な関係が存在することを示唆している[6]。以下では，長短金利の関係を説明

6　この式に関して，両辺対数をとって近似すると，
　　$s_2 = (1/2)[s_1+f_{1,2}]$

118　第Ⅱ部　金融取引

する理論仮説（期間構造の理論）について説明を行う。

2.3　金利の期間構造の理論

a. 純粋期待理論

　純粋期待理論とは，現在の長期金利が現在から将来にわたっての短期金利の期待値の平均となるという考え方である[7]。

　この場合には，投資家が，将来の短期金利が上昇（下落）すると予想すると，利回り曲線のグラフは右上がり（右下がり）となり，変化しないと予想する場合は水平になる。また，短期金利が一時的に上昇すると予想すれば，利回り曲線のグラフはハンプ型となる。

　この点について，金利裁定の式を使って説明してみよう。

　いま，投資家が2期間の資金の運用を考えているとして，長期債（残存期間2年のスポット・レート）で運用する場合と，短期債（残存期間1年のスポット・レート）と先物金利の組み合わせで運用する場合を比較するとすれば，純粋期待理論では，先物金利は，将来の短期金利の期待値（予想値）に等しいと想定することになるので（脚注6参照），金利裁定の式は，

$$(1 + s_2)^2 = (1 + s_1)(1 + E(s_{1,2}))$$

と表現できる（$E(s_{1,2})$ は，来期の短期スポット・レート（1年物）の予想値（期待値）を意味している（$E(\ \ )$ は期待値を意味する記号））。

―――――――――――――

と書くことができる。

　つまり，長期の金利は，足元の短期の金利とそれに続く短期の先物金利の平均値として表現することができる。

　一般に，長期金利と短期金利（およびフォワードレート）との関係を式で表すと，

$$s_k = (1/k)\left[s_1 + \sum_1^{k-1} f_{k,k+1} \right]$$

と表現できる。つまり，長期金利とフォワードレートとの関係は，「平均」と「限界」の関係にあり，将来のフォワードレートのパスが現在の長期金利を規定していると考えることができる。

7　別の言い方をすれば，先物金利と将来の短期金利の期待値が等しいという考え方である。

いま，将来，スポット・レートが上昇すると予想することを式で表現すれば，

$$s_1 < E(s_{1,2})$$

であり，金利裁定式を同時に考慮するならば，$s_2 > s_1$ の関係が成立していることを意味している。このことは，一般に，短期金利が上昇すると予想されているもとでは，利回り曲線は右上がりとなることを意味している。

b. 流動性選好仮説

純粋期待理論は，長期金利は短期金利の期待値の平均に等しいという仮定に基づいている。しかし，長期金利は，将来の金利の期待値だけではなく，投資家の選好等が影響する可能性がある。

たとえば，投資家は，一般に，長期の資産運用よりも短期の資産運用を好む傾向があると考えられる。これは，当面は資金の運用が可能でも，将来何らかの理由により，資金を急に回収（現金化）しなければならなくなる（売却損を被る）リスクがあり，また，保有期間が長くなるにつれ，現金を手放している期間が長くなって欲しいときに欲しいものが購入できないというリスクをも抱えることになるからである。

流動性選好仮説とは，上記のような投資家の期間に対する選好を反映した期間構造に関する理論仮説である。流動性選好仮説が妥当する場合，残存期間の長い債券よりも短期の債券の方が投資家の需要が強いはずである。言い換えれば，投資家に残存期間の長い債券を保有させるためには，一定のプレミアム（**タームプレミアム**または**流動性プレミアム**と呼ぶ）を追加する必要がある。

したがって，利回り曲線の形状についても，比較的，右上がりの傾向をもつことになる。ただし，将来の短期金利が大きく下落すると予想される場合には，たとえ流動性選好仮説が正しい場合でも，利回り曲線は右下がりとなりうる。流動性選好仮説は，右上がりの利回り曲線が，「通常の場合」観察されることの理論的な説明を与えていると考えた方がよい。

c. 市場分断仮説

市場分断仮説とは，その名のとおり，市場がいくつかに分断されており，残存期間の異なる債券の間で金利裁定が働かないとする考え方である。市場が分断される原因や背景としては，税金や手数料などの取引コストの存在，運用に

対する諸規制，残存期間ごとの投資家層の違いなどが考えられる。市場分断仮説のもとでは，金利はそれぞれの市場の需給によって決まることとなり，純粋期待理論や流動性選好仮説とは異なり，短期金利と長期金利の間には，何ら規則的な関係は存在しないことになる。

2.4 金融政策と金利の期間構造

　金利の期間構造の議論は，実際の金融政策の運営とも密接に関連している。第11章で説明するように，金融政策の目標は，景気や物価の安定化であるが，中央銀行がその**政策手段（オペレーション）**を通じてコントロールできるのは，短期の金融変数（短期金利，マネタリーベースなど）であり，短期の金融変数を通じて長期の金融変数（長期金利，銀行貸出，マネーストックなど）に影響を与え，そして最終的に，景気や物価等の**政策目標**をコントロールするという運営スタイルが伝統的に採用されてきた。

　ところで，短期金利と長期金利の間には，金利裁定等を通じて一定の関係が存在すると考えられる。したがって，中央銀行の金融政策運営においても，金利の期間構造は，大変重要な意味をもっている。

　たとえば，金利の期間構造に関して純粋期待理論が成立している場合には，金融政策の変更は，まず，短期金利（コールレートなど）に現れ，それが，将来の短期金利に対する期待の変化を通じて長期金利にも影響を及ぼすというルートが想定される。たとえば，中央銀行が，政策変更を通じて現在の短期金利を引き下げたときに，長期金利がどの程度変化するかは，現在の短期金利だけではなく，将来の短期金利についての市場参加者の予想に依存することになる。市場参加者が，将来にわたって短期金利が安定的に低位で維持されると予想すれば（中央銀行が市場参加者の「期待を動かす」ことができれば），長期金利も低下するであろうし，短期金利の引き下げが一時的なものにすぎないと予想すれば，長期金利はほとんど影響を受けないであろう。

　図5-5は，2001年3月に実施された金融政策の前後の利回り曲線[8]の変化を示したものである。

　8　ここでは縦軸にはスポット・レートではなく，フォワードレートを用いている。

図 5-5 量的緩和導入前後でのフォワードレート・カーブの変化

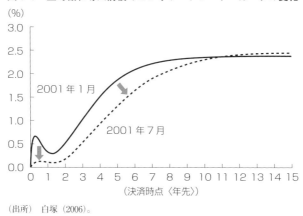

(出所) 白塚 (2006)。

　このときの金融政策の変更は，一般には，**量的緩和政策**の導入として認識されているものである（詳しくは第11章を参照）。図5-5をみると，このときは，金融政策の変更を契機として，利回り曲線は右下方へシフトしていることがわかる。シフト幅については，期間の長さ（決済時点）に依存するが，短期だけではなく中期のゾーンにおいても金利低下が大きいことがわかる。一方，長期のゾーンについては，ほとんど変化がみられない。市場が，短期金利は一定期間低下するものの，長期的にはあまり変化がないと判断したのかもしれない。当面金融緩和が続くことを市場が予想することによる金利低下の効果については，**時間軸効果**と呼ばれており（第11章参照），中央銀行の将来にわたる政策スタンスの公表（たとえば「当面デフレが解消するまで金融を緩和するなど」の発言）が，現在の金利の期間構造に影響を及ぼすことを示唆している。

　ところで，上記の金融政策の波及に関する説明は，もっぱら，純粋期待理論を前提としたものであるが，より現実的には，実質金利，期待インフレ率，流動性プレミアムなどが，同時にどのように変化をしたかということについても慎重な検討を行う必要がある。また，政策金利の変更が市場ですでに予想に織り込み済みの場合は，政策変更を行っても期間構造に影響を与えないという状況も考えられる（もちろん，このことは予想外の政策変更が望ましいということを意味するものではない）。

Column 5-1　イールドカーブ・コントロール

　日本銀行は，2016年9月より，**長短金利操作付き量的・質的金融緩和**（いわゆる**イールドカーブ・コントロール**）という新しい金融政策の枠組みを導入した。これは，それまでの伝統的な政策運営スタイル（短期金利およびその予想を通じて長期金利をコントロールする）を超えて，長期金利に関しても，直接的にオペレーション等を通じてコントロールしようとする取り組みである。中央銀行が長期金利に対して直接的に介入・コントロールするという手法については，1960年代のアメリカのいわゆる**オペレーション・ツイスト**（短期国債を売却して同時に中長期国債を買い入れる調節）政策が有名であり，これは，当時のアメリカの経済課題（短期金利を引き上げることで資本流出を抑制し，長期金利を引き下げることで国内景気を刺激すること）に対応したものと理解されている。ただし，オペレーション・ツイスト自体については，その政策の有効性をめぐって当時から激しい議論があった。というのは，このような政策が実際に機能するためには，短期債と長期債の市場が分断されていることが必要であるが（市場分断仮説が妥当），純粋期待理論を支持する立場からすると，こうした政策（オペレーション・ツイスト）はあまり有効ではないからである。今回，日本銀行が新たな政策枠組みを採用した背景には，短期金利の下げ余地がなくなりつつある中で，金融政策が働きかける対象をほかの金融変数（長期金利やリスクプレミアム）に広げたいという判断があったものと考えられる。ただし，長期市場への直接介入については，中央銀行が長期国債の市場の機能を低下・圧迫させているとの批判もあり，長期的にみて持続可能なものか，望ましいものかについては，市場分断仮説の妥当性とともに議論が分かれているようである。

　金利の期間構造の理論は，単に長短金利の関係を示すだけではなく，金融政策の運営やマクロ経済の変動との関係を考えるうえでも非常に重要なものであり，今後ますます，注目を浴びるであろう。

本章のまとめ
・現在投資するお金の金額を「現在価値」と呼び，受け取るお金の将来時点での

金額を「将来価値」と呼ぶ。金利は，お金の現在価値を将来価値に変換する，あるいは時間を逆向きに考えて，将来価値を現在価値に換算する（この作業を「割引」と呼ぶ）という役割を担っている。

- 金利には，さまざまな定義があり，代表的なものとして，満期保有利回り，スポット・レート，直利などがある。また，複利と単利，名目と実質という区別がある。
- 金融取引は，異なる時点にまたがるお金の取引であり，それゆえにさまざまな不確実性やリスクを伴う。不確実性やリスクを嫌う投資家は，そうでない投資家に比べて，利回りの上乗せ＝「プレミアム」を要求する。
- 債券の満期までの長さと金利水準との関係を金利の期間構造と呼ぶ。期間構造の代表的な理論として，純粋期待理論，流動性選好仮説，市場分断仮説がある。

用語解説

キャッシュフロー：一般的には，企業活動や財務活動によって実際に得られた収入から外部への支出を差し引いて手元に残る資金の流れのことを指す。ただし，金融資産の評価を前提としてキャッシュフローの話をする場合には，通常は，金融資産の購入に伴って得られる現金収入（債券のクーポン収入，売却益収入，償還金，配当収入等）のことを意味する。

フィッシャー効果：人々のインフレ期待が名目利子率に織り込まれる効果のこと。インフレは貨幣価値の低下を意味するので，人々が将来のインフレを予想すると，貨幣価値の目減りを補うだけの高い金利（名目金利）を要求することになる。期待インフレ率の上昇に伴って金利（名目金利）が上昇する現象（名目金利＝実質金利＋期待インフレ率）を定式者（フィッシャー〔I. Fisher〕）にちなんでフィッシャー効果と呼んでいる。

先物金利（フォワードレート）とインプライド・フォワードレート：先物金利とは，将来時点を起点とする期間に適用される金利（ただし，現時点での契約）のことでフォワードレートともいう。インプライド・フォワードレートとは，現在時点を起点とする短期金利と長期金利の関係から逆算される，将来時点を起点とする期間に適用される金利の水準であり，フォワードレートの理論値として使われることが多い。

練習問題

1 金利が年 8％ で 5 年後に受け取る 1000 円の現在価値を計算しなさい。

2 金利が 8％ で毎年 1000 円を永久に受け取ることができる債券の現在価値を計算しなさい。

124 第Ⅱ部 金融取引

③ 名目金利が年12%であり，インフレ率が年4%のときの実質金利を計算しなさい。

④ 1000万円の住宅ローンを30年で借りるとする。金利が年6%であるとき，年ごとの支払額はいくらになるか。

⑤ 次の3種類の利付債券（債券価格，キャッシュフロー）から3種類のスポット・レート（残存期間1年，残存期間2年，残存期間3年）を計算しなさい[9]。

	債券価格	1年目CF	2年目CF	3年目CF
1年債	98	101	0	0
2年債	98	3	103	0
3年債	99	5	5	105

参考文献

黒田晃生（2011）『入門金融（第5版）』東洋経済新報社。

小林照義（2015）『金融政策』中央経済社。

白塚重典（2006）「金利の期間構造と金融政策」『日銀レビュー』（http://www.boj. or.jp/research/wps_rev/rev_2006/rev06j05.htm/）。

古川顕（2014）『テキストブック 現代の金融（第3版）』東洋経済新報社。

ルーエンバーガー，D. G.（2015）『金融工学入門（第2版）』（今野浩・鈴木賢一・枇々木規雄訳），日本経済出版社。

---

9 債券の現在価値と市場における債券価格とは等しいとしてスポット・レートを逆算すればよい。債券（利付債）の現在価値は，毎年入ってくる利息と満期時点の償還元本を，それぞれ，各期間に対応するスポット・レート（r_{0i}）で割り引いたものの和である。いま，満期までの長さがN年で，毎年Cだけの利息（クーポン）の支払いがある利付債の現在価値は，

$$\text{利付債の現在価値} = \frac{C}{1+r_{01}} + \frac{C}{(1+r_{02})^2} + \frac{C}{(1+r_{03})^3} \cdots\cdots + \frac{C+\text{額面金額}}{(1+r_{0N})^N}$$

と表現することができる。

第Ⅱ部 金融取引

第**6**章

金融取引の特徴と課題

INTRODUCTION

　序章でみたように，金融取引にはさまざまな障害が存在しており，仮に金融取引を行うことが潜在的に望ましい場合であっても，金融取引が自動的にまたは必ず成立することを意味するわけではない。この章では，序章で触れられた金融取引に関わるさまざまな問題・課題（取引成立を困難にする問題）について，より詳しく説明を行う。具体的には，取引相手をみつける問題，リスク負担の問題，情報の非対称性の問題，契約の不完備性の問題，について説明する。

KEYWORDS

リスク負担，情報の非対称性，モラルハザード，逆選択，契約の不完備性

1 不確実性と金融取引

1.1 取引相手をみつける問題

資金を調達したい借り手と，資金を運用したい貸し手が存在するとしても，それだけで金融取引が自動的に行われるものではない。「取引相手が互いにどこにいるのかよくわからない」つまり「取引相手をどうやってみつけるのか」という問題は，金融取引が直面する最初の課題である。

取引相手をみつける問題を解決する方法としては，大きく2つのアプローチが考えられる。1つは，第3章で学んだ**市場**を使った解決方法である。「市場」には，古来より，多くの人々が互いに取引相手をみつけるために遠方から集まってくるという特徴があり，取引したい人が，あらかじめ決められた時間に「1カ所」に集まれば，自然と取引相手をみつけることが可能になる。また，もう1つのアプローチは，**組織**や**仲介機関**を使った解決方法である。たとえば，第2章で学んだ銀行を考えることにしよう。銀行は，不特定多数の人から預金を預かり，借入希望のある企業等に対して貸出を行うが，これは，最終的な貸し手と借り手が互いを意識せずに，銀行という中間的な組織を通じて取引相手をマッチングさせている。

この取引相手をみつけるという問題は，金融取引に限らず，通常の財・サービスの取引においても起こりうる問題である。したがって，この章では，この問題についてはこれ以上触れずに，それ以外の金融取引に関わるさまざまな問題について説明していくことにする。

1.2 不確実性とリスク負担の問題

お金を借りたい人と貸したい人が互いにみつけることができたとしても，彼らの希望する資金貸借の条件が一致するとは限らない。

たとえば，借りる側のニーズを考えてみると，設備投資のための資金が必要な借り手は，長期間かつ多額の資金をできるだけ低い金利で借り入れたいと思うであろう。これは，設備投資等が利益を生むには，一般に長い期間を要し，早期や中途での資金の返済（投資計画の中断）がきわめて困難であるからである。一方，お金を貸す側は，どちらかというと，小口の資金しかもたず，短期間で

の提供を望む傾向にある。

　また，金融取引は，取引が行われる時点と返済によって取引が完了する時点が異なっているという特徴があり，**異時点間**にわたる取引である以上，将来に関するさまざまな**不確実性**や**リスク**が伴う。

　代表的な不確実性・リスクとしては，借り手の**債務不履行のリスク**（**貸し倒れリスク**）がある。債務不履行自体は，借り手の経営努力に依存する部分もあるが，天候や市場動向，為替レート，マクロの経済環境等によって影響を受ける部分が少なくない。したがって，どの程度のリスクを貸し手が受け入れるのか（担保や保証をとって債務不履行のリスクを軽減するのか，あるいは，リスクを受け入れる代わりに高い貸出金利を設定するのか）という問題について，貸し手と借り手の間で解決（合意）する必要がある。

　一方，貸し手側にも固有のリスクが存在する。たとえば，事故や災害などにより，急に資金（現金）が必要となって，現金需要が急に高まるようなケースである（**流動性リスク**）。このようなリスクが大きい場合には，貸し手は，できるだけ貸出期間を短く設定しようとするであろうし，場合によっては，中途期間での返済（**期限前弁済**▶用語）を借り手に要求する可能性がある。しかし，こうした貸し手側の要求は，借り手側にとっては不都合なことが多く，この場合でも，貸し手と借り手の間でどのように**リスク負担**を調整する必要が生じる。

┃2　情報の非対称性と金融取引

　一般に，契約の当事者間で保有している情報（情報量）に差がある場合，**情報の非対称性**が存在するという。典型的には，貸し手と借り手の間で，借り手は，自分のリスク適性や経営努力の水準を知っているものの，貸し手は，これを直接観察できないようなケースである。また，貸し手・借り手に限らず，当事者の間で，保有している情報量に格差があり，潜在的な利害が当事者間で異なる状況を，「依頼人‐代理人関係」あるいは「エージェンシー関係」（序章の用語解説を参照）と呼ぶことがある。

　情報の非対称性に関するモデルは，情報優位者のもつ私的情報が，その主体の行動に関するものか，あるいは特徴に関するものかによって，①モラルハザ

128　第Ⅱ部　金融取引

ード（道徳的危険，倫理の欠如）型モデルと，②逆選択型モデルに大別できる。

2.1　モラルハザードの問題

　モラルハザード（道徳的危険，倫理の欠如）型モデルの典型的なケースは，借り手がリスクの異なる複数のタイプの事業計画を保有しているが，実際どのタイプの事業計画を実施するかについて，貸し手が直接観察できない状況である。

　単純化のために，借り手は，下記のような2種類の事業計画プロジェクト（プロジェクトG，プロジェクトB）を保有しているとする（表6-1参照）。

　各プロジェクトを実行するには，1単位の資金が必要であり，また，プロジェクトの収益と成功確率の間には，次のような不等式が成立していると仮定する。

　　$P_g > P_b$, $R_g < R_b$, $P_g R_g > 1 > P_b R_b$

　つまり，プロジェクトBは，プロジェクトが成功する確率は低いものの成功時の収益が高いという意味で**ハイリスク・ハイリターン型**のプロジェクトであり，逆に，プロジェクトGは，成功する確率は高いが成功時の収益が低いという意味で，**ローリスク・ローリターン型**のプロジェクトである。また，社会的には，プロジェクトからの期待収益が投下資金（1単位）を上回るという意味において，プロジェクトGの実行が望ましいと考える。

　いま，プロジェクトの資金を全額借入で賄い，融資資金1単位に対する約定返済額（1＋貸出金利）をRとすると，借り手の期待収益は，

　　$P_g(R_g - R)$　プロジェクトGを選択した場合
　　$P_b(R_b - R)$　プロジェクトBを選択した場合

表6-1　2種類のプロジェクトのリスクとリターン

	プロジェクトからの収益	確率
プロジェクトG	R_g　（成功時） 0　（失敗時）	P_g $1-P_g$
プロジェクトB	R_b　（成功時） 0　（失敗時）	P_b $1-P_b$

図6-1 プロジェクトの選択と借り手の期待利益

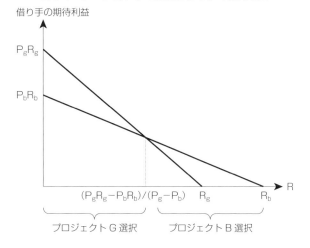

と表される。したがって、借り手がどちらのプロジェクトを実行するかは、両者の値の大小関係に依存することになる。両者の値が等しくなるR（すなわち$P_g(R_g-R)=P_b(R_b-R)$を満たすR）は$(P_gR_g-P_bR_b)/(P_g-P_b)$であるので、結局、プロジェクトの選択は、下記のようにまとめることができる。

$R<(P_gR_g-P_bR_b)/(P_g-P_b)$　ならばプロジェクトGを選択
$R>(P_gR_g-P_bR_b)/(P_g-P_b)$　ならばプロジェクトBを選択

つまり、借り手は、約定返済額（R）が高くなるにつれ、リスクの高いプロジェクトを選択するようになるのである（図6-1参照）。

一方、貸し手の期待収益は、借り手側のプロジェクトの選択に応じて

P_gR-1　借り手がプロジェクトGを実行する場合
P_bR-1　借り手がプロジェクトBを実行する場合

のように表すことができる。

このとき、借り手がプロジェクトGを選択し、かつ、貸し手側の期待収益がゼロを超える場合（すなわち、$R<(P_gR_g-P_bR_b)/(P_g-P_b)$、$P_gR-1>0$という2つの条件が同時に成立する場合）に限って、貸し手は融資を実行し[1]、かつ、社会的に価値のあるプロジェクトが実行されることになる。

130　第Ⅱ部　金融取引

　しかし，どちらかの条件が成立しない場合には，貸し手は融資を行わず，いっさいのプロジェクトは実行されないことになってしまう。たとえば，約定返済額 R が一定水準を超えて高くなれば，借り手はプロジェクト B を実行することになり，さらに貸し手がこのような借り手の行動を予想するならば，当初から融資は行われないであろう。また，借り手がプロジェクト G を実行する動機をもつ場合でも，約定返済額 R の水準が低すぎて貸し手の期待収益が負になるのであれば，貸し手は融資を行わないと考えられる。このように社会的に有用なプロジェクトが存在するとしても，貸し手が借り手の行動を直接観察できないため，プロジェクトが実施に移されない可能性がある。

2.2　逆選択の問題

　逆選択のモデルについても，モラルハザードの説明に用いたモデルを援用して説明することができる。モラルハザードのモデルでは，1 人の借り手が複数のプロジェクト（プロジェクト G とプロジェクト B）を選択するという形になっていたが，逆選択のモデルでは，複数の借り手がいる世界を考え，かつ，各借り手は単一の事業プロジェクトをもつものの，借り手ごとにプロジェクトの成功確率や成功時の収益が異なると想定する。つまり，上記の例でいえば，借り手には 2 種類のタイプがあり，リスクが低く社会的価値の高いプロジェクト G を保有する借り手のタイプと，リスクが高く社会的価値が劣るプロジェクト B を保有する借り手のタイプが存在すると想定すると言い換えてもよい。いま，簡単化のために，プロジェクト G を保有する借り手をタイプ G の借り手，プロジェクト B を保有する借り手をタイプ B の借り手と呼ぶことにしよう。

　このとき，約定返済額を R（R =（1 + 貸出金利））と置くと，各タイプの借り手の期待収益は，それぞれ，

1　情報の非対称性の問題より，貸し手は，借り手のプロジェクト選択を直接観察あるいはコントロールすることができないので，借り手が自主的にプロジェクト G を選択する金利水準の範囲内で，かつ，貸し手自身の期待収益がゼロを上回っている場合にのみ，貸し手は融資を実行することになる。

第6章 金融取引の特徴と課題 131

> **Column 6-1 中古車市場と保険市場における逆選択とモラルハザード**
>
> 　逆選択やモラルハザードとは，もともとは，車の中古車市場（**レモンの市場**）や保険市場において言及されてきた問題である。たとえば，中古車市場において，車の売り手が車の買い手よりも，車の品質をよく知っているとすると，質の高い中古車の取引が困難になり，質の低い中古車だけが市場で取引される可能性がある。というのは，故障もなく検査も怠らなかった高い品質の中古車を，中古車市場で売ろうとする場合，売り手である中古車のオーナー自身は，それが市場の平均よりも質が高いことを知っているが，それを買い手に伝えることは難しい。この結果，質の高い中古車は質の低い中古車と混同され，売り手が思うよりも低い値段でしか売れなくなる。この場合，高品質の中古車のオーナーは，このような状況を嫌がり，やがて中古車を売るのを止めるかもしれない。すると，市場に出回る中古車の質はさらに低下し，最後に残るのは，質の最も低い中古車だけになってしまうかもしれない（逆選択）。
>
> 　また，保険市場においても，リスクの異なる顧客に同一の保険料率を課すと，リスクの高い顧客は相対的に安い費用で保険を購入し，リスクの低い顧客は相対的に高い費用で保険を購入することになるが，保険料率が高くなるほどリスクの低い顧客は保険に加入することが不利になり保険市場から退出するため，結果として保険市場においてもリスクの高い顧客の占める割合が高くなるという現象が生じる可能性がある（逆選択）。また，火災保険に加入することによって，万が一火災を起こしても保険会社が保険金を十分に支払ってくれるとすると，被保険者は，火災一般に対して十分な注意を払わなくなってしまうという問題が生じる可能性がある（モラルハザード）。

タイプ G の借り手

　$P_g(R_g - R)$　　借入した場合

　0　　　　　　　借入をあきらめた場合

タイプ B の借り手

　$P_b(R_b - R)$　　借入した場合

　0　　　　　　　借入をあきらめた場合

と表すことができる。ここで，注意が必要なのは，このとき，情報の非対称性の存在により，貸し手は，借り手のタイプの違いを区別することができないので，金利を借り手に提示する場合は，借り手のタイプにかかわらず一律の条件

図6-2 貸出市場における需要と供給

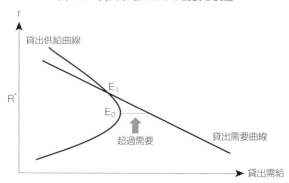

（市場全体のリスクに応じた貸出条件）を提示しなければならないということである。また，借り手側としても，正の期待収益が見込めない場合は，わざわざ借入をしない（貸出市場から退出する）と想定するものとする。

　このような状況の場合，貸出金利が高くなるにつれ，市場の平均からみて相対的にリスクの低いプロジェクトをもった借り手（すなわちタイプGの借り手）は，貸出金利が高くなりすぎ，借入の実行をあきらめてしまうであろう。そうなると，リスクの高い借り手（タイプBの借り手）のみが貸出市場に残ることになり，貸し手は，リスクに見合った形で貸出金利をさらに引き上げ，結果として，リスクの高いタイプの借り手も，市場から退出してしまう可能性がある。情報の非対称性が存在しない場合，本来，金利の上昇は，貸し手にとって貸出利益の引き上げにつながるはずであるが，このモデルでは，金利の上昇は，社会的に価値の高いリスクの低い借り手を市場から追い出し，質の悪い借り手のみを逆に選択（選抜）してしまう結果になる。

　図6-2は，貸出市場における需要と供給の関係をグラフ化したものである。通常の財・サービスのモデルでは，供給曲線は，金利に対して右上がりであり，需要と供給とが一致する点が市場均衡となるが，逆選択のモデルでは，金利の上昇に対して市場の平均的な借り手のリスクも悪化するため，貸出供給曲線は，途中で左上がりとなる可能性がある。このような場合，貸出市場の均衡は，需要と供給が一致する点ではなく，E_0点のように，市場に超過需要を残したままの状態となるかもしれない（**信用割当**と呼ぶ）。なぜならば，超過需要が残っ

ていても，借り手にとっては，需給均衡点よりも，より多くの借入を受けられる可能性があり，また，貸し手にとっても，貸出からの期待収益がより大きく，借り手・貸し手双方にとって都合がよいからである。

3 契約の不完備性と金融取引

3.1 契約の不完備性

　情報の非対称性とは別の観点から，金融取引の困難さを示すものとして，**契約の不完備性**という問題がある。本来，金融契約には，将来起こりうるあらゆる事象に対して，当事者間でどのように行動すべきかを，事前にすべて契約に書き込んであることが望ましい。なぜならば，金融取引には，将来の不確実性が伴い，起こりうるリスクに対応して誰がどのようなリスクを負担するかを事前に明示しておくことは，金融取引においては，きわめて重要だからである。

　しかし，現実の世界を考えると，事前に将来起こりうるすべての事象を思いつくことは不可能であり，また，仮に可能であるとしても，事象の一部について，第三者（裁判所等）がその事象を確認することが困難である（**立証不可能性**〔nonverifiable〕**の問題**）。この場合，契約内容を当事者に強制的に遵守させることは不可能である。

　いま，金融取引における例として，借り手が事業に失敗して，資金の返済が困難になっているとしよう。こうした場合，貸し手は事前の契約に従って返済を要求し，借り手がそれに応じることができなければ，法的に破産を申し立て，借り手の**プロジェクトを清算**することも可能である。しかし，借り手を破産させるよりは，返済を猶予するなどして再建（**プロジェクトの継続**）を目指す方が，借り手にとってはもちろん，貸し手にとっても得策である場合も少なくない。

　たとえば，プロジェクト自体は十分計画されており，経営者もプロジェクトの成功に向けて努力をしたものの，外部環境の悪化から，たまたま当初の予定どおりにリターンが得られなかったというケースもありうるであろう。また，逆に，プロジェクトの計画自体は十分に練られたものではなかったとしても，外部環境に恵まれ偶然に成功するというケースもある。前者の場合は，たとえ返済が滞っているとしても，**返済猶予**や**追加融資**などをしてプロジェクトを継

134　第Ⅱ部　金融取引

続することが望ましいかもしれない。しかし，どのような状況のときにプロジェクトを清算し，どのような状況のときにプロジェクトの継続を図った方がよいのかということを，事前に契約に書き込むことはきわめて難しい。なぜならば，返済が滞る原因が内部要因（経営者の能力など）によるものか，それとも外部要因（経営環境等）によるものか，あるいはその両方だとしてその割合がどの程度なのかについて，すべての貸し手や外部の第三者（裁判所等）が確認・合意を得ることはきわめて困難であるからである。この場合には，本来は継続が望ましいプロジェクトが清算されてしまうケースや，逆に，清算された方が望ましいプロジェクトが継続されてしまうという問題が生じてしまう。また，このようなプロジェクトの非効率な選択（プロジェクトの清算や継続の失敗）が起こりうるとすると，契約の最初の段階で，貸し手が融資を行わない，あるいは高い金利を要求するなど，金融取引がスムースに行われないという悪影響が生じる可能性もある。

3.2　契約の不完備性のモデル

　契約不完備性のモデルとして次のようなケースを考えよう。3期間からなる金融取引モデルとして，第1期にプロジェクトへの資金投下を実施し，プロジェクトからの収益は第3期に実現するとする（成功すればX，失敗すれば0の収益を生む）。ただし，プロジェクトが成功するか失敗するかについては，第2期における状態（状態G，状態B）に依存し，状態Gの場合は，プロジェクトは100%の確率で成功するものの，状態Bの場合には，確率p×100%で成功すると想定する。なお，状態に関する情報（プロジェクト成功に関する一種のシグナル）は，貸し手と借り手の間で共有されるものの，裁判所等の第三者には観察不可能であり，状態を金融契約に書き込むことはできないと想定する。また，第2期においてプロジェクトを中断する（清算する）ことも選択肢として可能であり，中途でプロジェクトを中断した際には，清算価値Lだけが生み出されると仮定する（表6-2参照）。

　各プロジェクトを実行するには，1単位の資金が必要であり，また，プロジェクトの収益と成功確率の間には，次のような不等式が成立していると仮定する。

第6章　金融取引の特徴と課題　135

表6-2　プロジェクトの収益

状　態	プロジェクトの収益	清算価値
状態G （確率 q）	X（確率 1）	L
状態B （確率 1-q）	X（確率 p） O（確率 1-p）	L L

$pX < L \leqq 1 < X$

このとき，借り手と貸し手の期待利益は，プロジェクトを清算するかどうかに応じて，それぞれ，以下のように表すことができる（ただし，約定返済額を，それぞれのケースに関して，R，R′とすることにする）。

（ケース1）状態にかかわらずプロジェクトの継続が行われる場合

　　借り手の期待収益　$q(X-R) + (1-q)p(X-R)$

　　貸し手の期待収益　$qR + (1-q)pR$

（ケース2）状態Bのときは清算され，状態Gのときは継続される場合

　　借り手の期待収益　$q(X-R')$

　　貸し手の期待収益　$qR' + (1-q)L$

いま，貸し手は期待収益が投資金額（1単位）に等しい場合に融資を行うとすると，それぞれのケースにおいて，次のような関係が成立しているはずである。

$$qR + (1-q)pR = 1$$
$$qR' + (1-q)L = 1$$

ここで，$pR \leqq pX < L$ であることに注意すると，$R' < R$ が成立することがわかる。したがって，それぞれのケースの借り手の期待収益は，

　　ケース1の場合の借り手の期待収益　$qX + (1-q)pX - 1$

　　ケース2の場合の借り手の期待収益　$qX + (1-q)L - 1$

となる。つまり，借り手の期待収益は，ケース2の場合の方が，ケース1の場

合よりも大きくなることがわかる（pX<L より）。

　このような差が生じたのは，ケース1では状態ごとに応じてプロジェクトの清算・継続を実行できなかったからであり，本来は，ケース2のように状態ごとに応じてプロジェクトの継続・清算を実施することを契約等に書き込むことができれば（**コミットメント＝約束**できれば），貸し手の要求する金利が小さくなり，借り手にとっての期待収益も上昇することがわかる。このモデルでは，契約不完備性のコストは，経済の状態が悪いというシグナルが当事者間で観察されたとしても，プロジェクトを中止して清算できないということから生じていると考えられる。

　上記のような契約の不完備性から生じる問題を緩和する方法として，**再交渉**という方法が考えられる。たとえば，貸し手が銀行であり，短期の融資を2期間にわたって融資する場合を考えてみよう。この場合，第2期においては，プロジェクトからの収益が発生しないので，銀行側は，貸出を**ロール・オーバー（借り換え）**▶用語してプロジェクトを継続させるか，あるいはそうせずに債務不履行を理由として，借り手を清算に追い込むかの選択が可能となる。貸し手側が状態 G であることを理由として，返済猶予の再交渉（貸出のロール・オーバー）に応じれば，非効率な資源配分が緩和される。金融の不完備性と銀行の役割については，第7章で再度述べることにする。

本章のまとめ

- 金融取引が成立するためには，取引相手の発見，リスク負担の調整，情報の非対称性，契約の不完備性，などの問題について解決・クリアする必要がある。
- 情報の非対称性の問題は，モラルハザードの問題と，逆選択の問題に分けて考えることができる。
- モラルハザードの問題は，借り手がリスクの異なる複数の投資プロジェクトを保有しており，借り手がどのタイプのプロジェクトを選択・実施するかについて，貸し手が直接観察できない状況に対応している。
- 逆選択の問題は，複数の借り手がそれぞれ固有のリスクプロジェクトをもつ一方で，貸し手は，借り手全体のリスクの分布状況については知っているものの，個々の借り手の保有するプロジェクトのリスクを区別することが困難な状況に

第6章　金融取引の特徴と課題　137

対応している。
- 契約の不完備性とは，将来起こりうるすべての事象に対して，契約当事者がどのように行動すべきかを明示的に契約に書き込むことが困難である状況を指す。

用語解説

期限前弁済（早期弁済）：借入などをする場合，借り入れる金額，借入期間，支払う金利を決めることになるが，契約時に決定した借入期間前に借入額を返済することを期限前弁済と呼ぶ。期限前弁済が行われると，貸し手は，期限までお金を貸して得られたであろう利息等を獲得する機会を失うことから，損失が発生することになる。したがって，期限前弁済については，何らかの「違約金」「期限前弁済手数料」が発生することが多い。

貸出ロール・オーバー：現在，借入している融資の返済期日に新たな借入（既存の借入と同額同条件のものが多い）を行って，実質的に借入を延長することを指す。一種の「借り換え」と同じ。短期借入のロール・オーバーが恒常化すると，実質的には長期借入と同じではないかとの批判も多い。

練習問題

1. 金融取引に関して取引相手をみつけるための方法について述べなさい。
2. モラルハザードのモデルにおいて，貸出金利の水準と借り手のプロジェクトの選択との間にどのような関係があるかを説明しなさい。
3. 逆選択のモデルにおいて，貸出供給関数はどのような形状となるか説明しなさい。

参考文献

内田浩史（2016）『金融』有斐閣。

酒井良清・前多康男（2004）『金融システムの経済学』東洋経済新報社。

古川顕（2014）『テキストブック　現代の金融（第3版）』東洋経済新報社。

第Ⅱ部　金融取引

第 **7** 章

銀行の働き

INTRODUCTION

　この章では，銀行に代表される金融仲介のシステムが，金融取引の阻害要因を緩和することについて説明する。第6章でみたように金融取引にはさまざまな課題が存在しているが，銀行等の金融仲介機関が，貸し手と借り手の間で取引を行うことで，金融取引に関わるさまざまな費用が節約できる。こうした銀行の働きは，資産変換機能と情報生産機能と呼ばれており，以下では，それぞれの機能とそれを支える経済的メカニズム，および銀行と企業との取引関係について説明を行う。

KEYWORDS

資産変換機能，情報生産機能，規模の経済性，範囲の経済性，メインバンク制

1 銀行の経済的機能

1.1 資産変換機能

　これまでも述べてきたように，金融取引は異時点間の取引であり，借り手が発行する債務証書（本源的証券）には，必然的に**債務不履行（デフォルト）**のリスクが伴っている。また，貸し手側にも，現在は，資金需要がなく運用に回す余裕があるとしても，将来，不意の出費や車・住宅の購入といった資金ニーズが生まれる可能性があり，満期の長さをどのようにすべきか，また，両者の間でこれらのリスクをどのように負担配分するのかといった問題がある。さらには，そもそも，金融取引を行うためには，互いに取引相手を探すという問題が存在する。

　こうした金融取引に伴うさまざまな費用が存在する限り，最終的な貸し手と最終的な借り手が直接取引をするよりも，銀行等の金融仲介機関が，両者の間に入って，最終的な貸し手に対しては預金（間接証券）を提供し，最終的な借り手に対しては，本源的証券を購入するということの方が，はるかに効率的であると考えられる。

　一般に，最終的借り手が発行する本源的証券という資産をそのまま外形を変形せずに最終的貸し手に売却するのではなく，銀行等の金融仲介機関が，自己あての負債である間接証券，すなわち預金を発行して資金を集め，その資金で本源的証券（貸出，有価証券等）を購入することで，最終的貸し手に対して，異なった性質（売買単位，満期，信用リスクなど）の資産を提供することを，銀行の**資産変換機能**と呼ぶ。

　つまり銀行は，「不特定多数の貸し手」から，いつでも解約可能な「短期の小口資金」を受け入れ，借り手に対しては，返済期間が「長期の大口資金」の提供を行うことで，売買単位と満期の**ミスマッチの問題**を解決している。また，預金者に対して契約上の元本を保証することで，債務不履行のリスクを（一義的には）銀行がすべて負担する形をとり，貸し手のリスク負担を減らして資金を提供しやすい状態を作り出している。さらに，貸し手との間では預金金利を，借り手との間では貸出金利を設定することで，貸し手と借り手の間の取引条件の設定の問題も銀行が一括して行う形をとっている。銀行は，貸し手と借り手

の間に入ることで，取引相手の発見や，両者のニーズやリスク負担の問題について，巧みに調整する役割を果たしているのである。

　上記の資産変換機能のうち，貸し手側の資金ニーズの不確実性の問題についてもう少し詳しく説明する。貸し手（預金者）からみると，銀行に資金を預けることは，貸し手が「随時現金に変換可能な資産」をもつことになり，最終的な借り手に直接貸し出す場合に比べて，高い流動性を保持できることを意味している。このことは，現在は必要ではないが不意の出費等が生じた際には，いつでも預金を現金に換えることができるという意味で，銀行が預金者に対して，一種の流動性に対する保険を提供していると解釈できる（**銀行による流動性の付与**）。

　もちろん，銀行がこのような流動性保険を提供できるのは，不特定多数の預金者と同時に取引を行っているからである。不特定多数の預金者の間では，各自の支出の機会（不意の出費に見舞われるタイミング）は一般に異なる（あるいは独立的）と考えられる。だとすれば，銀行にとっては，預金者から受け入れた資金がいっせいに解約されるリスクはほとんどなく，預金の引出に備えて，預かった預金のごく一部だけを現金として保有（準備金保有）しておくだけで対応可能である。また仮に，銀行１行だけでは対応が困難な場合でも，銀行システム全体に関して，預金の払い戻しがいっせいに行われなければ（後述する金融危機等の場合を除く），ほかの銀行から資金を融通してもらうことで，日々の払い戻しに対応することができる。

　序章で，債権の市場性という事柄に関して，貸し手が保有する債権をほかの人に転売できれば，債権は新しい貸し手に移っただけなので，借り手は引き続き資金を借りたままでいられる（借り手側は，プロジェクトを中断して手元資金で返済するなどの対応をとらなくてもすむ）ということを述べたが，流動性保険としての預金は，預金という間接証券の保有者が，預金を解約する人と新たに預金を行う人との間で「流通」することで，銀行預金の流動性が提供されているとみなすことができる。

1.2　情報生産機能
　上記の銀行の資産変換機能では，主として，貸し手と借り手のニーズの違い

やマッチングの問題について言及したが，金融取引に関しては，もう１つの大きな障害である**情報の非対称性**の問題が存在している。情報の非対称性とは，貸し手と借り手で保有している情報（とりわけ**借り手の返済能力や意思・努力に関する情報**）に格差が存在することであるが，貸し手である銀行が自ら積極的に借り手に関する情報生産活動に従事し，情報の非対称性から生じる問題を緩和しようとする取り組みのことを銀行の**情報生産機能**と呼ぶ。

銀行の情報生産活動は，さまざまな段階において行われていると考えられている。たとえば，銀行は，借り手から融資の申し込みがあった段階で，借り手のビジネスの概要やプロジェクトの成否，経営者の経歴や人柄，担保となる資産の価値の評価等を行う。これらは，**貸出審査**と呼ばれ，融資を行う前の一種の**スクリーニング機能**を有している。

また，融資を実行した後でも，事業が順調に推移しているか，きちんと返済が行われているか，経営者の行動や態度に変化はないか，などの「中間段階での情報生産活動」（**監視**）を行う。

さらには，最終的な返済段階において，借り手が，支払い時期の延期や金利軽減・追加融資等などを求めてきたときに，その借り手の要望が妥当なものかどうか，決算等に粉飾がないかどうか，などの「事後的な意味においての情報生産」（**監査**）も行うことがある。後で言及するように，一部の大口企業に対しては，銀行が相手企業に対して役員を送り込んで，返済計画や経営再建計画に積極的にタッチする場合があるが，これも情報生産活動の一種といえるかもしれない。

ところで，借り手企業に貸し出される資金は，もともとは多数の預金者のものであるので，本来は，預金者が情報生産活動を行わなければならないはずである。しかし，多くの預金者が直接，借り手企業に関する情報生産活動を行うことは，その手間やコストを考えると現実的ではない。したがって，銀行は，資金仲介を行っているだけではなく，多くの預金者に代わって情報性活動をしているとみなすべきであり，このことから，銀行を**委託された監視者**あるいは**委託された情報生産者**と呼ぶことがある。

それでは，なぜ，情報生産に関して，銀行に「委託」することが望ましいのであろうか。個々の貸し手が情報生産を行うのではなく，銀行等の仲介機関が

預金者を代表して情報生産を行う理由として，次の２つが考えられる。１つは，**情報生産コストの重複**を回避できるという点である。情報生産活動を多くの貸し手が個別に行うのは，同じ内容の情報を費用負担して生産することになるので社会全体で何倍ものコストが発生してしまい，明らかに社会的には非効率である。また，もし，銀行が情報生産を専門的に行わずに，ほかの貸し手が個別勝手に行うとなれば，貸し手の中には，誰かほかの貸し手の情報生産に**ただ乗り（フリーライダー）**しようとする動機が生まれるかもしれない。さらに，もし，すべての貸し手が同じことを考えれば，結果として誰も責任をもって情報生産をしなくなる可能性も生じてしまう。このような「ただ乗り（フリーライダー）」の問題を回避するためにも，誰か（この場合は仲介機関である銀行）が責任をもって，専門的に情報生産に従事する必要がある。

　もちろん，銀行にとっては，情報生産をすることによって，そのコストを上回る利益を確保することができ，銀行自身にとっても積極的に情報生産を行う仕組みが担保されていなければならない。預金と貸出において，通常，預金金利が貸出金利よりも低い理由の１つは，預金者が情報生産のコストを上回る報酬を銀行に与えているとみなすこともできる。

2　規模の経済性と範囲の経済性

　銀行が資産変換機能や情報生産機能を発揮して，金融取引に関する障害を緩和するとしても，経済全体からみて，なぜ銀行がそのような機能を発揮することができるのか，あるいは，そのような機能を発揮するうえで，銀行はコスト上の優位性を保持しているのかという疑問が生じる。銀行の資産変換機能や情報生産機能を支えている経済的要因やメカニズムはどのようなものなのであろうか。

　銀行は，多くの貸し手と借り手が同時に取引をしていることを述べた。一般に，多くの相手と取引することで，銀行に**規模の経済性**が働くことが知られている。まず，負債側では，銀行の流動性保険の提供のところでも述べたが，多くの預金者と同時に取引をすることで預金の流出のリスクを一定限度まで減らすことができる。これは，**大数の法則**▶用語とも呼ばれているもので，１つ１つ

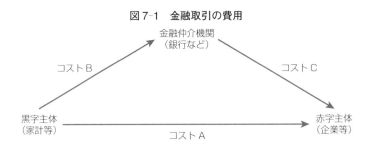

図 7-1　金融取引の費用

の結果が予想できなくても，預金引出が相互に独立である限りは，多数の結果の合計や平均はかなり正確に予想できるという確率の性質を意味している。また，資産側では，多数の企業に同時に貸し出すことで，貸し倒れのリスク分散を図ることができる（**分散投資のメリット**）。分散投資のメリットは，最終的な貸し手の資産規模が十分に大きければ（あるいは貸し手の資産規模に比較して1件当たりの投資額が十分に小さければ）享受することができるが，通常は，最低の貸出金額には制約があり，貸出1件ごとに情報生産費用がかかることを考えれば，大規模な資金を有する銀行が，分散投資のメリットを最大限享受できることが容易に想像できるであろう。

また，情報生産機能の「審査」や「監視」などの活動には，専門的な知識が必要であり，単に費用の重複やフリーライダー問題を回避するという理由以外にも，特定の主体にその活動を任せるメリットが潜在的にあると考えられる。銀行には，借り手の預金口座を通じて決済サービスを提供するという役割もあり，決済サービスで獲得した情報を貸出審査やほかの金融商品の運用・販売に用いることができるなど（**範囲の経済性**），ほかの経済主体に比べて多くの比較優位をもっていると考えられる。

図 7-1 は，銀行が，貸し手と借り手の間で金融仲介を行うことによって社会全体の金融取引の費用が削減できるかどうかについて説明したものである。

ここで，コスト A は，最終的貸し手が最終的借り手に直接的に投融資する際に発生する金融取引費用全体を指している。この中には，取引相手をみつける費用や取引条件の決定費用，リスク負担から生じる費用，情報生産費用，が含まれていると考えられる。一方，コスト C は，銀行が最終的借り手に貸出等を行う際の費用で，情報生産コストの節約やリスク分散の観点からみて，コ

第7章　銀行の働き　145

ストC＜コストAが成り立っていると想像できる。最後に，コストBについては，最終的貸し手（預金者）が銀行に預金することで生じるコストが含まれ，銀行が破綻して預金の元本が毀損してしまうコスト，銀行の経営を監視する際に発生するコスト等が対応すると考えられる。通常は，銀行は十分に貸出先を分散しているので，銀行自体が破綻するリスクは小さい。また，銀行自体が預金者に**元本保証**▶用語をしているので，自らの経営リスクに注意を払う動機が十分に存在すると考えられる。しかし，**金融危機**等の際にもみられたように，貸出先の融資が焦げ付いて預金者にリスクが波及する恐れがまったくないとは言い切れない。銀行や監督当局は，そのようなことが生じないために，銀行に対して十分な自己資本を積むことを求めており，また，後述するように預金保険という仕組みも用意されている。したがって，通常の場合は，コストB＋コストC＜コストAが成り立っていると考えてよいであろう。

3　銀行と企業の取引関係

3.1　契約の不完備性と再交渉

　契約の不完備性については第6章でも言及した。金融取引には，さまざまな不確実性・リスクが存在し，それらあらかじめすべて想定して，どのような場合にどのようなことをするのかについて事前に契約で決めておくことは難しい。たとえば，プロジェクトがうまく軌道に乗らなくて，中途で返済が滞っているとしよう。もちろん，返済ができないのであれば，債権者側は，プロジェクトの中断を強制して，借り手を破綻処理することも可能であるが，一時的に返済の支払いを猶予・減免して，プロジェクトを継続・存続させた場合の方が，後に，プロジェクトが成功して（破綻処理するよりも）多くの資金が貸し手に戻ってくる可能性がある。このような可能性が考えられる場合，プロジェクトを存続すべきか否かを，事前に起こりうるすべての場合や原因を想定して，契約条件に組み入れることは現実的には困難であろう（契約の不完備性の問題）。

　こうした問題に対して，一般によくとられる方法は，返済が滞った時点で返済を減免するかどうかを当事者間で**再交渉**することである。しかし，1人の借り手に対して数多くの貸し手がいる場合は，再交渉を行うことは大きな困難が

伴う。通常，貸し手が多数に及ぶ場合には，貸し手が一堂に会して契約条件の見直しを検討することは物理的に困難であり，また，仮に企業の弁済条件を緩和することが，貸し手全体の利益になることが明らかでも，個別の貸し手にとっては，自分以外の貸し手が弁済条件の緩和に同意することで，自己の弁済条件を維持しよう（弁済条件の緩和を認めない）とする動機が働くからである。また，再交渉が可能な場合でも貸し手と借り手の間の情報の非対称性の問題によっては，再交渉が成立するとは限らない。

銀行取引は典型的な相対型の金融取引であり，銀行と企業は，互いに相手先を認識したうえで，長期にわたる顧客関係を築いている場合が多い。この場合，相手先に関する情報が双方に蓄積されており，外部の第三者からは情報が観察不可能でも，当事者同士では情報が観察可能であるケースも少なくない。つまり，銀行が貸し手である場合には，取引相手が限定され，当事者間の情報の非対称性の問題も小さいと考えられることから，弁済条件を緩和することが双方にとって望ましい場合には，弁済条件に関する再交渉が成立する余地がある。

ただし，事後的な再交渉が容易であることが，事前の意味においても，常に望ましい結果をもたらすとは限らない。たとえば，債務の返済が将来困難になっても，銀行側が弁済条件の緩和という形で再交渉に応じることが予期されると，企業経営者の事前の経営努力のインセンティブにマイナスの影響を及ぼす可能性がある。このようなマイナスの側面を重視するならば，事後的な再交渉が困難な資金調達手段の割合（たとえば，相対型ではなく，市場型の金融取引〔社債等〕の割合）を高めておくこともある程度必要かもしれない。

3.2 リレーションシップ・バンキング

企業と銀行との取引関係については，一般に，**リレーションシップ・バンキング**として議論されることも多い。第2章でみたようにリレーションシップ・バンキングとは，企業と銀行との長期的・継続的な取引関係のもとで行われる金融サービスを指すことが多く，銀行側からすると，長期継続的な取引関係を通じて，借り手企業のさまざまな情報（単に財務的な情報だけではなく，経営者の経営能力や返済の意思，ビジネスモデル，社員の士気，知的財産など一般には外部から評価が難しい情報〔ソフト情報と呼ばれている〕）を蓄積し，融資の際の判断材料や

ほかの金融サービス（販売先の紹介，M&A 等のアドバイザリーサービスなど）に活用することが考えられる。

　逆にいえば，仮に企業と銀行との間の情報の非対称性の問題が大きい場合，特定の銀行と長期的・継続的な取引関係が存在しないならば，企業側には，単なる足元の財務諸表や担保の有無だけで融資条件等が決められてしまい，本当の意味での事業の将来性や無形資産等に基づく融資が受けられなくなるという恐れがある。もちろん，情報の非対称性の問題があまり大きくない企業の場合には，財務諸表や担保に基づく借入を積極的に受け入れ，銀行間の貸出競争を通じて有利な借入条件を獲得するという手段も考えられるであろう。このような融資方法は，一般に**トランズアクション・バンキング**と呼ばれており，貸出といえども市場性の高い取引手法であるといえる。企業と銀行が「リレーションシップ・バンキング」と「トランズアクション・バンキング」のどちらを利用するかは，その企業の置かれた条件（情報の非対称性の程度）や銀行の経営戦略等に依存しており，一概にどちらが優れているというものではない。

　リレーションシップ・バンキングに関しては，情報の非対称性を緩和した融資を実現するというメリットが強調される一方で，**ソフトな予算制約の問題**や**ホールドアップ問題**を随伴しやすいとの批判も存在する。このうち，「ソフトな予算制約問題」とは，借り手企業が業績不振に陥った場合に，それまでの企業に対する融資の焦げ付きが表面化することを恐れて（あるいは銀行側の引当不足・資本不足が表面化することを恐れて），将来回収の見込みのない融資を継続したり，さらには追加融資を行ったりするという現象・問題を指す。いわゆる「追い貸し」としてしばしば批判されることもある。また，「ホールドアップ問題」とは，特定の銀行が企業に関する情報を独占することで，ほかの銀行の参入を防ぎ，割高な金利を設定するという可能性のことを指す。リレーションシップ・バンキングが，実際面において，どの程度のメリットとデメリットをもっているかについては，さまざまな研究が行われており，現時点では確定的な結論は得られていない。

3.3　日本のメインバンク制

　上記のリレーションシップ・バンキングは，企業と銀行が長期にわたって親

密な関係を維持することにより，顧客に関する情報を蓄積し，この情報に基づいて貸出をはじめとするさまざまな金融サービスの提供を行うビジネスモデルを指している。こうした銀行と企業との取引関係あるいは顧客関係の理解は，1980年代以降の情報の経済学や契約理論の発展によるところが多いが，日本においては，それ以前の段階から，企業と銀行との取引関係の特徴を示すものとして「メインバンク制」が注目を集めていた。

メインバンク制は，戦後日本の金融システムの特徴の1つとしてしばしば言及されてきた。メインバンク制の定義は多様であるが，典型的なメインバンクのイメージとしては，以下のようなものである。

メインバンクとは，借り手企業にとって，

(1) **最大の融資シェア**を誇る銀行であり，

(2) その企業に対して**主たる決済口座**を提供し，

(3) **融資先企業の株式を保有**し，

場合によっては，

(4) 企業に対して**役員を派遣**するというものである。

大まかにいえば，資金と人材の双方の面で，企業と長期密接的な取引関係を築いてきた銀行といってよいだろう。また，メインバンク制に関しては，日本の雇用慣行の特徴（終身雇用，年功序列，企業別労働組合）との関係性（補完性）を指摘する意見も多く見受けられた。

日本のメインバンク制に関しては，少なくとも戦後のある時期までは，日本の金融経済において一定の役割を果たし，かつ，リレーションシップ・バンキングの議論がある程度当てはまっていたと考えてよい。たとえば，戦後の経済成長期においては，企業は慢性的な資金不足（活発な資金需要）に悩まされており，特定の企業に対して特定の銀行が融資を行う体制は，情報生産に関して圧倒的シェアを誇る金融機関が存在するということであり，特定の銀行が代表してモニタリングを行うという「委託された監視者」の議論と整合的である。また，メインバンクの融資額が最も多いことは，情報生産に伴う「規模の経済性」のメリットを大きくする効果をもっていたと考えられる。また，メインバンクは，各種の手数料（決済や外為手数料）を独占的に確保することで「範囲の経済性」のメリットも享受していたと想像される。さらに，業績不振の企業に

対しては，基本的に右上がりの経済社会のもとで，企業の倒産が社会的な混乱を招かないように不振企業の財務リストラを主導していたと考えられる。こうした企業への経営上の介入を可能にした背景には，メインバンクが主要株主であったこと，役員派遣を行うことが可能であったこと，また両者を通じて，企業の重要な内部情報や意思決定（企業の再建や清算に関わる意思決定）に関与できる可能性があったからである。

　しかし，1990年代のバブル崩壊以降においては，日本経済の低成長，バブル崩壊後の金融機関の経営危機，日本的経営への批判（株式持ち合いや役員派遣，労働市場の硬直性），企業再生の専門的業者の登場（再生ファンド，コンサルティングファーム，会計士・弁護士等），利益相反への批判，M&A市場の活発化，などの要因により，日本におけるメインバンクの役割は，相対的に低下したといってよいであろう。

本章のまとめ

- 最終的借り手が発行する本源的証券という資産をそのまま外形を変形せずに最終的貸し手に売却するのではなく，銀行等の金融仲介機関が，自己あての負債である間接証券を発行して資金を集め，その資金で本源的証券（貸出，有価証券等）を購入することで，最終的貸し手に対して，異なった性質（売買単位，満期，信用リスクなど）の資産を提供することを，銀行の「資産変換機能」と呼ぶ。
- 情報の非対称性の問題に関連して，銀行が自ら積極的に借り手に関する情報生産活動に従事し，情報の非対称性から生じる問題を緩和しようとする取り組み全般のことを銀行の「情報生産機能」と呼ぶ。
- 銀行の資産変換機能や情報生産機能を支えている経済的要因として，「規模の経済性」と「範囲の経済性」を指摘することができる。
- 契約の不完備性に対処する1つの方法として，当事者間での契約の「再交渉」がある。ただし，再交渉が予想されることで，事前の経営者の努力水準に影響を及ぼす可能性がある。

用語解説

大数の法則：十分な標本数を集めれば，その集団内での傾向は，その標本が属する母集団の傾向と同じになることを意味している。たとえば，預金の流出リスクについては，多くの預金者と同時に取引を行うことで，どの程度の確率で預金が流出するか（逆に貸付に回してもよいかどうか）を統計的に把握・評価することができる。銀行のみならず，保険業のリスク管理にも用いられる考え方である。

元本保証：たとえば，100万円を新規に銀行預金した場合，この100万円が「元本」となり，元本保証とは，預金の支払金額が元本以上になることを「預入銀行が保証する」という意味。預入銀行が経営破綻した場合には，元本割れが生じる可能性がある。

金利減免・債権放棄：金利減免とは，銀行などの債権者が，経営難にある債務者に対して，貸付金の金利を契約時より軽減したり免除したりすることを指す。一方，債権放棄とは，銀行を含めた債権者が，貸付金の一部もしくは全部の返済を免除することをいう。通常，債権放棄の方が経営が深刻な債務者に対して行われ，再建を目指して行われる場合と，法的整理・破産手続き等の中で行われる場合とがある。

練習問題

　① 銀行が資産変換機能を提供できる理由について述べなさい。

　② 情報生産のフリーライダー問題について説明しなさい。

　③ 金融取引費用の観点から，直接金融と間接金融の比較をしなさい。

参考文献

青木昌彦・ヒューパトリック，H.編（1996）『日本のメインバンク・システム』（白鳥正喜監訳，東銀リサーチインターナショナル訳），東洋経済新報社。

川西諭・山崎福寿（2013）『金融のエッセンス』有斐閣。

酒井良清・前多康男（2004）『金融システムの経済学』東洋経済新報社。

古川顕（2014）『テキストブック　現代の金融（第3版）』東洋経済新報社。

第Ⅱ部　金融取引

第**8**章

金融市場の働き

INTRODUCTION

　この章では，銀行等の金融仲介機関が媒介せず，資金調達者と資金提供者が市場を通じて取引を行う場合に，金融市場が果たす役割について説明する。資金調達者・資金提供者両者のニーズを一致させやすくするために，取引対象となる金融商品を標準化し，売買単位，満期，リスク負担などの取引条件を明確にしていることが多い。また，取引相手とのマッチング，流動性の確保，証券価格への正確な情報の反映など，市場が本来の機能を果たすうえで，取引を集中させることも重要である。加えて，情報開示，格付や監査のように資金調達者側の責任で行う情報生産，企業経営を適切にコントロールするコーポレート・ガバナンス，などが重要となる点も特徴である。

KEYWORDS

株式，債券，流動性，情報公示機能，上場制度，格付，コーポレート・ガバナンス

1 取引対象の標準化——株式と債券

資金調達者と資金提供者の間で金融取引を実現させるためには，まず取引相手をみつけることが必要である。取引を行う場所や時間が決まっていれば，取引相手をみつけやすい。証券取引所をはじめとするさまざまな市場は，取引相手をみつける「場」として重要な役割を果たしている。

株式や**債券**などの本源的証券がそのまま移転する直接金融では，証券会社が投資家と企業の間，あるいは投資家の間に本源的証券を流通させるうえで重要な役割を果たしている。売買注文の証券取引所への取り次ぎ，企業情報や市場情報の投資家への提供，企業等が発行する証券の引受・売出による資金調達支援などを行っている。

ただし，金融市場を通じた取引では，第7章で説明したような金融仲介機関による資産変換は行われない。そのため，売買単位，満期，リスク負担などの取引条件について，資金調達者・資金提供者両者のニーズを一致させやすくするために別の工夫がなされている。その1つは，取引対象となる金融商品の標準化である。売買単位や満期などの標準化によって，不特定多数の資金調達者と資金提供者が競争的な売買を行う市場において，円滑な取引が実現されやすくなる。

売買単位についてみると，株券の場合は100株単位が基本となっている[1]。債券の場合も，額面は区切りのよい金額に設定されている。債券の満期については，月・年の単位で設定されていることが一般的である（株式〔普通株〕にはそもそも満期がない）。

リスク負担に関しては，**出資契約**（株式契約）と**負債契約**という異なるタイプの金融契約に基づき，前者については株券，後者については債券という有価証券が発行され，ニーズにあった証券が選択される[2]。通常，**債権者**（債券保有者）

---

1 証券取引所における売買単位である単元株制度については，2018年から1単元100株に統一される予定である。

2 必ずしも出資契約，負債契約のすべてが有価証券の発行を伴うわけではない。たとえば，第7章で取り上げた銀行融資は負債契約の代表例である。

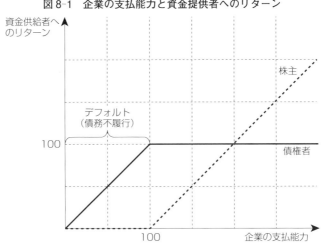

図8-1 企業の支払能力と資金提供者へのリターン

は**株主**（株券保有者）に優先してリターンを受け取る権利をもつという点で優先劣後構造を有している。債権者が受け取るリターンは事前に定められた条件（通常は元本＋利子）に従う。なお，業績悪化等で企業の支払能力が非常に低く，事前に定められた金額を支払えなくなることを**デフォルト**（**債務不履行**）という。

株主は，企業が債権者に対して定められた額を支払った後に，ようやく残ったものを受け取ることができる（**残余請求権**と呼ばれる）。受取順位は劣後するもののリターンに上限はないため，企業の業績が好調な場合などは高いリターンを期待できる。一方，業績低迷時には株主のリターンは非常に小さいか，ゼロになる。なお，**株主有限責任の原則**により，出資分の価値が毀損するものの，基本的に追加的な負担を求められることはない。

図8-1は，企業の支払能力と資金提供者へのリターンの関係を示した概念図であり，点線が株主，実線が債権者を表している。この例では，単純化のため，資金提供者として株主と債権者の2タイプのみを想定しており，債権者は事前の契約で元本・利子の合計として100の金額を受け取るものとしている。企業の支払能力が100未満の場合はデフォルトとなり，株主のリターンはゼロとなる。企業の支払能力が100を超えた分については株主の取り分となり，支払能力に応じてリターンも高くなっていく。

154　第II部　金融取引

債権者が負担しているリスクは**デフォルト・リスク**（**信用リスク**）であり，企業の支払能力が事前に定められた額を上回ってさえいれば，支払能力につながる業績等の変動は問題にならない[3]。したがって，デフォルトが発生しない限り，債権者は資金調達者の収益性に関係がないため情報生産の必要性は小さく，情報生産費用を節約することができる。一方，株主は企業の業績変動リスクを負担しており，支払能力の変動はリターンの水準を変化させる。そのため，資金調達者に関する情報生産の必要性は大きくなる。このように，リスク・リターンの特徴や情報生産の必要性が異なる金融契約（金融商品）が存在することで，さまざまな資金調達者・資金提供者のニーズに沿った金融取引が実現されやすくなると考えられる。

2　取引所の機能

2.1　流動性の提供と情報公示機能

取引所は，証券の新規発行による資金調達を支える機能（**発行市場**としての機能），ならびに既発行証券の売買を行う機能（**流通市場**としての機能）を担っている。金融市場を通じた取引においては，資金提供者が望む満期の債券が発行されるとは限らず，満期前の売却を前提として債券を購入することも考えられる。株式はそもそも満期のない資金調達手段であるため，現金化には流通市場での売却が必要である。証券の新規発行の際には，流通市場における既発行証券の価格が参照される。また発行市場における円滑な資金調達のためには，流通市場において容易に売買できる裏付けが重要となる。

証券取引における**流動性**とは，当該証券の本来の価値（ファンダメンタルズに基づいた価値）から乖離しない価格で速やかに売買できる性質といえる。売買注文が価格に影響を与えることを**マーケット・インパクト**というが，流動性の

3　本節における「企業の支払能力」は「企業価値」と読み換えることもできる。たとえば，業績改善による支払能力向上分がすべて配当（＝インカムゲイン）として現金で支払われなくても，企業価値増加に伴う株価上昇（＝キャピタルゲイン）でリターンを獲得することができる。

低い市場では少ない数量の売り注文（買い注文）でも価格が下落（上昇）してしまうことが多い。したがって，資金提供者が保有する証券等を現金化する場合，流動性の高い市場の存在が重要となる。

第3章で説明したように債券の売買は大半が店頭取引であり，投資家の売買ニーズに対しては債券ディーラー（証券会社や銀行など）が相手方となって流動性を提供している。一方，株式の売買は大半が取引所で行われている。東証などの証券取引所では，株式の銘柄ごとに売買注文が集約され，取引が執行されていく。多数の買い注文と売り注文の集約される場が存在することによって，買い手・売り手が個別に取引相手を探す場合に比べて，きわめて容易かつ短時間で取引を成立させることができる。

日本の証券取引所における代表的な株式売買制度は，個別競争売買（オークション）方式による**売買立会取引**である。通常の取引のことを立会（立会内取引，立会取引），売買取引を行う時間のことを立会時間と呼んでおり，東証では前場が9時～11時30分，後場が12時30分～15時となっている。なお，取引開始を寄り付き，取引終了を引け（後場については大引け）と呼んでいる。

注文については，値段を指定しない成行注文，値段を指定する指値注文の2種類があり，注文の処理に当たっては，成行注文が優先される。指値注文については，価格優先の原則（買い注文の中では最も高い注文，売り注文の中では最も安い注文が優先される）と時間優先の原則（同一値段の注文については，先に出された注文が優先される）に従って処理される。

さらに，原則として寄り付きと引け・大引けでは**板寄せ方式**，板寄せ方式で最初に取引が成立した後の取引時間中は**ザラバ方式**でそれぞれ注文が処理される（Column 8-1参照）。

板寄せ方式は，立会開始後最初の約定（取引の成立）値段と最後の約定値段を出す際に用いられる。それまでの注文をすべて同時に出されたものとみなして，価格優先の原則に従って売り注文・買い注文を順次付け合わせていく。売りと買いの成行注文がすべて執行された後で，指値の売り注文と買い注文が同じ価格帯で合致したときに，それまでに付け合わされた注文も，その価格を約定値段として売買取引を成立させる。

注文状況については，銘柄ごとに売り・買いの値段別に**注文板**と呼ばれるも

156 第Ⅱ部 金融取引

Column 8-1 株式の注文処理方法——板寄せ方式とザラバ方式

　本文で説明したように，株式の注文処理方法には板寄せ方式とザラバ方式がある。以下の表1は板寄せ方式の例であり，取引開始時における注文板（銘柄ごとに売り・買いの値段別の注文状況を表したもの）の状況を示している。以下(1)から(5)は，表1の例において，注文が付け合わされ，始値が決まっていく過程を述べたものである。

表1　板寄せ方式の例

累計	売り注文（株）	（値段）	買い注文（株）	累計
		成行	5000	
19000	3000	520	1000	6000
16000	5000	519	1000	7000
11000	4000	518	3000	10000
7000	2000	517	4000	14000
5000	1000	516	6000	20000
	4000	成行		

(出所)　榊原ほか（2013）134頁。

(1)　価格優先の原則に従うと，売り注文については成行→516円→517円…という順で約定されることになる。買い注文については，成行→520円→519円…という順になる。始値の目処を付けるために，売り注文，買い注文それぞれについて，優先順に，注文の累計を確認する。この例では，518円のところで売り・買いの累計が逆転している。

(2)　成行の売り注文4000株と成行の買い注文5000株を518円で約定させる。

(3)　残った成行の1000株ならびに518円より高い値段の買い注文2000株の計3000株を，518円より安い売り注文3000株を518円で約定させる。

(4)　518円の売り注文4000株と，518円の買い注文3000株を約定させる。

(5)　このとき，同じ価格帯である518円で，買い注文はすべて約定し，売り注文だけが1000株残っていることから，始値は518円となり，(4)までに約定したすべての注文は518円で取引が約定される。

　原則として，板寄せ方式では，成行の売り注文・買い注文はすべて約定され，約定値段（この例では始値の518円）より高い買い注文・低い売り注文もす

べて約定される。また，約定値段においては，売り注文または買い注文のいずれか一方のすべては約定することになる。

　ザラバ方式は，価格優先の原則と時間優先の原則に従って，最も安い売り注文と最も高い買い注文の値段が合致するときに，その値段を約定値段として取引を成立させるものである。

　表2はザラバ方式の例であり，始値が決定した後の取引時間中における注文板の状況を示している。なお，同じ値段の注文については，中央側のものほど早い時間に出されたとする。

表2　ザラバ方式の例

売り注文（株）	（値段）	買い注文（株）
(G) 1000, (F) 5000	521	
(E) 3000	520	
(D) 2000, (C) 2000	519	
(B) 2000, (A) 1000	518	
	517	(H) 2000, (I) 1000
	516	(J) 1000, (K) 3000
	515	(L) 5000, (M) 1000

（出所）　榊原ほか（2013）136頁。

　（ケース1）　成行の買い注文2000株が出された場合
　最も安い売り注文518円（価格優先の原則）のうち，より早く出された（時間優先の原則）(A) 1000株と(B) 2000株のうち1000株が，518円で約定される。
　（ケース2）　指値の売り注文（517円4000株）が出された場合
　最も高い買い注文（価格優先の原則）517円の(H) 2000株と(I) 1000株が517円で約定される。残りの1000株は未約定の売り注文として，517円（以上）の買い注文を待つことになる。

のに情報が集約されている。未約定の売買注文が豊富に待機している状況では，新たな売買注文が入ってきても価格変動は起こりにくく，ある程度まとまった注文であっても速やかに約定されやすい。すなわち，高い流動性が実現されることになる。つまり，流動性を提供しているのは売買注文それ自体であり，注文が集まるほど流動性向上につながる。そのため，従来の**取引所集中義務**[4]や

東証の旧立会場 1981年（時事通信フォト提供）

信用取引制度▶用語を通じた売買などは，より多くの注文を取引所に集めるための工夫と解釈できる。

　なお，注文板の情報や約定した取引の情報は随時公表されている。したがって，当該銘柄の価値について，市場参加者は自らが保有する情報に基づいて評価を行うとともに，市場で形成されている価格から新たな情報を得ることができる。さまざまな私的情報に基づく評価が集計される形で，観察可能な価格という情報として市場参加者に伝達されている。このように，価格形成に関する一連の情報を発信する機能，いわば**情報公示機能**を取引所は果たしている。証券価格は，資金調達者や資金提供者の意思決定，第4節で説明する市場を通じたガバナンスなどに影響を与える重要なものであり，公正な価格形成が行われるためには正しい情報が市場参加者に提供される必要がある。

　法制度や取引所のルールに基づく情報公開制度，会計情報に対する**監査**制度などは，強制力をもたせることで正確な情報を市場参加者に提供することを意図している。加えて，IR（Investor Relations：投資家向け広報）活動のように，資金調達者である企業側が自主的に情報提供に取り組む例も一般的になっている。

　4　第3章3節を参照。なお，現在では取引所集中義務は撤廃されているが，上場株式の大半は東証で取引されている。

第8章　金融市場の働き　159

　流動性の高い市場には円滑・迅速な取引を求めて注文が集中し，より多くの情報に基づいて価格が形成される。このことは，公示される情報の信頼性を高める結果，「注文が注文を呼ぶ」という好循環につながり，市場機能を向上させると考えられる。

2.2　上場制度

　市場を介して取引する場合，不特定多数の参加者によって取引条件が競争的に決定されるため，取引相手を識別することは困難である。また，相対型取引のように取引相手に関する情報生産に時間をかけることは，そもそも競争的な取引条件の決定にはそぐわない。そのため，第1節で説明したように，取引対象となる金融商品を標準化することに加え，「取引対象の質」ないしは「取引参加者の質」が一定以上の水準となるような工夫がなされている。たとえば，幅広い投資家の参加を可能とするために，証券市場のように取引対象となる金融商品を規格化し取引所による上場審査によって一定の質を確保する場合や，インターバンク市場のように取引参加者に条件を設けて取引の確実な履行を確保する場合がある。

　証券取引所で取引対象となる株式は，売買対象として認められていること，すなわち上場していることが必要である。上場に関する制度としては，株式が証券取引所での取引に適しているかどうかを評価する新規上場制度，上場後にも適格性が維持されるための上場管理制度などがある[5]。

　新規上場に際しては，投資家保護の観点から設けられた**上場審査基準**に定める要件について審査が行われる。上場審査基準は，**形式要件**と**実質要件**から構成されている。形式要件は，①株式の円滑な流通と公正な株価形成の確保（株主数，流通株式に関する要件），②企業の継続性，財政状態，収益力等の面での上場適格性保持（事業継続年数，純資産額，利益の額），③適正な企業内容の開示の確保（虚偽記載または不適正意見，上場会社監査事務所による監査）といった観点から設けられており，申請会社が上場申請時等に提出する資料により確認される。実質要件については，①企業の継続性および収益性，②企業経営の健全性，③

　5　東京証券取引所ホームページ「新規上場」，日本証券経済研究所（2016）第9章を参照。

企業のコーポレート・ガバナンスおよび内部管理体制の有効性，④企業内容等の開示の適正性，などについて申請会社から提出された書類やヒアリング等を通じて審査が行われる。

　また，上場後も適格性が維持されるための上場管理制度としては，次のようなものがあげられる。「会社情報の適時開示制度」は投資判断に影響を与える重要な会社情報の適時適切な開示を定めている。「企業行動規範」は企業行動に適切な対応を求めており，投資家保護および市場機能の適切な発揮を意図している。そして，上場株券の流通性や企業属性の変化に対応するために，市場区分の変更および上場廃止に関する規定が設けられている。

　第1節で説明したように，株主は企業の業績変動リスクを負担しており，資金調達者である企業の業績変動は株主のリターンを変化させる。株主にとって当該企業に関する情報生産は重要であり，的確な評価・判断のためには適時適切に開示された情報を入手する必要がある。本項で述べた新規上場制度や上場管理制度は，上場銘柄の質の担保，流動性確保や適切な情報開示を通じた価格形成といった市場機能の維持・向上において中心的な役割を果たすものと考えられる。

▌3　格付の機能

　債券発行による資金調達は，負債契約であり，資金提供者に支払われるリターンが事前の契約に従って確定しているという点で，銀行融資と共通点がある。一方，金融取引の過程で多くの主体が関与していることが，機能の分担においてさまざまな相違点を生み出している。公募債を例にとると，企業が発行する社債の引受を行って投資家に社債を販売する証券会社，社債権者（社債の保有者）の利益を保護する社債管理者（銀行，信託銀行など），資金調達者や当該債券の信用リスクを評価する格付機関といった主体が機能を分担している。銀行融資の場合と比べて多数いる社債権者に対する再交渉は難しく，債券がいったん発行された後に契約内容を変更することは困難である。

　また，銀行融資の場合，事前の審査，貸出後のモニタリング・債権管理，元利金の回収などの機能を銀行が一貫して果たしているため，資金提供者である

第8章 金融市場の働き **161**

表 8-1 格付符号と定義の例

AAA	信用力は最も高く，多くの優れた要素がある。
AA	信用力は極めて高く，優れた要素がある。
A	信用力は高く，部分的に優れた要素がある。
BBB	信用力は十分であるが，将来環境が大きく変化する場合，注意すべき要素がある。
BB	信用力は当面問題ないが，将来環境が変化する場合，十分注意すべき要素がある。
B	信用力に問題があり，絶えず注意すべき要素がある。
CCC	債務不履行に陥っているか，またはその懸念が強い。債務不履行に陥った債権は回収が十分には見込めない可能性がある。
CC	債務不履行に陥っているか，またはその懸念が極めて強い。債務不履行に陥った債権は回収がある程度しか見込めない。
C	債務不履行に陥っており，債権の回収もほとんど見込めない。

(注) AA 格から CCC 格については，符号の一部として，上位格に近いものにプラス（＋），下位格に近いものにマイナス（－）の表示をすることがある。
(出所) 格付投資情報センター（R＆I）「長期個別債務格付」。

　銀行は情報生産費用を貸出金利に含めて回収することが可能である。だが，債券発行による資金調達では多数の主体が関与しているため，フリーライダー（ただ乗り）の問題で誰も情報生産を行わない恐れがある。そのため，資金調達者が費用負担を行って，自らの信用リスクに関する情報を資金提供者に伝える必要が生まれる。

　格付（債券格付）は，債券の元利払いの確実性の程度を簡単な符号で表し，投資家に投資判断材料として提供されるものである。現在，社債を発行する際には格付を取得することが一般的となっている。資金調達者である債券の発行者が民間の**格付機関**に依頼し，費用を負担したうえで格付を取得する。格付機関は，担保，財務上の特約，財務状況，経営状況等を分析して，記号で表示する。表 8-1 には，日本の代表的な格付機関である格付投資情報センター（R＆I）の格付符号と定義が示されている[6]。

162　第Ⅱ部　金融取引

　格付機関によって表記は若干異なるが，一般的に BBB（トリプル B）格以上が**投資適格**とされる。BB 格以下の債券は投機的債券，ハイイールド債などと呼ばれる。通常，このような格付の違いに応じて，リスクプレミアム等が反映されたスプレッド（利回りの差）が国債利回りに上乗せされる形で，それぞれの債券利回りは形成されている。その際，基準となるのは満期が同じ国債の利回りである。なお，AAA の利回りが最も低く，格付が下がるに従い，利回りは高くなっている。

　格付は，債券発行による資金調達において，信用リスクに関する情報生産機能を担っている。フリーライダー問題のため，資金提供者による情報生産は行われにくく，資金調達者によるコスト負担で格付が取得される。格付は，債券投資における判断材料として有用な情報であるが，制度上の位置づけは民間の格付機関による「意見」となっており，元利払いを保証するものではないことに注意が必要である。また，中立的な立場で格付が行われることはきわめて重要であるが，債券発行体からの手数料によって格付機関が運営されていることから，格付が甘くなる可能性についての指摘もある。実際，第 4 章で取り上げたように，サブプライムローンを裏付けとした証券化商品に高い格付を付与していたことから，格付機関のあり方は世界金融危機の後，批判を受けることになった。しかし，現行の格付に代わる仕組みは普及していない。登録制により行政の監督下に置かれるとともに，さまざまな金融規制や政策においても利用されている。

4　金融市場とコーポレート・ガバナンス

　第 6 章で取り上げた「契約の不完備性」について，金融市場を通じた取引ではどのように解決しようとしているのだろうか。第 1 節で説明した出資契約では，資金調達者の業績変動リスクを資金提供者が負担している。企業が株式と

　6　金商法に基づく信用格付業者としては，R＆I のほかに，日本格付研究所（JCR），スタンダード＆プアーズ（S＆P），ムーディーズ，フィッチが日本において活動している。

債券の両方を発行して資金調達を行っている場合，業績に関係なく事前に定められた金額が債権者に支払われた後の残余が株主の取り分である。残余請求権をもつ株主の取り分は企業価値向上に伴い増加するため，契約が不完備な状況下では，金融取引に関わるさまざまな資産等を使用する権限，すなわち**コントロール権**を株主に与えることが効率性をもたらすと考えられる。株主の権利として，経済的利益に関わる自益権だけでなく，経営参加に関わる共益権が与えられていることは，上記の点からも合理的な制度と理解できる。

　証券取引所をはじめとする整備された市場の存在は，既発行株式の投資家間での売買を容易にすることで流動性・換金性を向上させている。企業にとっても幅広い投資家層からの増資による資金調達を可能にしている。

　一方，企業規模が大きくなるにつれて，株式は多数の株主に分散して所有されるようになり，経営は株主総会で選任された取締役をはじめとする経営者たちに委ねられることが通例となった。このような**所有と経営の分離**は大規模な上場会社でとくに顕著である。支配的な大株主が存在しない中で，企業経営を適切にコントロールし，経営者に企業価値向上に向けた努力を促すための方策や仕組み，すなわち**コーポレート・ガバナンス**（企業統治）のあり方が重要な課題となっている。

　背景には，経営者と株主の間の利益相反に伴うエージェンシー問題の存在がある。たとえば，企業規模が経営者の社会的地位と関係がある場合には，規模拡大を目指すあまり，効率性の低い投資が実行されるかもしれない。また，経営者に私的便益をもたらす豪華な自社ビルや社用ジェット機のようなものへの支出が行われる可能性もある。

　企業価値最大化に向けて経営者を規律づけるための方策としては，たとえば，株価連動型報酬制度の導入があげられる。また，業績や株価に不満をもつ株主が市場を通じて保有株式を売却すれば，株価下落という形で経営者にシグナルが伝達される。加えて，株価下落は，敵対的買収の可能性を高めることにもなる。敵対的買収が成功した場合，経営者の交代が行われ，新しい経営者のもとで企業価値向上に向けた取り組みがなされることになる。敵対的買収が現実には頻繁に起こらないとしても，その可能性の存在が，経営者を規律づけると考えられる[7]。これらのメカニズムが働くうえで，適切な情報開示に基づき企業

164　第Ⅱ部　金融取引

価値に関するさまざまな情報が株価に集約されていること，敵対的買収をも可能にする高い流動性，といった市場機能が重要となることを改めて指摘しておきたい。

本章のまとめ

- 金融市場を介した取引では，資金調達者・資金提供者両者のニーズを一致させやすくするために，取引対象となる金融商品を標準化し，売買単位，満期，リスク負担などの取引条件を明確にしている。
- 負債契約において，債権者が主に負担しているリスクはデフォルト・リスクである。デフォルトが発生しない限り，債権者は資金調達者の収益性に関係がないため情報生産の必要性は小さく，情報生産費用を節約することができる。
- 出資契約において，株主は企業の業績変動リスクを負担しており，資金調達者の支払能力の変動はリターンの水準を変化させる。そのため，資金調達者に関する情報生産の必要性は大きい。
- 取引所は，証券の新規発行による資金調達を支える機能（発行市場としての機能），既発行証券の売買を行う機能（流通市場としての機能）を担っている。流動性の提供，情報公示は，流通市場としての主な機能である。また，上場制度は，取引対象となる証券の質を担保し，発行企業による適時適切な情報開示を通じた公正な価格形成や証券の円滑な流通を担っている。
- 格付は，債券の元利払いの確実性の程度を簡単な符号で表し，投資家に投資判断材料として提供されるものであり，信用リスクに関する情報生産機能を担っている。資金調達者である債券の発行者が格付機関に依頼し，費用を負担したうえで格付を取得する。
- 経営者と株主の間のエージェンシー問題を緩和する方策として，株価連動型報酬が一例としてあげられる。また，株式売却を通じた株価下落，敵対的買収の可能性なども経営者を規律づける効果をもつと考えられる。

7　従来の「株式持合い」は，企業同士が互いに株式を保有し合うことで市場における買い集めが困難となり，敵対的買収の可能性を低下させる効果があった。これまでは，第7章で取り上げられたメインバンクが規律づけの主な担い手であったと考えられる。

用語解説

信用取引制度：信用取引は，投資家が証券会社から融資ないしは貸株という信用供与を受けることによって行う取引である。融資を受けて株式を購入することを信用買い，現物の株式を借りて売却することを信用売り（空売り）という。

制度上の分類として，制度信用取引と一般信用取引がある。前者は，証券市場に仮需給を導入する目的で 1951 年 6 月に始まった。対象銘柄の選定，金利や品貸料，返済期限（最長 6 カ月）などを取引所が定めているものである。後者は，上場株式を対象に証券会社と投資家の間で取引条件を自由に決定できるものである。

なお，予想に反する方向に株価が変動した場合，借入金や借りた株式の返却が困難になる恐れがある。そのため，証券会社は委託保証金を投資家から預かることになっており，現金ないし有価証券で 3 割程度の金額となっている。実質的に，保有資金の 3 倍程度の取引が可能となるため，予想した方向に株価が変動した場合の利益は保有資金に比して大きいが，逆の場合は損失が大きく膨らむ点に注意が必要となる。

練習問題

1 株主が債権者に比べて情報生産の必要性が高い理由について説明しなさい。

2 取引所に株式の売買注文を集中させることの意義について説明しなさい。

3 格付が果たしている役割について，第 7 章で説明されていた銀行の情報生産機能と比較して説明しなさい。

4 市場を通じて経営者を規律づけるメカニズムについて説明しなさい。

参考文献

大村敬一・俊野雅司（2014）『証券論』有斐閣。

榊原茂樹・城下賢吾・姜喜永・福田司文・岡村秀夫（2013）『入門証券論（第 3 版）』有斐閣。

田中英隆・石渡明（2016）『格付──価値の再認識と広がる投資戦略』日本経済新聞出版社。

日本証券経済研究所（2016）『図説 日本の証券市場（2016 年版）』日本証券経済研究所。

村瀬英彰（2016）『金融論（第 2 版）』日本評論社。

第Ⅱ部　金融取引

第**9**章

金融取引と政府の役割

INTRODUCTION

　自由主義経済においては，金融取引も民間経済主体によって行われることが基本である。ところが現実には，金融取引のさまざまな側面で政府の関与がみられる。たとえば日本においては，郵便貯金で集められた巨額の資金が，政府関係機関を通して，中小企業に融資されたり，住宅購入の支援に使われたりしてきた。そのような，政府や政府関係機関による金融活動を公的金融と呼び，日本経済に与えてきた影響は大きい。

　この章では，金融取引において政府が関与する根拠を整理したのち，日本における公的金融の仕組みと大きさを解説する。それによって，銀行の働き（第7章）や金融市場の働き（第8章）を政府が手助けしていることを理解されたい。

KEYWORDS

公的金融，財政投融資，日本政策金融公庫，信用保証協会，住宅金融支援機構

1 公的金融の仕組み

1.1 金融に政府介入が必要な理由

　序章や第6章で解説されたような金融取引の困難さを，民間金融システムだけでは解消できないとき，政府の働きかけによって状況の改善が期待される場合がある。効率性，公平性，安定性の視点から整理しよう。

a. 効率性のための政府関与

　まず第1に，情報の非対称性が大きいために，社会的に望ましい投資プロジェクトに資金が供給されない場合が考えられる。その代表が中小企業に対する融資であり，第6章で解説された**信用割当**と呼ばれる現象が生じやすい。本来きちんと審査されれば融資を受ける資格があった企業までも排除される社会的に好ましくない状況であり，政府による介入が正当化される典型的なケースである。

　また，金融商品にきわめて強い外部性があって，民間の営利計算だけでは適切に供給されないときにも政府の役割が期待される。たとえば，銀行預金には支払・決済という社会的な機能があるため，適正な量の預金が供給されるためには政府関与が必要である。

　そのほか，証券取引所のような取引の場を作り保つことは民間の金融機関単独では難しい。公共財でもあり外部経済性も強いものだからである。民間と協力した取引システムの整備，契約履行に関する法制度の整備にも政府は関与すべきだろう。

b. 公平性のための政府関与

　次に，公平性を改善するという観点から，金融取引に政府が関与する根拠はあるだろうか。しばしばそう理解されているのが，中小企業金融に対する政府の対応である。つまり中小企業は金融機関から冷遇されている弱者であるから，政府が金融支援しなければならないとの考え方である。

　中小企業金融に関しては，すでに述べたように，効率性の観点から政府関与が正当化されている。もし中小企業への金融支援を，弱者救済のための政府関与ととらえると，社会全体の価値観がどこにあるのかによって，またその時々の政治状況によって，介入の是非や規模が揺れ動いてしまう。そういったもの

とは関係なく，純粋にコストと社会的便益を見比べて介入を正当化できるように，効率性の観点から中小企業支援をとらえるべきであろう。

c. 安定性のための政府関与

金融市場においては，しばしば異常な価格変動が起きる。一種の**市場の失敗**といってよい。たとえば株式市場において，予想に依存した株価がファンダメンタルズから決まる水準を突き抜けて異常な高騰をみせるバブル現象が，その一例である。外国為替市場においては，やはり中長期的に収まるべき水準を超えて為替レートが決まるオーバーシューティングなどが生じる。いずれの場合も，実体経済を不安定化させる要因の1つと警戒されている。金融市場や外国為替市場の規模は大きく，実体経済に与える影響も無視できない。

金融市場を安定化させるための政府関与の仕方は多様である。たとえば証券市場への参加者を限る会員制度や上場などの参入規制，1日の価格変動に限界を設ける，などの制度規制がまずあげられる。金融危機が生じた場合のセーフティネットも，安定性のための政府関与である。そのようなことができるのは，国には民間よりも高いリスク負担能力があると考えられているからだろう。ただし，国にリスク負担能力があるのは，国家権力を後ろ盾とした徴税権を有するからこそである。したがって，国がリスク負担をするということは，それだけ潜在的かつ強制的に国民全体へリスクが分散されたことを意味する。

以上のように，政府が金融取引に介入する根拠を整理してきた。では，政府関与が正当化されたとして，どのようなやり方で政府はそれを改善しようとするのだろうか。次項では，政府介入の手段ないし形態をみてみよう。なお，介入の目的として念頭に置いているのは先に述べた「a. 効率性のための改善」であり，具体例としては中小企業金融支援を思い浮かべていただきたい。

1.2　金融への介入手段

政府介入が正当化される場合でも，そして金融的手段が望ましいと合意された場合でも，関与の仕方はいくつもある。その中で，できるだけ低いコストで効果的に目標を達成することが求められる。

a. 公的金融仲介

政府自身が貸し借りを行うことで，民間だけでは不十分な金融取引を行うこ

とが，最も強い政府関与の仕方である。たとえば政府は国債を発行して金融市場から資金を調達し，それをたとえば公共事業に費やしている。一方で，租税で集めた資金を原資として，政府が民間企業に融資する仕組みも各国でみられる。

　国営あるいは公営の貯蓄機関・銀行などの特別な組織や部署が作られ，そこを通して，最終的貸し手から最終的借り手への資金の流れに，政府部門が資金の仲介役として登場する仕組みを**公的金融**という。日本においては，次項で説明するように，資金を集め，配分し，融資する，というすべての段階に政府が関与している公的金融の役割が非常に大きい。

b. 補助金・利子給付

　政府自身が貸し借りを行わなくても，別の手段で政府が介入して社会的に望ましい水準にまで金融取引を引き上げることはできる。たとえば中小企業融資が不足しているとすれば，中小企業に対して利子補給をする支援の仕方や，中小企業融資に応じて金融機関に補助金を与えるなどの手段が考えられる。

c. 情報生産・信用保証

　そのほかに，情報の非対称性のために中小企業融資が不足している場合，情報生産を公的な機関が行い，安価で金融機関に提供することで，非対称性が弱まり，金融取引が実現する。あるいは，資金は民間の金融機関から提供されても，公的な情報生産に基づいて中小企業の信用不足を補完し，万一返済不能な場合は政府機関が返済する公的信用保証によっても，民間市場の失敗を改善することができる。

　これらは，狭い意味では公的金融に含まれない。ただし民間の信用不足を補完する信用保証の仕組みは，政府による金融市場への関与の方法としてはどの国でも非常に重視されている。そこで，節を改めて第2節で取り上げよう。

1.3　日本の公的金融

　現在の日本の公的金融の仕組みを概観し，どのような機関がどのような役割を果たしているのかについて解説しよう。

a. 資金源──郵便貯金など

　日本の公的金融における資金の主要な流れは図9-1に示されている。すなわ

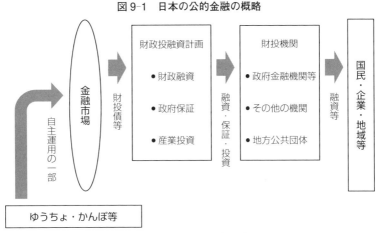

図9-1 日本の公的金融の概略

(出所) 財務省理財局「財政投融資レポート」をもとに筆者作成。

ち，国民から郵便貯金（ゆうちょ），簡易保険（かんぽ），厚生年金などによって集められた資金の一部が原資となって，財政投融資計画を経て，財投機関によって貸し出されたり使われたりしている。

この中でゆうちょは，全国に約2万（2016年3月期日本郵政「ディスクロージャー誌」資料編）の郵便局および約4000の簡易郵便局の一部で取り扱われ，期間・金利などの条件により通常貯金，定額貯金などさまざまな商品が提供されている。郵便貯金法第1条に「この法律は，郵便貯金を簡易で確実な貯蓄の手段としてあまねく公平に利用させることによって，国民の経済生活の安定を図り，その福祉を増進することを目的とする」と述べられているように，郵貯自体は公的金融の資金源として設立されたわけではない。小口の貯蓄手段を提供するための機関と位置づけられ，2016年4月に1300万円に引き上げられるまで，長らく1000万円の貯蓄上限が設定されてきた[1]。

郵便局は，郵便貯金だけでなく，郵便事業，簡易保険を合わせた3事業が行われる窓口となっており，長らく国の一機関であったが，いわゆる郵政民営化法の成立によって，2007年から日本郵政グループという株式会社組織となっ

1　上限を超える預け入れも可能であるが，振替口座と呼ばれ利子が付かない。

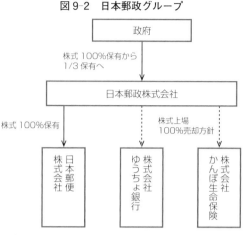

図9-2　日本郵政グループ

(出所)　日本郵政ホームページ「郵政民営化法の改正でこうなる」。

た。その後，郵政民営化法は改正され，2012年から図9-2のような4社体制となっている。これらグループ会社のうち，ゆうちょ銀行とかんぽ生命保険の株式は2015年秋に取引所に上場されて市中売却が始まり，できるだけ早期に全部を売却すること，すなわち完全民営化することが目指されている。また，3事業会社の持ち株会社である日本郵政の株式についても，政府が3分の1は保有するものの，3分の2は売却される方針であり，東日本大震災からの復興財源としても日本郵政の株式売却資金が使われることになっている。

郵政民営化が進められているとはいえ，日本郵政グループに対しては，郵便事業に加え，「簡易な貯蓄，送金および債権債務の決済の役務並びに簡易に利用できる生命保険の役務」を，利用者が「将来にわたりあまねく全国において公平に利用できるよう，郵便局ネットワークを維持する」ことが，改正された郵政民営化法に定められている。いわゆる金融ユニバーサル・サービスの提供が義務づけられているのである。

ゆうちょ残高は，2016年3月末（2015年度末）時点で約178兆円と，家計金融資産1752兆円の約1割，家計預貯金830兆円の約2割を占めている。同じ時点のかんぽ残高（保険契約準備金）が約75兆円，厚生年金・国民年金積立金の残高が約135兆円であるから，ゆうちょ等と合わせ400兆円弱，これに特別

会計の余裕資金などを加えたものが，日本の公的金融の資金源といえる。

b. 郵貯自主運用と財政投融資

　ゆうちょ，かんぽ，年金等によって集まった資金がどう配分されるのかについて，次にみていこう（図9-1）。これら資金の運用対象はかつて制度的に決められていたが，大幅な公的金融改革によって，2001年4月から，安全確実を原則にしながらも，自主的に運用してよいことになっている。したがって，民間株式や債券の購入にあてる余地も広がっており，すべてが公的金融のルートに乗って流れるわけではない。

　ゆうちょ銀行の総資産は2015年度末に約207兆円で，そのうち約4割の82兆円が国債（後で紹介する財投債を含む）で運用されており（ゆうちょ銀行「ディスクロージャー誌」），短期運用やほかの証券運用に比べて格段に大きい。安全確実に巨額の郵貯資金を運用できる手段は限られており，ゆうちょが公的金融の主要な資金源であることは今後も変わらないだろう。また，かんぽ生命の総資産82兆円のうち公社債が約73%を占めるから（「かんぽ生命の現状 2016」），かんぽの運用はゆうちょ以上に公的金融に依存し続けている。これらに対して，年金積立金の運用対象からは国債の比重が年々低下しており，公的金融の資金源とはいえなくなってきている[2]。

　公的金融の配分・使途を決める仕組みが**財政投融資**計画と呼ばれるものであり，一般の政府予算と同様に財務省で策定されている。財政投融資とは，「国債の一種である**財投債**の発行などによって調達した資金を財源とする，国による投融資活動」で，「政策的に必要であり確実な資金回収も見込まれるが民間では対応困難な分野に対し，長期・固定・低利の資金供給や，長期リスクマネーの供給を行って」いる（財務省，2016）。

　財投債は，国の信用に基づいて発行される国債の一種であるから，長期固定金利で有利な条件の資金調達ができ，その資金を後述する財投機関に配分する。発行が始まった2001年度には発行額が約44兆円と通常の国債の新規発行額を

　2　年金積立金の大部分は年金積立金管理運用独立行政法人（GPIF: Government Pension Investment Fund）によって運用されており，2016年3月末の資産運用は，国債を含む国内債券38%，国内株式22%，外国債券・外国株式36%という構成になっている。

上回る規模であったが年々減少し，09年度には8兆円にまで縮小していた（財務省「国債関係資料」）。ところが，第1.4項で後述するように，リーマンショック，東日本大震災を通じて再び拡大し始め，2015年度の財投債発行額は約14兆円（残高98.5兆円）に増加している。

なお，2001年度にはじめて発行された財投債のうち，市場で売却された額は全体の4分の1以下にすぎず，4分の3以上がゆうちょ，かんぽ，年金に買い取られていた。その後移行期間を経て，現在はすべての財投債が市中発行されているが，そのうちかなりの部分は，今でもゆうちょ，かんぽが購入していると考えられる。

財政投融資のためのほかの資金調達手段である**財投機関債**は，以下で紹介する財投機関が個々に発行する債券である。財投債と異なり表面上は政府保証がないため，その機関に対する市場評価が如実に現れ，経営改善のインセンティブを高めることが期待されている。ただ，政府関与が強く残っている財投機関の場合は，暗黙の政府保証があると市場に受け止められ，経営内容の悪い機関でも有利な資金調達ができる反面，経営改善効果は期待できない。発行額は，ここ数年横ばいの4兆円台で推移しており，公的金融全体での重要性は低いままである。

c. 財投機関

日本の公的金融において，財政投融資資金の配分先となっているのが**財投機関**であり，事業を行う機関と融資を行う機関とに分けることができる。融資を行う財投機関は**政府金融機関**とも呼ばれ，銀行（日本政策投資銀行，国際協力銀行）と公庫（日本政策金融公庫など）が含まれる。銀行の方が長期大規模な資金を，収益性にも配慮しながら融資を行っており，経営の自由度が高く，民間金融機関に近い性格をもつ。

事業を行う財投機関は，数のうえでは，融資を行う機関よりもはるかに多く，公社，独立行政法人，株式会社など，さまざまな組織形態がとられている。**独立行政法人**とは，「国民生活及び社会経済の安定等の公共上の見地から確実に実施されることが必要な事務及び事業であって，国が自ら主体となって直接に実施する必要のないもののうち，民間の主体に委ねた場合には必ずしも実施されないおそれがあるもの又は一の主体に独占して行わせることが必要であるも

第9章 金融取引と政府の役割 175

> **Column 9-1 財投機関としての日本学生支援機構**
>
> 　日本学生支援機構（JASSO）からの奨学金を利用している学生は多数いることだろう。この機構も公的金融の出口に当たり，独立行政法人の形態をとる財投機関の1つである。したがって，皆さんに奨学金を融資するための資金調達手段として最大のものは，財政投融資計画からの借金であり，その資金源をたどると，ゆうちょ銀行やかんぽ生命に財投債を販売して得た資金である。ただし，日本学生支援機構は，卒業生からの奨学金返済が滞らない限り比較的安全な資金運用ができる機関とみなされており，財投機関債（日本学生支援債券）を独自で発行し，金融市場から直接に資金を調達することができている。
>
> 　なお，いま紹介した資金ルートは，利息が付く第二種奨学金に関するものであり，利息が付かない第一種奨学金については，国からの借入金や補助金が資金源となる。第一種か第二種かによって，資金の流れが異なるのである。

のを効率的かつ効果的に行わせることを目的として，この法律及び個別法の定めるところにより設立される法人」（独立行政法人通則法第2条）のことを指す。そのいくつかは，かつて不透明，非効率，官僚の天下り先などと批判されていた特殊法人であった。それら組織が改編され，民間の経営手法や企業会計の導入，外部評価やディスクロージャーの義務づけなど，効率化を進めるための改革が施された。2015年4月現在，98の独立行政法人がある[3]。

　事業を行う機関は2つに分けることができ，社会資本を提供する機関（国際空港株式会社など）と，外部経済性のある財を供給する機関（各種研究センターなど）とがある。それらに金融市場を補完する先述の融資機関（日本政策金融公庫など）をあわせると，財投対象機関は計3種類に分けられる。第1.1項で検討した政府介入の根拠を思い返すと，いずれも効率性改善が期待される分野である。

　これら対象機関を子細に検討すると，公的金融という金融手段による関与が適切かどうか疑わしいものもある。たとえば外部経済性のある財（各種研究センターによる新技術情報など）を供給する機関に対しては，補助金や減税で支援

3　総務省「独立行政法人一覧」をみると，その多様性がわかる。

した方が，効果が直接的でコストが明快である。財政投融資だと，いくつかの関係機関を経て，長年にわたり返済されることで，税負担などのコストとその効果との関係がみえにくくなる。

　金融手段による介入が適切なのは，中小企業金融の分野のような，無償の補助金よりも，返済を前提とした有償資金による補助の方が効果的な場合である。また，社会資本のように利益が長期にわたるものについても，金融手段での介入が好ましい面がある。それを今の税金で賄うと負担は今の世代だけが負うのに対して，財投債で調達し時間をかけて元利返済すれば，世代間の税負担を平準化できるからである。

　政府関与の必要性や経営の効率性も絶えずチェックする必要があるだろう。実際，財投機関に対しては**政策コスト分析**が実施され，コストに見合わない財投機関は縮小，削減あるいは再編されることになっている。

　何度か実施された公的金融改革の目的の1つは公的金融自体の縮小であり，図9-3の財政投融資額にみるように，2007年度まではそれが成功していた。方向性が変わったきっかけが2008年のリーマンショックであり，公的金融の役割のうち，危機への対応という側面が強調されるようになった。

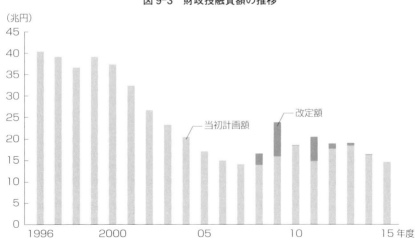

図9-3　財政投融資額の推移

(出所)　財務省理財局「財政投融資レポート」。

1.4 平時と危機時

　政府金融機関である日本政策投資銀行（政投銀）と商工中金は，2008年秋に，特別法に基づく会社法上の株式会社となった。当初は政府がこれらの株式を保有するが，徐々に市中売却し完全民営化することが目指されたのである。ところが同時期にリーマンショックが起きたことで，両機関に対して「国際的な金融秩序の混乱」という危機への対応が求められ，完全民営化の時期は延期された。また，金融危機により資金繰りが困難になる事業者に対して，ツーステッププローンと呼ばれる，低利・長期の特別な融資枠などが設けられた。そのための原資を提供するのが，第2節でも登場する**日本政策金融公庫**▶用語である。政府関与が今後も維持される公庫から，民営化途上の政投銀にまず融資され，その資金が民間事業者に貸し出されるという二段構えの仕組みであった。

　公的金融改革の過程でも，以前から危機への対応という役割は考慮されていた。しかしそのころ想定されていたのは，バブル崩壊後に不良債権問題が深刻になり，都市銀行や有力証券会社まで倒産した1990年代の日本のような金融危機であった。ところがリーマンショックは，GDPの落ち込みや株価の下落からみても，想定をはるかに超える金融危機をもたらした。そのために，より強く危機対応を意識した公的金融の仕組みを残さなければならないという発想に傾いたのである。政府関与の根拠である安定性の観点が増したといえよう。

　危機対応という役割に，よりいっそう注目が集まったのが2011年の東日本大震災である。このときには，中小企業向けおよび中堅企業向けに，政投銀や商工中金からの融資が拡大した。そのような流れの中，財政制度等審議会など公的金融を検討する場では，官民の役割分担が，平時と危機時を区別して考えられるようになっている。

2　民間金融機関貸出の信用補完

　中小企業に対する金融は，政府介入が正当化されやすい分野である。ただし介入の仕方にはいくつかあり，前節は政府自身が金融活動を行う，かなり強い介入の仕方であった。それに対して，日本においても，また欧米等においても，有効な介入手段として幅広く実施されているのが政府による信用保証である。

2.1 公的信用保証の仕組み

a. 保証と保険

日本の信用保険制度は，1950 年の中小企業信用保険法で定められ，政府機関が行ってきた。まず地方自治体を担い手とした**信用保証協会**が，1953 年の信用保証協会法に基づいて，各都道府県と一部の市に設置された[4]。これら信用保証協会が，まず各地で中小企業を対象に保証業務を行い，その後，信用保証協会から政府金融機関である日本政策金融公庫に再保険をかける仕組みになっている。信用「保証」と信用「保険」の二段階構造になっているところが，他国でもあまりみない特徴であり，これら 2 つを合わせて**信用補完制度**と呼ぶ。

b. 支払承諾，保証料，代位弁済

公的な信用保証を利用できるのは，製造業の場合で資本金 3 億円以下または従業員 300 人以下の中小企業に限られている。金融機関等を通して保証の申し込みがあると，信用保証協会は対象企業を審査し，問題なしとなれば保証を承諾する（図9-4）。その際，中小企業は信用保証協会に対して保証料を支払わねばならず，保証の種類や企業の財務評価などよって差があるものの，だいたい 1 年当たり借入額の 0.5〜2% 程度である。

保証した企業が返済困難に陥ったとき，信用保証協会は連帯保証人の立場で，企業に代わって金融機関に返済（代位弁済）しなければならない。かつては信用保証協会が全額を代位弁済していたが，2007 年から信用保証協会と金融機関との**責任共有制度**（部分保証制度）が導入され，信用保証協会が 80% しか保証しない方式も一部とられている。

全額弁済の場合は，債務企業に対して返済を求める権利（求償権）が信用保証協会に移され，対象企業の様子をみながら，信用保証協会が債権の回収を進めていくことになる。そして企業が再生できず返済の見込みがなくなった場合には，求償権は価値がなくなり，信用保証協会の損失として処理される。それを補塡してくれるのが政府金融機関である。

---

4 大阪市と大阪府の保証協会が統合されるなど多少の再編があり，2016 年現在，全国で 51 の保証協会がある。

図9-4 日本の信用補完制度の仕組み

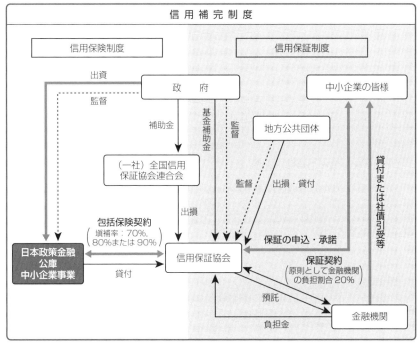

(出所) 日本政策金融公庫ホームページ。

c. 日本政策金融公庫との関係

　信用保証協会は，収入として得た保証料を弁済に備え責任準備金として積み立てる一方，政策金融公庫（の中小企業事業）に信用保険料を支払い，損失が出た場合に補塡してもらうための再保険をかける。保険料率は種類により違いがあるものの，0.5％前後のきわめて低いものが多い。日本政策金融公庫は，信用保証協会で代位弁済が生じたとき，弁済額の70〜80％，特別なものは90％（塡補率）を保険金として給付し信用保証協会の損失を補う。ただし求償権の回収が進めば，塡補率に応じて日本政策金融公庫の方に払い戻さなくてはならない。

　また，日本政策金融公庫から信用保証協会に対しては低利の貸付が行われており，信用保証協会はそれを金融機関に預託するなどして利子収入を得ている。同時に，信用保証協会の資金力に余裕ができると，保証できる上限金額を増や

すことが可能になる。

　このように，政府金融機関は，各地域に地盤をもつ信用保証協会に対し，1つは再保険の受け手として，もう1つは低利の貸し手として，多額の補助を与えている。多くの場合，保険料支払いは収入を上回る赤字状態にあり，出資や補助金の形で財政資金が支出されている。日本の信用補完制度は，保証と保険という二段階の形態をとって，地方公共団体からも中央政府からも補助金を受けて中小企業融資を支援する仕組みといえる。

2.2　信用保証制度の機能と弊害

　このような公的信用保証が適用されると，貸出供給のリスクが低下し，中小企業に対する貸出促進が期待される。だとしても，効率性やインセンティブの観点から制度を見直すと，問題点が多い。第1に，しばしば指摘されているように，信用保証協会が企業借入を保証することによって，民間の金融機関はリスクを気にすることなく，審査費用を通常ほどかけずに貸出できる。中小企業への審査が緩くなる，貸出後の企業動向にも無関心になりやすいなど，ある種のモラルハザードが起きると考えられる。この仕組みによって，民間金融機関が負担すべきリスクや費用が信用保証協会に移転され，民間金融機関の情報収集・分析能力や審査・監視能力を向上させるインセンティブが低下する。

　このようなモラルハザードを避けるために導入されたのが責任共有制度であった。民間金融機関にも 20% の負担を求めるようになったのである。ところが，2008 年のリーマンショック後の緊急保証，その後の景気対応緊急保証，そして東日本大震災緊急保証と，いずれについても 100% 保証が実施され拡大した。

　第2に大きな問題点は，政府金融機関である日本政策金融公庫が代位弁済の70% または 80% をカバーしていることである。金融市場では，情報をもつ主体がリスクを負い，リスクを負うから費用をかけても利益機会が与えられるというのが正常な姿である。にもかかわらず，地域の実情から離れた政府機関が，ほとんどのリスクを最終的に負う形になっている。保険料と保険金支払いの間に赤字が生じた場合は財政措置がなされるのだから，最終的には知らぬ間に国民が負担させられているといえよう。

2.3 信用保証制度の今後

中小企業に対する貸出残高253兆円のうち信用保証協会による保証が付けられている部分は27.7兆円と約10.9%であった（2015年3月末）[5]。第1節で紹介した政府金融機関から中小企業への融資額が21.9兆円で約9%であるから，あわせて2割前後は政府が関与した中小企業融資である。

このように重要な公的信用保証に，前述のような問題点があることは広く理解されており，2015年末には経済産業省の中小企業政策審議会基本問題小委員会金融ワーキンググループにおいて議論された。その中間報告にはさまざまな論点があげられているものの，改善方針は必ずしも固まっていない。

まず何よりも問題にされたのが，責任共有制度のあり方である。100%保証に問題がありとして80%保証が導入されたものの，危機対応として拡大されたのは100%保証ばかりであった。ようやく平時の体制に戻してもよい状態に回復したにもかかわらず，一律80%に戻す方向には議論が進まず，セーフティネットの機能をもつ保証は100%で残すべきであるという意見が多くみられる。一方で，事業者のライフステージなどによって保証率をさまざまに変更するなどの提案も出されている。

そのほか，信用保証制度の新しい方向性として，銀行，信用保証協会ともに，収入と支出の損得計算だけではなく，負担率や保証料を柔軟に変え，事業者とともに事業再生や事業承継などの課題に取り組むことで，銀行にも信用保証協会にもメリットがある仕組みが目指されている。

3 金融市場への政府の関与

3.1 インフラとしての金融市場

金融市場においても，政府は重要な役割を果たしている。効率的で公正な市場で安定した金融取引の行われることが，資金調達する側にとっても資金を運用する側にとっても利益があり，金融市場は公共財の1つであるとみなすこと

---

5 『中小企業白書（2016年版）』第2部第5章。企業数でいうと，銀行貸出を受けた企業の37.1%が信用保証を利用している。

ができるからである。そのため，多くの国において株式や債券の取引所が国家主導で設立され，国家管理のもとに運営されてきた。日本においても，証券市場の開設には総理大臣の免許が必要であり，開設後も監視を受けている。

とはいえ現在の日本では，第3章で紹介された東京証券取引所や大阪取引所はいずれも株式会社であるし，これらの持株会社も日本取引所という株式会社である。グループ企業の中には自主規制法人が設立され，自らを監視する仕組みも加えられた。取引所以外でも，店頭取引やネット取引は，民間の金融商品取引業者が運営する金融市場として急速に拡大しており，PTS▶用語と呼ばれる私設の取引所さえも登場した。

しかし，いかに民間主体で金融市場が発達し，民間による運営や管理の仕組みが整えられても，政府介入の必要がなくなるわけではない。その理由としては，第1に，取引所や取引業者の免許制，登録制，届け出制などの資格制限を定める法律をはじめ，安心して取引が行われるための法整備を行う必要が常にある。情報通信技術や金融技術が発達するのにあわせて，法制度も絶えず見直されなければならない。

第2に，取引所に自主規制法人が設立され，民間株式会社のガバナンス体制も外部からの監視を強化する方向に変わりつつあるとはいえ，やはり目先の利害から離れた政府機関による監視は必要である。そして第3に，金融市場におけるヘッジファンドの比重の高まりや，高頻度取引のような取引手法の発達に伴い，金融資産価格が以前とは異なる乱高下を示す可能性があり，市場を安定化させる政策や体制強化が不可欠になっている。

これらに加えて，政府自身がプレイヤーとなって，金融市場の効率性を高める役割を果たすようになっている。その一例が財投機関の独立行政法人住宅金融支援機構による債権の証券化である。

3.2 債権の証券化

住宅金融支援機構は，かつて住宅金融公庫という名称で，国民に対して直接に住宅ローンを融資していた。財政投融資計画の出口の一角を占める財投機関の代表であり，資金源はゆうちょなどであった。それが2007年に改組され，直接融資は震災被害者のような困難者への融資や，子育て世帯向け・高齢者向

けの賃貸住宅建設などに限定されることになった。その代わりに中心的な業務となったのが住宅ローン債権の**証券化**であり，それによって民間金融機関と提携して作られた商品が長期固定金利の住宅ローンの「フラット35」である。

　その仕組みは第4章で解説された証券化そのものであり，住宅金融支援機構がアレンジャーの役割を果たし，民間金融機関の住宅ローン債権を買い取って，それを担保に**MBS**（貸付債権担保住宅金融支援機構債券，以下機構債券）を発行して，投資家に売却している。この商品の発行金額は住宅ローンの融資額に応じて調整されており，2015年度には毎月1000～2000億円，年間で1兆9000億円近い機構債券が発行された（機構の発行実績より）。

　日本の証券化商品残高は2015年度末で約33兆円であり（日本銀行「資金循環統計」），1000兆円を超える伝統的な株式市場・債券市場全体の大きさからすればまだ小さいものの，順調に拡大しつつある。その中で最大の比重を占めるのが，機構債券であり，全体の約33%を占める（日本証券経済研究所，2016，第8章）。機構債券の格付は高く，国債，政府保証債に次ぐ安全資産として，金融機関や非法人企業などの大規模投資家に保有されている。

　また，機構債券の発行額や残高が増加することによって，証券化商品市場の発行流通のノウハウが蓄積し，民間企業や金融機関による証券化商品の活用が促進されるものと考えられる。いわば住宅金融支援機構の証券化業務は，民間だけでは進めにくかった新しい金融市場を，政府が支援して育成した例といえよう。

3.3　ベンチャーキャピタル，ファンド

　政府は，自身が金融仲介を行ったり，民間金融機関からの貸出を促進する信用保証制度を整えたりしてきた。これらはいずれも，借り手の業績にかかわらず元利返済が求められる債務契約の形態による資金供給に，政府が介入したものであった。また，前項の証券化では，比較的安全な住宅ローンのような貸出債権を出発点とし，きわめて安全評価の高い証券に作り替える役割を，政府が果たしている。

　しかし，新技術やベンチャー企業へのリスクマネーを供給するためには，もっとリスクを負う投資家を増やす必要がある。あるいはリスク分散によって，

184 第Ⅱ部 金融取引

それぞれの投資家が負担するリスクは小さいながら，全体として大きなリスクを負担し，ハイリスク・ハイリターンな借り手への資金供給を促さなければならない。そのためには，政府自らがリスクを負う資金提供者となることによって，リスクマネー供給の仕組みを整備し，投資家を増やすことができると考えられる。

　すでにこれまでも，国や自治体が出資したファンドやベンチャーキャピタルによって，出資形態の資金供給を促そうとの試みがなされてきた。2013年には，産業競争力強化法に基づき大規模なファンドも設立された。それが産業革新機構であり，政府が財政投融資の特別会計を通じて出資し，民間からの出資とあわせて，投資を行っている。この官製ファンドでは，「投資インパクト」をキーワードに，①次世代産業・新興企業の育成と蓄積，②既存企業の革新を通じた次世代産業の成長，の2つの視点で投資対象を選ぶことが公表されている。政府主導のリスクマネー供給機関が先駆けとなって，民間のベンチャーキャピタルやファンドの拡大につながることが期待されている。

本章のまとめ

- 金融取引においても，効率性，公平性，安定性の観点から，政府介入が必要な場合がある。
- 日本では公的金融の比重が高く，ゆうちょなどによる資金調達，財政投融資計画による資金配分，財投機関による資金運用など，政府自身が金融仲介を行っている。
- 中小企業向け貸出においては，公的な信用保証制度が重要な役割を果たしており，全国の信用保証協会と日本政策金融公庫が協力して，民間金融機関による貸出業務を補完している。
- 金融市場においても政府の介入がみられ，法制度の整備などとともに，債権の証券化市場では，中心的なプレイヤーとして財投機関である住宅金融支援機構が関与している。

用語解説

日本政策金融公庫：3つの政府金融機関（国民生活金融公庫，農林漁業金融公庫，

中小企業金融公庫）を統合して，2008年に設立された政府金融機関であり，政府保有の株式会社形態をとっている。国民生活一般，農林漁業向け，中小企業向けの融資を中心事業とするが，本文中にも紹介したように，危機対応事業の比重が高まっている。

PTS（Proprietary Trading System；私設取引システム）：取引所を通さずに電子情報システムを利用して証券の売買をマッチングさせる仕組みであり，民間証券会社等によって運用されている。

練習問題

① 政府自身が金融取引に介入し貸出を行うことが正当化される分野を，中小企業貸出以外で考えなさい。

② ゆうちょ銀行は完全民営化が目指されている。それに対して反対意見を述べなさい。

③ 日本の信用保証制度の改善点を述べなさい。

文献案内

財務省（2016）『財政投融資リポート2016』財務省理財局。

鹿野嘉昭（2013）『日本の金融制度（第3版）』東洋経済新報社。

中小企業政策審議会基本問題小委員会金融ワーキンググループ（2015）「中小企業・小規模事業者の発展に資する持続可能な信用補完制度の確立に向けて――中間的な整理」。

日本証券経済研究所（2016）『図説 日本の証券市場（2016年版）』日本証券経済研究所。

日本政策金融公庫（2016）「信用保険業務（概要）」（https://www.jfc.go.jp/n/company/sme/insurance_outline.html）2016年3月17日閲覧。

第Ⅲ部　金融政策と金融システムの安定

第 **10** 章

貨幣の働きとマクロ経済

INTRODUCTION

　貨幣は代表的な金融資産であるだけでなく，その流通量はマクロ経済に大きく影響を与えると考えられている。それは，貨幣がほかの金融資産にはない独特の働きをしているからである。この章では，まず貨幣が果たすべき機能について説明し，現代日本でその機能を果たしているのが現金と預金であることを示す。次に，預金が決済の働きをする仕組みと，預金が貸出と一体になって経済に供給されている仕組みについて説明する。そのうえで貨幣とマクロ経済との関係について貨幣数量説を中心に検討し，さらに貨幣と貸出のどちらがマクロ経済の変動により重要であるかについての異なる 2 つの見解について論じる。

KEYWORDS

貨幣の機能, マネーストック, 決済システム, 信用創造, マネタリーベース

1 貨幣の働き

1.1 3つの機能

　貨幣は，**交換手段**としての機能，**価値貯蔵手段**としての機能，**価値尺度**としての機能という3つの機能を果たす必要があると考えられている。交換手段としての機能とは，あらゆる財・サービスの購入が「貨幣」との交換という形で行われ，またあらゆる債務返済にも貨幣を使えるという機能である。ここで重要なのは「あらゆる」という点で，**一般的受容性**がなければならない。たとえば，図書券は図書しか購入できないので，貨幣とはいいがたい。

　価値貯蔵手段としての機能とは，受け取った貨幣が時間とともに目減りすることがないことを示している。貨幣は財・サービスを購入することができるという購買力があるとみなすことができ，購買力が減退しないことは貨幣にとって重要な機能である。価値尺度ないし計算単位としての機能とは，価格が貨幣で表示され計算されうることである。

1.2 現代の貨幣

　貨幣の歴史上，金貨・銀貨など商品として価値があるために受け入れられていた**商品貨幣**が中心であった時代が長かった。しかし，現代の多くの国では，商品としての価値は必ずしもないが発行者の信用から受け入れられている**信用貨幣**が使われている。

　現代日本において，上記3つの機能を果たしているのは現金と預金と考えられる。現金とは日本銀行が発行する**日本銀行券**（紙幣）と政府が発行する硬貨であり，これらが3機能を果たしていることは明らかであろう。とくに交換手段としての機能については，日本銀行券と硬貨は，法的に通用力を与えられた貨幣，すなわち**法貨**である。

　預金には，当座預金や普通預金のようにすぐに引き出せる**要求払預金（流動性預金）**と，定期預金や定期積金のように引き出す時期があらかじめ決められている**定期性預金**，1979年に新設された**譲渡性預金（CD）**がある。これらの預金は価値貯蔵手段と価値尺度としての機能は十分に備えていると考えられるが，交換手段としての機能については預金の種類によって異なっている。

第10章 貨幣の働きとマクロ経済　189

　要求払預金は，手形・小切手や振込などで直接支払いに利用することができる。したがって貨幣とみなすことができ，現金と要求払預金は「狭義の貨幣」と定義される。一方，定期性預金や譲渡性預金は，直接支払いに用いることができない。しかし，定期性預金の解約や譲渡性預金の売却などによって比較的容易に現金化できるために，貨幣に含めることができる。狭義の貨幣にこれらの預金を加えたものを「広義の貨幣」と定義できる[1]。

　容易に現金化できる性質は**流動性**と呼ばれ，最も流動性が高いのは現金である（序章第2.2項も参照）。その次に流動性が高いのは要求払預金であり，その次が定期性預金と譲渡性預金と考えられる。しかし，その他の金融商品に流動性がまったくないわけではなく，流動性の高いものから低いものまで，さまざまな商品がある。流動性の高いものから順に金融商品を並べると，まるで光のスペクトルのように連続的になるので，**流動性スペクトル**と呼ばれている。したがって，流動性で貨幣かどうかを線引きすることは難しい。一般的には上述のように現金と預金が現代における貨幣と考えられているが，流動性スペクトルのために，貨幣に定義上含まれていないが貨幣に近い金融商品があるために，時としてそれらの間での資金シフトが起きて貨幣量の動きが不安定になることもある。

1.3　マネーストック統計

　実際に日本経済に流通する貨幣総額は**マネーストック**と呼ばれ，マネーストック統計として公表されている。この統計では流通する現金を現金通貨，要求払預金を預金通貨と呼び，狭義の貨幣の流通量としてこれらの合計を**M1**と呼んで公表している。定期性預金などを準通貨と呼び，M1と準通貨と譲渡性預金の合計を広義の貨幣の流通量**M3**として公表している。

　マネーストック統計は2008年に大幅に改訂されたので，それ以前に作られていたM2＋CDと呼ばれたデータとの連続性をある程度保つため，改訂後に**M2**というデータも公表されている。M2はM3と同じく広義の貨幣の流通量

　1　ここでの貨幣は経済学上の概念で，法律上は硬貨のみが貨幣と定められている。これらの混乱を避けるために，日本銀行などは経済学上の貨幣を「通貨」と呼んでいる。

190 第Ⅲ部 金融政策と金融システムの安定

表 10-1 日本のマネーストック

		残高（億円）	構成比（%）
	現金通貨	916,988	7.3
	預金通貨	5,698,058	45.3
M1		6,615,046	52.5
	準通貨	5,647,878	44.9
	譲渡性預金	328,093	2.6
M3		12,591,017	100.0
M2		9,386,330	－

（注）2016 年の平均残高。構成比は，M3 に占める割合。
（出所）日本銀行発表のデータより筆者作成。

を示すが，統計をとる対象となる金融機関と預金の種類を，改訂前のようにやや絞ったものとなっている。これらの統計は，表 10-1 に示されている。

2 決　済

2.1 決済の仕組み

決済とは，売買において財・サービスや金融商品とそれらの代金を受け渡しして，売買取引を完了させることである。財・サービスや金融商品の受け渡しと区別するために代金の受け渡しを**資金決済**と呼ぶが，ただ単に決済と呼ぶのが一般的である。決済に用いられる**決済手段**は交換手段としての機能を果たす貨幣であり，現代においては現金と預金である。

決済において重要なのは，すべての当事者が「決済が完了した」と納得するファイナリティ（支払完了性）であり，現金決済の場合は現金を手渡すことで，代金を支払う側も受け取る側も決済が完了したと納得する。しかし，預金決済の場合は代金を支払う側と受け取る側だけでなく銀行部門も関係する複雑な仕組みとなっており，本節で説明していく。

預金決済の仕組みを理解するために，図 10-1 に示された銀行のバランスシートを用いながら，次のような決済を考えよう。A 氏は X 銀行に，B 氏は Y 銀行にそれぞれ預金口座をもっていて，A 氏が B 氏に 100 万円を振込で支払うとする。A 氏は X 銀行で振込手続きを行うと，X 銀行は A 氏の預金を 100

第 10 章　貨幣の働きとマクロ経済　191

図 10-1　預金決済の数値例

日本銀行のバランスシート

	X 銀行の日銀当預　−100 万円　③
	Y 銀行の日銀当預　＋100 万円　④

X 銀行のバランスシート		Y 銀行のバランスシート	
日銀当預 　−100 万円　③	A 氏預金 　−100 万円　①	日銀当預 　＋100 万円　④	B 氏預金 　＋100 万円　②

万円減らす処理を行う（ステップ①）。それと同時に，X 銀行は振込の情報を Y 銀行に伝え，Y 銀行は B 氏の預金を 100 万円増加させる（ステップ②）。

　しかし，これだけではすべての当事者が決済を完了したとは納得しない。確かに A 氏と B 氏にとっては決済は完了しているが，X 銀行は預金という負債が 100 万円減少し，Y 銀行は 100 万円増加してしまっている。つまり，負債の増減に見合うよう，X 銀行は Y 銀行に 100 万円を支払う必要がある。これは両銀行が日本銀行に保有している日本銀行当座預金（日銀当預）▶用語で行われる。両行は決済の情報を日本銀行に伝え，X 銀行の日銀当預を 100 万円減らし（ステップ③），Y 銀行の日銀当預を 100 万円増やす処理を行ってもらう（ステップ④）。これによって，X 銀行と Y 銀行の決済も完了したことになる。最後に，日本銀行については，負債である日銀当預の内訳は変化したものの合計金額は変わっていないので，これ以上決済を行う必要はない。すなわち，以上ですべての当事者にとってファイナリティは満たされたこととなる。

　このように預金決済では，民間銀行にある預金と日本銀行にある当座預金の帳簿上の処理のみで行われるのが特徴である。現金が移動する必要がないので，現金輸送時のセキュリティの問題や，煩雑な現金の取り扱いがない点が優れているといえる。

2.2　決済システム

　前項で明らかになったように，預金決済では銀行から銀行へ預金決済の内容を伝えたり，日本銀行に銀行間決済を依頼したりするシステムが必要である。現代日本の預金決済のためには，そのような**決済システム**が主に 4 つある。

(1) **手形交換決済制度**：金融機関に持ち込まれた手形・小切手▶用語を金融機関間で交換し，集中決済する制度で，手形交換所は全国に 181 カ所（2017年 4 月現在）ある。近年は，この制度を利用した決済額は減少傾向にある。

(2) **内国為替決済制度**：銀行口座への送金や振込といった為替業務での決済を行う制度で，その多くが全国銀行データ通信システム（「全銀システム」と呼ばれる）を通じて行われている。

(3) **外国為替円決済制度**：外国為替取引に伴う円決済を行うための制度。

(4) **日銀ネット**：金融機関間の決済を行うシステムで，金融機関が日本銀行に保有する日本銀行当座預金を用いて行われる。金融機関間の決済には，コール取引のような金融機関間取引の決済に加え，ほかの決済制度の金融機関間決済がある。

　日銀ネット以外の 3 つのシステムは，家計・企業などが民間銀行に保有する預金で決済を行うもので，前項の例のステップ①と②に当たる処理を行う。一方，ステップ③と④に当たる銀行間決済は，前項の例のように個々の決済については行われない。さまざまな決済を集計して，どの銀行がいくら支払う（受け取る）必要があるか差額を計算する。このような集計を行うことを**クリアリング**と呼び，これらの決済システムの重要な機能である。クリアリングの結果は，日銀ネットに送られ，銀行間決済が行われる。

　クリアリングは，膨大な数の決済を効率的に行うための仕組みである。しかし，個別の銀行が決済できなくなった場合は，集計しているために対応が難しくなるという問題もある。そこで，クリアリングのように決済を一定期間貯めておいて，ある時点で差額を計算して一度に決済する**時点ネット決済**よりも，決済の必要が生じるたびにすぐに決済する**即時グロス決済**（**RTGS**）の方が，集計による問題がないので安全性が高いとして近年注目されている。大量の決済を処理することができるコンピュータ技術の発達が背景にあり，日本では日銀ネット，大口の内国為替決済制度，外国為替円決済制度で導入されている。

3 信用創造

3.1 数値例

　貨幣のうち現金は，日本銀行と政府が発行している。一方，預金は民間の銀行が発行する貨幣である。銀行は貸出（信用の供与）を行うことによって，預金を個人や企業に発行することができ，そのメカニズムは**信用創造**と呼ばれている。

　信用創造を説明するために，簡単な数値例を考える。準備預金制度▶用語によって，銀行は受け入れている預金の一定割合以上を日本銀行当座預金として保有することを義務づけられていて，銀行が保有する日本銀行当座預金を**準備**あるいは**準備預金**，一定割合を**準備率**と呼ぶ。ここでの数値例では準備率を10%とし，銀行は預金に準備率で掛けた**所要準備**のみを保有し，その額を超えた**超過準備**は保有していないとする。

　A氏は保有している国債100万円を売却し，それを購入したのが日本銀行であったとしよう。このときに，どのように信用創造が行われるかを，図10-2を使って説明する。まず日本銀行は購入代金100万円を，X銀行にあるA氏の預金口座に振り込む。この決済では，X銀行はA氏の預金を100万円増やし（ステップ①），日本銀行はX銀行の準備（日本銀行当座預金）を100万円増やすことで完了する（ステップ②）。X銀行は準備に余裕が出たので，利潤を求めて貸出先を探したところ，X銀行の取引先であるB社が借入を申し込んできたので，90万円を貸し出すことにする（ステップ③）。ここで重要なのは，貸

図10-2　信用創造の数値例

X銀行のバランスシート

準備	+100万円	②	預金	A氏	+100万円	①
	−90万円	⑦		B社	+90万円	④
貸出	+90万円	③			−90万円	⑤

Y銀行のバランスシート

準備	+90万円	⑧	預金	C社	+90万円	⑥
	−81万円	⑫		D社	+81万円	⑩
貸出	+81万円	⑨			−81万円	⑪

出に際し X 銀行は B 社に現金を渡すことはしない。B 社は取引先なので X 銀行に預金口座をもっており，預金を 90 万円増額する（ステップ④）。すなわち，貸出と預金の増加は同時に行われており，銀行はまさに貸出を行うことで預金を発行していることになる。

B 社は何らかの支払いのために借入を行ったのであり，B 社は Y 銀行に預金口座をもつ C 社に振込を行う（ステップ⑤と⑥）。このとき，前節で説明したように銀行間で決済が行われる（ステップ⑦と⑧）。結局，X 銀行の預金増加は A 氏の 100 万円のみであり，これによって所要準備は 10 万円増える。実際，準備は 10 万円増加しているので，所要準備を満たしていることとなる。

Y 銀行は準備に余裕が出たので，貸出を行う。X 銀行でのことから明らかなように，貸し出せるのは 90 万円の準備率倍である 9 万円を残した 81 万円である。貸出と預金が 81 万円増えるが（ステップ⑨と⑩），預金と準備それぞれ 81 万円は次の銀行へと移っていく（ステップ⑪と⑫）。このような貸出と預金増加が繰り返されていく。結局，それぞれの銀行で増加した預金の合計は，数学の無限等級数の公式を使うと，

$$100 \text{万円} + 0.9 \times 100 \text{万円} + 0.9^2 \times 100 \text{万円} + \cdots = 100 \text{万円} \times 1/(1 - 0.9)$$
$$= 1000 \text{万円}$$

となる。信用創造の起点となった最初の A 氏の預金を**本源的預金**，それ以降にできた預金を**派生預金**と呼ぶ。

3.2　実際の信用創造

前項の数値例は，信用創造の重要な点を明らかにしてくれている。預金という貨幣は，貸出（信用）と同時に創造される。日本銀行が紙片に 1 万円と印刷すれば 1 万円の貨幣が発行されるように，銀行が預金口座に 1 万円と入力すれば 1 万円の貨幣が発行されることになる。ただ日本銀行と異なるのは，貨幣発行額が準備と準備率によって制限されている点である。

また，銀行経営にとって支店網を充実させるなどして多くの預金口座を得ることが重要であることもわかる。前項の例で C 社が Y 銀行ではなく X 銀行に預金口座をもっていれば，X 銀行は 81 万円の貸出も行えたことになる。また

本源的預金が他銀行に預け入れられたとしても，口座数が多ければ派生預金が自銀行に入ってきて，貸出を行う機会に恵まれる可能性も高くなるであろう。

　一方，数値例は単純化されているので，現実と異なる点もある。たとえばB社は90万円より少ない借入を申し込むかもしれない。この場合，創造される預金量は少なくなり，したがって所要準備も少なくなるが，X銀行が保有する準備は多くなる。すなわち，超過準備も保有することとなる。結局，超過準備を保有しないという前提で考えた信用創造は，実際に行いうる信用創造の上限を表しているといえよう。

　また，前項の数値例では現金の保有を考えていない。たとえば，C社は受け取った90万円すべてを預金のままにしておくとは限らず，一部は現金として引き出すかもしれない。すると，C社に渡す現金を手に入れるためY銀行は日本銀行に預けている準備から現金を引き出すこととなる。つまり，準備の増加は90万円より小さくなり，81万円の貸出は行えなくなる。

　実際にどれぐらいの信用創造が行われているかは，図10-3に示されている。現金と準備などの日本銀行当座預金の合計は**マネタリーベース**と呼ばれ，主に日本銀行が経済に供給している資金である。そのうちの一部を銀行部門が準備として保有して信用創造を行い，その5倍強の預金を供給している。しかし，

図 10-3　実際の信用創造

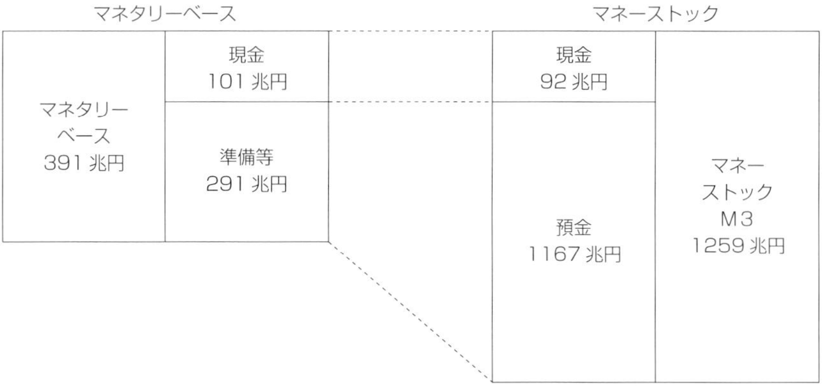

マネタリーベース		マネーストック	
マネタリーベース 391兆円	現金 101兆円	現金 92兆円	マネーストック M3 1259兆円
	準備等 291兆円	預金 1167兆円	

（注）2016年の平均残高。

　　　マネタリーベースとマネーストックの統計誤差により，現金の額が一致していない。

　　　準備等には，銀行などが保有する準備以外の日本銀行当座預金が含まれている。

（出所）日本銀行のデータより筆者作成。

銀行に求められている準備率は 1% 弱でしかなく，信用創造の上限は準備の100 倍ほどになるはずである。これは，近年の大幅な金融緩和によって準備が大量に供給されているものの，借入需要が少ないために銀行が十分な信用創造をできないからである。銀行は超過準備を積み上げており，所要準備は 9 兆円弱でしかない。

4 貨幣と物価

4.1 貨幣数量説

貨幣は独特の働きをしており，とくにあらゆる支払いに用いられていることから，その流通量の変動は経済全体に大きな影響を与えると考えられてきた。どのような影響を与えるかは，古くは**貨幣数量説**にみることができる。この説の歴史は 16 世紀にまでさかのぼることができ，一国経済に流通する貨幣量の増大は一般物価水準の上昇を招くと考えた。新古典派経済学は貨幣数量説の考え方を取り入れ，貨幣量の変動は長期的には物価水準の比例的変動を引き起こすだけで，実物経済活動には影響を与えないという**貨幣の中立性**を主張してきた。

貨幣の中立性の正否については，現代でもさまざまな議論がある。1990 年代後半以降，日本はかつてないデフレを経験してきた。これを「デフレは貨幣的現象である」ととらえて実物経済の問題と分けて考えるかどうかで，現代日本経済の問題に対する政策提言が異なってくる。事実，この点について，経済学者，企業エコノミスト，政策当局，政治家などの間で意見が一致していない。以下では，これらの議論の原点ともいえるオーソドックスな貨幣数量説について説明しよう。

貨幣数量説を数式を用いて精緻化したのがフィッシャー（I. Fisher）であり，彼は次の**交換方程式**を示した。

$$MV = PT \tag{1}$$

ここで，M は貨幣量，V は**貨幣の流通速度**と呼ばれるもの，P は物価水準，T はある一定期間内の財・サービス取引量である。右辺の PT は財・サービス

取引量に物価を掛け合わせているので財・サービス取引額に相当し，経済活動の実物的な側面を表している。一方，左辺は経済活動の金融的な側面を表している。貨幣の流通速度とは，一定期間内にそれぞれの貨幣が平均して何回支払いに使われたのかを示している。左辺 MV は，貨幣の総量と貨幣が支払いに使われた回数を掛け合わせているので，貨幣による支払い総額に相当する。取引では，代金の支払いのために，取引される財・サービスと同額の貨幣が支払われるので，財・サービスの取引総額 PT と貨幣による支払総額 MV は等しくなるはずなので，交換方程式が成立する。

　交換方程式は実は必ず成立する恒等式であって，この式だけでは貨幣数量説を主張できない。貨幣数量説が成立するためには，次の2つの仮定を置く必要がある。1つは，貨幣の流通速度と取引量は一定とする仮定であり，これによって貨幣量と物価とが比例的な関係になることになる。もう1つは，貨幣量から物価への因果関係である。貨幣数量説は少なくとも長期的にはこれら2つの仮定が成立すると考え，貨幣量の変化が比例的な物価の変化を引き起こすと主張する。

　マーシャル（A. Marshall）は上記の理論を発展させて，**ケンブリッジの現金残高方程式**と呼ばれる式を用いて貨幣数量説を唱えている。

$$M = kPy \tag{2}$$

ここで，y は実質国民所得で，k は**マーシャルの k** と呼ばれるものである。Py は名目国民所得であり，その k 倍だけ人々は貨幣を需要するというのが右辺である。一方，左辺は貨幣量で，ここでは M だけの貨幣が供給されていると考えている。つまり，現金残高方程式は貨幣の需給関係を示している。ここで，k と y が長期的には一定であり，貨幣量から物価への因果関係を認めれば，貨幣量の増加は比例的な物価の上昇を招くことになる。

　(1) 式と (2) 式を比べると，k = 1/V と置けば T と y の違いを除いて同じ式となり，各式の導出の背後にある考え方が違っていても，類似した結果となっていることがわかる。なお，T と y の違いから，マーシャルの k の逆数を (1) 式の V と区別して貨幣の所得流通速度と呼ぶ。また，(1) 式の V は所得流通速度との区別を明確にするために，取引流通速度と呼ばれることもある。

198 第Ⅲ部 金融政策と金融システムの安定

　貨幣数量説は，新古典派経済学の実物経済についての分析と相互に補完することができるものであった。実物経済ではすべての市場で均衡が達成されていると考えるので，労働市場の不均衡を示す失業はなく，完全雇用が達成されている。したがって，国民所得や取引量は貨幣とは関係なく決定されている。しかし，この分析では物価が決まらない。貨幣数量説はその物価を決めてくれるのである。貨幣量が2倍になると，財・サービスや労働などのすべての価格が2倍になるだけで，実物経済は何も変わらないという二分法が成立する。

　もちろん，新古典派経済学でも，短期的に雇用が完全雇用水準から乖離することは認めている。貨幣量の増大は，実物経済活動を短期的には活性化する可能性がある。しかし，そのような不均衡も時間が経てば市場で調整され，長期的には均衡に戻ると考えるのである。

4.2　最近の流通速度の動き

　マネーストックが増大したときに，物価が上昇することは時に観察されることではあるが，貨幣数量説が正しいかどうかは明確な結論に至っていない。少なくとも短期的には貨幣数量説のような関係は見出しにくいが，そもそも貨幣数量説は長期について論じたものである。現実の経済では長期の間に多くの撹乱要因があり，経済学者の中でも意見が分かれている。

　貨幣数量説についての議論では，経済が長期的には国民所得が完全雇用水準へ戻っていくのかどうかという点のほかに，流通速度が長期で安定的もしくは予測可能であるかどうかが焦点となる。そこで，最近の所得流通速度の動きを示した図10-4をみてみよう。所得流通速度は低下トレンドを示していることがわかるが，このような傾向は他国でもよくみられる現象である[2]。実物経済

　2　所得流通速度が低下トレンドをもつ原因は時代や国によってさまざまであろうが，主なものとして，金融資産の蓄積があげられよう。金融資産総額が増大すると，金融資産の1つである貨幣の保有も増加する可能性がある。また，金融取引が急速に増大していることも一因と考えられる。(1) 式でTに金融取引も含めると，金融取引の増大は必要とする貨幣量を増加させる。しかし，所得の増大がそれほど急速でなければ，(2) 式においてマーシャルのkが上昇することになる。このように，取引流通速度が一定でも所得流通速度が変化する可能性がある。

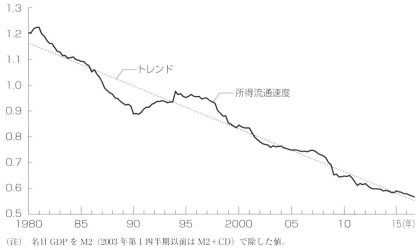

図 10-4　日本の所得流通速度

(注)　名目 GDP を M2（2003 年第 1 四半期以前は M2＋CD）で除した値。
　　　季節調整済み。
(出所)　日本銀行と内閣府発表のデータより筆者作成。

活動の成長以上に，必要とされる貨幣量が増えてきており，貨幣数量説を支持しているフリードマン（M.Friedman）は「貨幣は贅沢財である」と主張した。流通速度が低下トレンドにあったとしても，その傾向が予測可能であれば貨幣数量説が支持される余地が残る。しかし，実際の流通速度は図 10-4 に示されるように，低下トレンドから乖離している時期がある。このような乖離が大きいのかどうか，一時的と考えるのかどうかについて，貨幣数量説の妥当性についての議論で意見が分かれている。

4.3　マネー・ビューとクレジット・ビュー

　貨幣数量説のように，マクロ経済の変動にとって貨幣量の動きが重要であるとする見解は**マネー・ビュー**と呼ばれる。しかし一方で，信用（貸出）を重視する**クレジット・ビュー**と呼ばれる見解も古くからある。銀行のバランスシートをみると，マネーの大部分を占める預金は負債側，クレジットである銀行貸出は資産側に計上され，信用創造活動から明らかなように両者の動きには密接な関係がある。しかし，貨幣と信用のどちらがマクロ経済に大きな影響を与え

るかは，経済の根本的な見方・考え方によって異なる。

2つの見解の相違は，預金と貸出のどちらの特殊性を重視するかにある。マネー・ビューは，預金が貨幣の機能を果たしているという特殊性に注目する。貨幣数量説もそうであるし，ケインズ学派の理論を踏襲しているマクロ経済学の入門書も，貨幣数量説とはメカニズムは違うものの貨幣量の重要性を論じている。すなわち，預金を含めマネーストックが変化すると，貨幣の需給バランスの変化から金利が変化し，それが経済活動に影響を与えると考えている。一方，クレジット・ビューは銀行が貸出において金融仲介機能を果たしているという特殊性に焦点を当てる。銀行は情報生産を専門的に行ったり資産変換を行ったりして，ほかとは異なった独自の手法で金融取引費用を軽減している。したがって，銀行貸出が抑制されたとき，借り手はほかの資金調達手段で代替することが必ずしも容易ではないかもしれない。クレジット・ビューはこのような影響が大きいとして，銀行貸出が変化すると経済活動に大きなインパクトを与えると考える。

マネー・ビューはマネーストックや金利水準全般の変動が企業や個人の行動に変化を与えるという意味では，資金調達手段による影響の差異にはあまり注目していない。一方，クレジット・ビューは金融仲介機関を通る資金の流れがほかと異なっていることを強調している。

どちらの見解が正しいかは，実証的にも検討するのが難しい。なぜなら，預金と貸出とは一般的に同じような変動をするからである。しかし，図10-5にあるように，両者は1990年代以降異なった動きを示す時期が目立つ。貸出は「貸し渋り」として問題になるほど伸び悩み，1990年代末以降は減少した時期も多い。一方，預金を含むマネーストックは減少したことはほとんどなく，多くの時期で2〜4%の微増を示してきた（Column 10-1参照）。1990年代以降の景気低迷を考えると，貸出の重要性が再びクローズアップされてきているといえよう。

第 10 章　貨幣の働きとマクロ経済　201

図 10-5　マネーストックと銀行貸出の変化

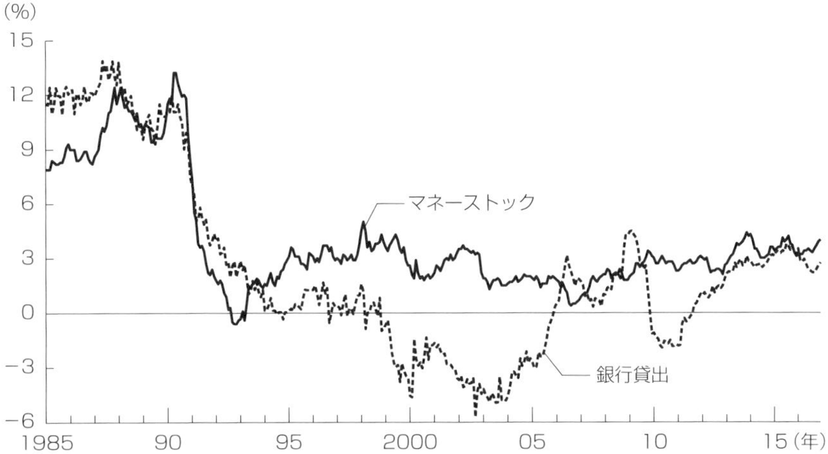

(注)　マネーストックは M2（月平均残高）で，2004 年 3 月以前は旧統計。銀行貸出は国内銀行貸出金（月末残高）で，1999 年 3 月以前は旧統計の全国銀行貸出金。いずれも前年同月比。
(出所)　日本銀行発表のデータより筆者作成。

Column 10-1　マネーストックと銀行貸出の増減

　貸出が減少しているのにマネーストックがなぜ増加できるのかを考えてみよう。日本銀行と民間銀行部門のバランスシートを，次のように単純化して考える。

日本銀行		民間銀行部門	
（資産）	（負債）	（資産）	（負債）
日銀貸出 B_C	現金 C_C	準備 R_B	預金 D_B
国債 N_C	準備 R_C	貸出 L_B	日銀貸出 B_B
対外資産 F_C	政府預金 G_C	社債等 S_B	
		国債等 N_B	
		対外資産 F_B	

バランスシートの左右合計は等しいので，次の式が成立する。

$$B_C + N_C + F_C = C_C + R_C + G_C$$
$$R_B + L_B + S_B + N_B + F_B = D_B + B_B$$

これら 2 式の右辺同士の合計と左辺同士の合計も等しくなるはずである。

さらに，$B_C＝B_B$，$R_C＝R_B$ であることを考慮に入れて式を整理すると，次のようになる。

$$C_C+D_B＝(L_B+S_B)+(N_C+N_B-G_C)+(F_C+F_B)$$

　左辺はマネーストックにほかならず，右辺の3つのカッコは，左から民間向け信用，公的部門向け信用，対外資産となっている。この式は貨幣供給の裏にある信用の内容を表している。以上より明らかなように，銀行貸出 L_B が減少していても，ほかの項目が増加すればマネーストックは増えることができることとなる。

　1990 年代以降，時期によってマネーストックと貸出が異なった動きを示すのは，公的部門向け信用が増大したことによると考えられる。すなわち，財政赤字の累積，量的金融緩和による日銀の国債買いオペ，民間金融機関の国債保有の増大などがその背景にあると考えられる。

本章のまとめ

- 貨幣は交換手段としての機能，価値貯蔵手段としての機能，価値尺度としての機能という 3 つの機能を果たす。現代でこれらの機能を果たすのは，現金と預金である。
- 預金は，銀行と日本銀行が運用する決済システムで交換手段としての機能を果たしている。
- 現金は日本銀行と政府が発行し，預金は銀行が信用創造によって貸出とともに発行している。
- 貨幣量の変動はマクロ経済に影響を与えると，古くは貨幣数量説によって論じられてきた。
- 貨幣量を重視するマネー・ビューに対し，クレジット・ビューは貸出量（信用量）が大切であると考える。

用語解説

日本銀行当座預金：銀行などの金融機関が，日本銀行に預け入れている当座預金。この当座預金は，第 2 節で説明した金融機関間の決済に使われたり，第 3 節で説明したように準備の保有のために使われたりしている。

手形・小切手：売買代金などを支払う者は，手形・小切手の用紙に金額などを書

き込んで相手に渡すことによって，その金額の支払いにあてることができる。受け取った者は手形・小切手を銀行に持ち込めば，書かれた金額だけ支払った者の預金が減り，受け取った者の預金が増えるという決済が行われる。手形は決済が行われる期日が何カ月か先に決められているが，小切手には期日がないのですぐに決済できる。

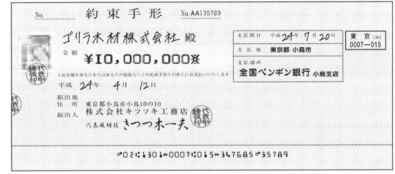

（全国銀行協会「動物たちと学ぶ 手形・小切手のはなし」）

準備預金制度：日本の準備預金制度は，ほかの多くの国と同様に，預金の一部を準備として保有することを義務づける部分準備銀行制度を採用している。実際の準備率は預金の種類や額によって細かく決められているが，総額での比率（平均実効準備率）は 0.75〜0.77%（2010〜16 年）である。なお，部分準備銀行制度に対して，預金全額の準備保有を義務づけるものは 100% 準備銀行制度と呼ばれている。

練習問題

[1] ネットショッピングのサイトによっては，そこでの支払いに利用できるポイントの制度を提供しているところがある。このようなポイントは貨幣かどうか，その理由とともに答えなさい。

204 第Ⅲ部 金融政策と金融システムの安定

② 準備率を q とし，銀行は所要準備のみを保有する場合，本源的預金が H 円預け入れられたとき，信用創造で作り出される本源的預金と派生預金の合計はいくらかを計算しなさい。

③ 近年の量的緩和で，マネタリーベースは増えているがマネーストックはそれほど増えていない。その理由を答えなさい。

参考文献

中島真志・宿輪純一（2013）『決済システムのすべて（第3版）』東洋経済新報社。

日本銀行金融研究所編（2011）『日本銀行の機能と業務』有斐閣，第3章・第4章（日本銀行金融研究所ホームページに全文掲載 http://www.imes.boj.or.jp/japanese/fpf.html）。

平山健二郎（2015）『貨幣と金融政策――貨幣数量説の歴史的検証』東洋経済新報社。

古川顕（2014）『テキストブック 現代の金融（第3版）』東洋経済新報社，第7章・第8章。

マーティン，F.（2014）『21世紀の貨幣論』（遠藤真美訳），東洋経済新報社。

第Ⅲ部　金融政策と金融システムの安定

第**11**章

日本銀行と金融政策

INTRODUCTION

　貨幣量や貸出量の変化など金融部門の中で変動があると，その影響はマクロ経済活動に伝わっていく。それを利用して景気の安定化を図るのが，日本銀行による金融政策である。この章では，まず政策主体である日本銀行を紹介し，次に金融政策の目標と手段を説明して，日本銀行がとりうる政策の運営方式について考える。そのうえで，政策効果がまず準備とコールレートに及ぶメカニズムを検討し，さらにその効果がマクロ経済全体へ及ぶ効果波及経路について考察する。最後に，量的緩和やマイナス金利といった最近のトピックを取り扱う。

KEYWORDS

オペレーション，操作目標，コールレート，金融調節，金融政策効果の波及経路

1　日本銀行と金融政策運営

1.1　日本銀行

日本銀行は，中央銀行として1882年に設立された。公的な銀行ではあるが政府の一機関ではなく，**日本銀行法**に基づいた認可法人である。資本金は1億円で，民間の株式に相当する出資証券が発行されており，財務大臣が保有する55％を除いて一般に流通している。ただし，株式と異なって出資証券の保有者は経営参加することはできない。

日本銀行の意思決定は**政策委員会**が行っており，その会合のうち金融政策について話し合うものを**金融政策決定会合**と呼んでいる。政策委員会は総裁，副総裁2名，審議委員6名▶用語の合計9名から構成されており，金融政策決定会合には政府関係者として財務大臣と経済財政政策担当大臣も出席できる。ただ

日本銀行本店（時事通信提供）と日本銀行の出資証券

第11章　日本銀行と金融政策　207

図11-1　単純化した日本銀行のバランスシート

国債等　BS	銀行券　C
日銀貸出　BL	日本銀行当座預金　R
海外資産　FA	政府預金　DG

し，これらの大臣には議決権はなく，意見を述べたり議案を提出したり議決延期を請求したりできるだけである。年8回開催される金融政策決定会合の決定内容は開催直後に公表され，さらに議事要旨や議事録も順次公開されている。

　日本銀行の目的は，日本銀行法第1条に「通貨及び金融の調節」と「信用秩序の維持」と書かれている。「通貨及び金融の調節」とは，景気を安定化させるために金利や信用供給量を操作する狭義の**金融政策**を指している。「信用秩序の維持」は金融システムを安定化させる政策であり，広義の金融政策に含まれる。

　日本銀行はこれらの目的を達成するために，**発券銀行，銀行の銀行，政府の銀行**という3つの働きをしている。それぞれを理解するために，図11-1に示された日本銀行のバランスシートをみてみよう。まず発券銀行の働きとは，銀行券（C）を発行することである。次に日本銀行は銀行の銀行として，民間銀行が家計や企業に提供しているのと類似したサービスを民間銀行に提供している。たとえば，日本銀行当座預金（R）を銀行から受け入れて銀行間決済を行ったり，民間銀行に貸出（BL）を行ったりする。また，一銀行として国債や手形などを売買（BS）する。さらに，政府の銀行として政府預金（DG）の受け入れや国債業務などを行っており，また政府の代理として外国為替介入を実行する。為替介入は政府の資金を用いて行われるが，多くの場合，結果的に日本銀行保有の海外資産（FA）が変化する。

1.2　金融政策の目標と手段

　日本銀行の目的の1つである「通貨及び金融の調節」という狭義の金融政策は，景気安定化が目標である。安定化すべき具体的な金融政策の目標としては，物価の安定，完全雇用の確保，適度な経済成長の実現，国際収支の均衡，為替レートの安定などが考えられる。日本銀行法第2条では**物価の安定**をその目標として掲げているが，現実にはほかの目標が大きく外れたときには日本銀行は

208 第Ⅲ部 金融政策と金融システムの安定

これらの目標も意識せざるをえないであろう。

日本銀行は，景気が悪化して物価下落などが起これば，資金供給量を増やしたり金利を下げたりして**金融緩和**を行い，景気が過熱すればその逆の**金融引き締め**を行う。そのような金融緩和・引き締めを行う具体的な金融政策の手段は，主に**オペレーション**である。オペレーション（オペ）とは日本銀行が金融市場に介入することであり，証券を買って資金を供給することを買いオペ，その逆を売りオペと呼ぶ。たとえば，第10章3節の例でみたように日本銀行が国債買いオペを行うと，信用創造が行われて貸出と預金が増大する。日本銀行が資金を貸借する相手は，安全性のために政府と金融機関に限るのが原則であり，オペは政府や金融機関の発行する証券の売買，あるいは優良企業が発行する証券を使った金融機関との現先取引[1]によって行われるのが基本である。

多様な金融市場が創設・発達してくる中で，日本銀行はそのオペ対象となる市場を増やしていったが，2006年以降はその多くを**共通担保資金供給オペレーション**にまとめている（第3章2.1項も参照のこと）。これはさまざまな市場に個別にオペを行う代わりに，オペ対象の証券を金融機関にまとめて担保として差し出してもらい，その担保をもとに日銀貸出を行うものである。ただし，その金利は入札により決められるので市場実勢を反映し，オペレーションの1つと位置づけられている[2]。この共通担保資金供給オペ以外に，国庫短期証券，長期国債，CP現先など一部の個別市場でもオペを行っている。これらのオペでも，日本銀行は市場の一参加者として売買するのではなく，金融機関に入札を募集する方式で行われるのが原則である。

金融政策手段として**貸出政策**と**準備率操作**もあげられるが，日本銀行は現在はほとんど利用していない。まず貸出政策とは，日本銀行が決めた公定歩合という金利を課して銀行に貸出を行う日銀貸出に関わる手段である。とくに公定歩合を上下させる**公定歩合操作**は，銀行の日銀貸出需要に影響を与える大切な

---

1 第3章2.2項にあるように，現先取引の実態は証券を担保とした資金貸借取引である。したがって，優良企業発行の証券を担保としても，日本銀行が資金貸借するのは現先取引相手の金融機関である。

2 ただし，後述の非伝統的金融政策の一環として，現時点では固定金利で入札が行われている。

手段と考えられ，日本に限らず各国で古くから行われてきた。しかし，金融市場の発達とともに，個別銀行への貸出を操作するよりも市場全般に影響を与えるオペレーションの方が好ましいという考えが強まり，日本銀行は貸出政策を1990年代半ばより積極的には使わなくなり，公定歩合も市場金利に追随して決めるようになった。現在，日本銀行は公定歩合から基準貸付利率に名称を改めており，金融機関からの申し込みに応じて受動的に貸出を行う**補完貸付制度**（**ロンバート型貸出制度**）を導入している。次に準備率操作とは，準備率を上下させる金融政策手段である。日本銀行は1991年を最後に準備率を変更しておらず，政策手段として利用していない。

1.3　金融政策の運営

　金融政策の目標は景気の安定化であるが，日本銀行が実際にとりうる手段は主にオペレーションで，これは第2節で説明するように短期の金融変数（コールレート，マネタリーベース，準備など）に働きかけるものである。短期の金融変数への効果は長期の金融変数（マネーストック，銀行貸出，長期金利など）にも広がり，やがて実物経済活動に波及して物価などの目標に到達する。このように手段と目標との間が離れているので，手段を講じてからその効果が目標に到達するまでのラグは長く不確実性も大きい。この点は，経済の実物部門に直接働きかける財政政策とは対照的なデメリットといえよう。ただし，財政政策よりも政策決定がより頻繁に行えるというメリットもある。政策決定は財政政策では原則年1回の財政予算策定時に限られているのに対し，金融政策では年8回開催される金融政策決定会合で行うことができる。

　政策効果波及のラグが長く不確実なデメリットを補うために，金融政策運営上の工夫が凝らされてきた。その工夫とは，景気の安定化を**最終目標**として，政策手段から最終目標へと効果が波及する経路の途中に**運営目標**を置くことである。こうすれば，金融政策の決定が頻繁にできるメリットを活かして，効果が最終目標に到達するのを待たずに，その手前の運営目標の動きをみて政策の修正ができることになる。運営目標には，政策手段や最終目標と因果関係がある金融変数を1つ選んで利用することとなる。

　20世紀後半，運営目標を用いた金融政策の運営方式は発展してきた。その1

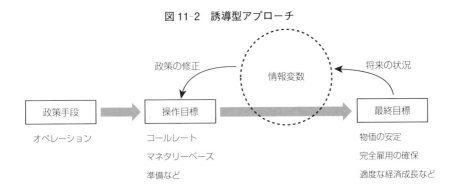

図11-2 誘導型アプローチ

　つは，運営目標を**操作目標**と**中間目標**に分ける運営方式である。運営目標のうち政策手段の近くにあって政策スタンスを直に反映する短期の金融変数を操作目標として1つ選び，最終目標との因果関係が強い長期の金融変数を中間目標として1つ選ぶことによって，効果の波及状況を段階的に評価できることになる。そこで中間目標としてマネーストックを利用することが注目されたが，実際にはマネーストックもほかの金融変数も中間目標として相応しいとはいえないという問題が明らかになってきた。

　金融政策のもう1つの運営方式は，運営目標から最終目標への効果の大きさを，計量経済学の誘導型方程式で計測して利用することから発展した運営方式で，**誘導型アプローチ**と呼ばれている。近年では運営目標の中の操作目標を用いて，図11-2のように考えるのが一般的である。なお，報道記事では運営目標ないし操作目標のことを，誘導目標と呼ぶことが多くなってきている。

　誘導型アプローチでは中間目標を置かないために，ラグが長く不確実性が大きくなってしまうので，それを軽減するために情報変数の利用が重要となる。最終目標の将来の状況がうかがい知れるような変数をいくつか情報変数として選び，それらの情報変数の動きを総合的にみながら金融政策の修正を行っていく。情報変数が中間目標と異なるのは，1つではなく複数の変数を選ぶことができることと，因果関係ではなく予測性が大切である点である。後者については，たとえば長短金利差には将来のインフレ期待が織り込まれているので[3]，最終目標の1つである物価の将来の状況を反映しているといえ，情報変数として利用できる。もちろん，因果関係がある変数も，因果関係によって最終目標

の将来の状況を左右するので情報変数に加えることができ，マネーストックも情報変数の有力な候補と考えられる。日本銀行は中間目標を設定していないので，現在は誘導型アプローチをとっているといえよう。

　景気の状況から，どれほど金融緩和・引き締めをするかの決定には，裁量とルールという2つの方式がありうる。裁量とはそのつど判断する方式であり，ルールとは事前に取り決めておく方式である。ルールの古典的な例としては，フリードマン（M. Friedman）らが提唱したk%ルールがあげられる。これは，景気状況にかかわらずマネーストックの増加率を一定に保つというルールである。また近年では，テイラー（J. Taylor）が提示した（1）式のルールが有名で，**テイラー・ルール**と呼ばれている。

$$r = r^* + 0.5y + 0.5p \qquad\qquad (1)$$

　　r：操作目標の金利，r^*：望ましい金利水準

　　y：GDPの望ましい水準からの乖離率，p：インフレ率の望ましい値
　　　　からの乖離

　すべて%

　民間が日本銀行の政策変更を理解して行動することが政策効果の波及に大切であると近年考えられるようになってきており，その点でルールに基づいた政策にはメリットがある。しかし，日本銀行は金融政策のルールを明示しているわけではなく，テイラー・ルールはむしろ政策変更の評価に用いられている。

2　金融政策手段と準備の需給

　金融政策手段を用いて，どのように操作目標に影響を与えるかをみるために，まずマネタリーベースや準備の供給を考察する。これらが日本銀行によってどのように供給されるかをみるために，図11-1で示した日本銀行のバランスシ

3　第5章1.2項にあるように，名目金利は実質金利より期待インフレ率だけ高くなる。将来，インフレが生じると市場が期待すると，長期金利は上昇する。短期金利には影響がないので，長短金利差が変化することとなる。

ートを利用する。ただし、単純化のため、日本銀行当座預金はすべて準備であるとする。バランスシートの左右は合計が等しくなるので、次の式が成立する。

$$BS + BL + FA = C + R + DG \tag{2}$$

この式より、マネタリーベースや準備の供給式が導出できる。

マネタリーベース供給　　$C + R = (BS + BL + FA) - DG$　　(3)

準備供給　　　　　　　$R = (BS + BL + FA) - C - DG$　　(3′)

　これらの式は、日本銀行が金融政策手段を用いて、マネタリーベース供給量や準備供給量を増減できることを示している。オペレーションで日本銀行が国債などを購入すると、その代金は金融機関が準備として保有している日本銀行当座預金に振り込まれる。上記の式では、BS が増えると準備 R が増える。同様に、共通担保資金供給オペレーションや補完貸付制度による日銀貸出 BL の増加も、準備 R を増加させる。なお、外国為替介入で FA が増えたときも準備 R を増加させるが、外国為替介入は日本銀行の政策手段ではない。

　これらの金融政策手段によってマネタリーベースや準備が供給されても、すべてがそのままとどまっているわけではない。政府が税金などで政府預金 DG を増やすと、その決済で日本銀行当座預金から政府預金への振替が行われ、日本銀行当座預金が減少してしまう。また、準備供給 (3′) 式の場合、個人や企業が預金から銀行券 C を引き出していくと、銀行はそれに応じるために準備となっている日本銀行当座預金から銀行券を引き出さなければならない。これら DG と C の変動は資金過不足と呼ばれ、日本銀行がコントロールできない外生要因である。日本銀行は資金過不足を考慮して政策手段を講じることにより、マネタリーベースや準備を望ましい目標水準へと誘導することができる。

　次に、操作目標となりうる**コールレート**について考えてみよう。コールレートはコール市場（第3章2節を参照）の需給で決定されると考えられるが、それと表裏一体の関係にある準備の需給をみてみよう。準備を需要するのは準備預金制度の対象となっている金融機関、主に銀行である。銀行は銀行間決済や預金の引出に備えてある程度の準備を保有する必要があり、その平均残高は所要準備額を下回ってはいけない。準備が不足した場合は、主にコール市場から資

図 11-3 準備の需給とコールレート

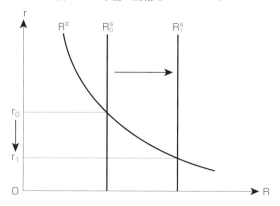

金調達する。準備が多く余ってしまった場合は，貸出を増やすまでは一時的に主にコール市場で運用する。コール市場は，まさにこういった銀行間の準備調整の場である。

　コールレートが高いと，銀行はできるだけコール市場で資金を運用するために準備を節約しようとするので，準備需要量は減少する。そこで，図 11-3 には，準備需要 R^d とコールレート r との関係が右下りの線で描かれている。一方，準備供給は日本銀行が政策的に決めるので，コールレートに弾力的ではないと考えられ，図 11-3 では準備供給が垂直な R_0^s として描かれている。準備需給が均衡する r_0 の水準に，コールレートが決まる。もし日本銀行が金融緩和のために BS や BL を増やした場合，準備供給が増える。図 11-3 では，準備供給線が右にシフトして R_1^s になったと表すことができる。このとき，コールレートは r_1 に下落することがわかる。このように，日本銀行は政策手段を使って準備供給を操作して，コールレートを目標水準に誘導することができる。

　なお，マネタリーベース，準備，コールレートはいずれか 1 つしか誘導できないことには注意を要する。マネタリーベースと準備との間には外生要因である銀行券 C だけの差があるという関係があり，準備とコールレートとの間には需給均衡の関係があるので，どれか 1 つを決めれば，ほかのものも決まってしまう。

　日本銀行はオペレーションなどで，日々，準備供給量を調節している。これ

は**金融調節**と呼ばれ，まずは銀行の準備需要の状況や資金過不足を予想して，これらを相殺するように受動的な調節を行う。これらを放置すると，コールレートの乱高下を引き起こして，金融部門を攪乱してしまうからである。そのうえで，日本銀行は必要に応じて金融調節を緩和気味にしたり引き締め気味にしたりして，景気安定化のための金融政策を実行する。

3　金融政策の効果

　金融政策手段を使って操作目標となりうるマネタリーベース，準備，コールレートが変化すると，その政策効果は最終目標へと波及していく。ここでは，政策効果がどのような経路をたどって波及していくかについて説明する。

　いま，日本銀行が金融緩和をしたとしよう。準備の増加とコールレートの低下は，銀行の貸出供給を増加させ，貸出量の増加と貸出金利の低下を生み出す。貸出量の増加は，その裏で貨幣量が増加していることになる。また，コールレートや貸出金利の低下は，金利裁定（第5章2節を参照）によってほかの長短金利の低下と資産価格の上昇[4]につながる。すなわち，金融緩和効果は金融部門全体に広がり，資金量の増大，金利水準の低下，資産価格の上昇を生み出していく。このような効果は，以下にあげるさまざまな波及経路を経て総需要▷用語を増加させ，実物経済活動を活発にすることで最終目標に達する。

a.　金利と投資

　金融緩和による金利の低下は，資金を借り入れて投資を行う企業にとっては投資プロジェクトの費用の減少となり，その投資プロジェクトの収益性上昇につながる。したがって，金利が低下すると採算性が改善して実行される投資プロジェクトが増えるために，各企業の投資活動が促進される。投資は機械設備等の購入であるので総需要の増加となり景気を改善する。

b.　金利と消費

　金利の低下は，消費をも増大させると考えられる。金利が低下すると，家計

　4　たとえば，第5章1節にあるように債券の金利（利回り）と価格とは逆の関係にある。したがって，金融政策で金利が下がれば，債券価格は上昇する。

は現時点で貯蓄しても将来あまり利息がもらえないので，貯蓄をするよりも消費を行った方がよいと感じて現在の消費を増加させるであろう[5]。消費の増加は総需要の増加であり，景気を改善する。

c. 銀行貸出とアベイラビリティ効果

金融の変化がマクロ経済にどのように影響を与えるかについては，第10章4.3項で説明したようにマネー・ビューとクレジット・ビューという2つの見解がある。前述の投資や消費への効果は金利全般の変化によるものなので，マネー・ビューに基づく考え方である。一方，クレジット・ビューでは，銀行貸出が株式・社債などの資金調達手段とは異なる特殊性をもっていると考える。したがって，金融緩和効果が銀行貸出の増加や貸出金利の低下によって投資などを増加させる波及経路こそが重要であると考える。

貸出市場は，ほかの金融市場と異なり金利による需給調整が十分に行われず，超過需要が解消されないままになっているとみられることが多い。このような状態は，信用割当と呼ばれる。信用割当が生じているとき，クレジット・ビューによれば，銀行貸出のどれ程の量が利用可能であるか，すなわち銀行貸出のアベイラビリティ（availability）が企業の投資活動に大きな影響を与えると考えられる。このような信用割当時の貸出から実物経済への影響は，**アベイラビリティ効果**と呼ばれている。

戦後の日本をみると，高度成長期までは，企業の資金需要が旺盛なのに貯蓄が少なく資金供給が不足している中で，金利が低位に規制されていたために恒常的に信用割当が生じており，アベイラビリティ効果が注目された。また，現在の状況は高度成長期とは大きく異なり，金利規制も事実上撤廃されているが，それでもなお逆選択によって信用割当が生じている可能性は否定できない（第6章2.2項を参照）。

---

5 消費への効果は，第5章1.3項での図5-3を利用して考察できる。金利の低下は，点P_1を通る傾き（$1+r$）の右下がりの直線がよりフラットになることで表される。そのときの現在の消費の変化量は，無差別曲線の形状によって異なってくる。現在の消費が減少するケースも考えられるが，増加するケースが一般的と考えられている。

d.　トービンのqと投資

　トービン（J. Tobin）は企業の投資行動における株式発行による資金調達に焦点を当てた分析を行っており，この分析は金融政策効果の株式市場を通した波及経路を示してくれる。まず，次のような**トービンのq**と呼ばれる指標を考える。

$$q = \frac{企業価値の市場評価額}{企業保有資本の再取得費用総額} \tag{4}$$

　分母は，企業が保有している機械設備などと同じものを購入して，その企業とまったく同じ企業を作るのにかかる費用の総額である。その費用をかけて作った企業が経済活動を行うことによってどれ程の価値があると市場が評価しているかが分子である。企業価値の市場評価額は，株価に発行株数を掛けた株式時価総額と負債総額の合計である。

　このトービンのqが1よりも大きいということは，その企業を再取得する費用よりも市場評価の方が高いことを意味し，当該企業はさらに資本を取得して，それ以上の市場評価を得ることができる。すなわち，投資が促進される。qが1よりも小さい場合は，その逆となり投資が抑制されるであろう。

　個々の投資プロジェクトの採否を考えると，分母は投資プロジェクトの実行費用，分子はそれによる企業価値評価額の増加とした方が適切であるという議論もある。このような指標は限界qと呼ばれ，（4）式の指標は平均qと呼ばれている。

　平均qも限界qも，金融緩和によって株価が上がれば上昇する。それによって投資が増え，総需要が増加することになる。

e.　資産効果

　株価を含め資産価格の変化は，経済主体が保有する資産総額を変化させて支出活動に影響を与えると考えられ，これを**資産効果**と呼ぶ。たとえば家計の消費支出を考えると，所得が同じでも保有資産が多い家計の方が消費が多くなるであろう。保有資産額は，これまでの貯蓄に大きく左右されるが，一方で金融資産価格の変動にも影響される。たとえば，これまでの貯蓄で貯めた資金を債券で保有している場合，金融緩和は債券価格を上昇させるので，債券を買い増さなくても債券総額は増大することとなる。このような債券総額の増大は，家

計の消費を増加させるであろう。企業の消費や投資も，同様に増加させると考えられる。

f. フィナンシャル・アクセラレータ

資産価格の変動は，銀行と企業の間のエージェンシー関係（序章の用語解説を参照）にも影響を与える。第6章2.1項のモラルハザードの問題でみたように，企業にはハイリスク・ハイリターン型の投資を行おうとする誘因がある。しかし，銀行にとっては，ハイリスクの投資は企業が失敗して返済できなくなる可能性を高めるだけである。そこで銀行がより慎重な情報生産を行ったり，厳しい財務制限を企業に課したりすることになり，貸出にエージェンシー・コストがかかってしまう。

しかし，もし資産価格が上昇して企業のバランスシートが改善すれば，たとえ投資が失敗しても企業が資産を売却するなどして自力で返済することができる可能性が高くなる。それだけエージェンシー・コストが下がり，貸出が行いやすくなる。また，日本のように土地を担保としてよく利用する場合は，土地価格の上昇は担保価値の上昇なので，土地担保による銀行貸出のエージェンシー・コストを引き下げることになる。いずれにせよ企業は資金調達が容易になり，投資を活性化する。これは**フィナンシャル・アクセラレータ仮説**と呼ばれ，近年注目されている。

g. 外国為替を通じた効果

金融政策効果は，外国為替を通じた経路でも波及する。外国為替市場への介入は日本では政府が行うことになっているが，日本銀行が国内金利に働きかけると外国為替レートが変化する。たとえば，日本国内金利の低下は日本への資金運用を相対的に不利にするので，投資家が海外で資金を運用するために円貨を売って外貨を購入しようとして円安圧力となる。

円安は輸出の増加と輸入の減少を引き起こし，このような貿易収支の改善は総需要の増加なので景気を刺激する。また，円安は輸入物価を引き上げるので物価全般の上昇にもつながる。さらに，円安は外貨建て債権の円建てでの価値を上げることになり，これは資産価格上昇と同様に資産効果で景気を刺激する。このように，金融政策は外国為替市場を介して国内実物経済活動に影響を与える。

218 第Ⅲ部 金融政策と金融システムの安定

ただし，このような効果を期待して金融政策を実施するのには次の問題がある。円安になって日本の景気が改善する一方で，外国通貨高で外国景気が悪化しかねない。つまり，外国為替市場を通した景気浮揚効果は，外国経済を犠牲にして成り立つ近隣窮乏化政策となって，海外から批判を浴びる恐れがある。金融政策を実施するに当たっては，海外への配慮も必要である。

4 金融政策をめぐる近年の議論

4.1 量的緩和とその効果

日本はバブル崩壊後，長期的な景気低迷に悩まされており，日本銀行は1990年代末から**非伝統的金融政策**▶用語を実施してきた。リーマンショックやギリシャ危機を受けて，多くの先進国でも景気が悪化し，日本の経験を踏まえて非伝統的金融政策を実施する国が増えてきた。

非伝統的金融政策とは，これまでこの章で説明してきた伝統的な金融政策と異なる政策で，その代表例は**量的緩和**である。金融緩和のために政策手段を講じると，図11-3でみたように準備供給線 R^S が右へシフトする。しかし景気は回復せず，図11-4にあるように日本銀行は準備供給線を R_2^S を超えて R_3^S までシフトさせていった。コールレートは負になることができないというゼロ金利制約[6]のために，銀行は準備需要線から外れて R^* にいかざるをえない。つまり，コールレートの低下を伴わず，準備量だけが増える。日本銀行はこのような量的緩和を，主に大量の国債買いオペによる準備供給で実施してきた。

伝統的な金融政策では準備の増加とコールレートの低下が同時に起こり，それが銀行の与信行動などに影響を与えていく。しかし，コールレートの低下が伴わなければ，いくら準備が増加してもそのような通常の効果は望めない。

これに対して，通常とは異なる効果のために量的緩和は有効であるとする議論がある。それらの効果とは，**時間軸効果（コミットメント効果）**と銀行の**ポー**

---

6 2016年のマイナス金利政策（Column 11-1を参照）導入に伴い，各金融機関がコール取引システムのマイナス金利対応を進めたので，ゼロ金利制約が外れてマイナスのコールレートが成立するようになっている。

図 11-4 ゼロ金利制約と量的緩和

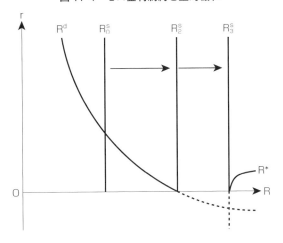

トフォリオ・リバランス効果である。まず時間軸効果は，長期にわたって量的緩和を続けるとコミット（約束）することで発揮される効果で，次の2つの効果により利回り曲線をよりフラットにして，長期金利を低下させる。1つは，日本銀行が長期にわたってコールレートを低く抑えることを約束することによって，金利の期間構造の純粋期待理論にあるとおり，利回り曲線がフラットになる効果である。もう1つは，多くの資金を銀行部門に供給すると約束していることになるので流動性プレミアムが低下して，利回り曲線がフラットになる効果である（第5章2.3項を参照）。次に銀行のポートフォリオ・リバランス効果とは，利子をほとんど生まずリスクのない準備を銀行が多く保有させられると，やがて収益性のあるリスク資産に資金を移すポートフォリオ調整が行われるという効果である。これらの効果が働いて量的緩和が有効であるかどうかについては，意見が分かれている。

4.2　金融政策の新しい試みと課題

　量的緩和以外にも，日本銀行はさまざまな金融政策手法を試みている。たとえば，規模は大きくないが**信用緩和**を実施してきた。第1.2項で説明したように，日本銀行は安全な資産の買い入れ，安全な政府と金融機関への信用供与に限るのが原則である。一方，信用緩和では社債・株式などのリスク資産の買い

220 第Ⅲ部 金融政策と金融システムの安定

Column 11-1 マイナス金利政策

　準備には金利が付かなかったが，補完当座預金制度が 2008 年に導入され，所要準備の金利は 0% のまま超過準備にのみ 0.1% の金利が付くことになった。この制度は 2016 年に改正され，同年 2 月から下図のように 3 つに分類して付利されている。基礎残高は 2015 年までに積み上げてきた超過準備であり，これまでどおり 0.1% の金利が付く。マクロ加算残高はマクロ加算額と呼ばれるものと所要準備などの合計で金利は 0% である。これを超える準備（日本銀行当座預金）が政策金利残高と呼ばれて，−0.1% の金利が課せられる。

　マクロ加算額は日本銀行が 3 カ月ごとに決める額で，2016 年はマクロ加算残高が年間で 80 兆円弱となるペースで増額されてきた。日本銀行は年間 80 兆円のマネタリーベース増加を目指しており，そのほとんどは日本銀行当座預金の増加になる見込みである。したがって，年間合計で 80 兆円ほどのマクロ加算残高増加がないと，金融機関は大量の政策金利残高を抱えてしまう。これは，金融機関の収益悪化で金融部門の不安定化につながる可能性があり，またその回避策として金融機関が日本銀行の国債などのオペに応じず，量的緩和を続けられない可能性もある。

　マイナス金利政策は，量的緩和と異なり，銀行の金利裁定行動によってほか

図　日本銀行当座預金の金利

（出所）「『マイナス金利付き量的・質的金融緩和』の導入」の参考として日本銀行が発表した「本日の決定のポイント」（2016 年 1 月 29 日）掲載の図に筆者加筆。

> の金利を低下させる。事実，多くの金利は低下して，一部の金利はマイナスに
> なっている。金利の低下により，伝統的な金融政策と同じような効果が発揮さ
> れる可能性はある。しかし，現金にマイナス金利を課すことができない以上，
> 金利体系が歪み，金融市場の機能が損なわれるリスクもあろう。

入れ，すなわち一般企業への信用供与を行う。また，2013年4月からの**量的・**
質的金融緩和（異次元緩和）では，量的緩和と信用緩和を強力に推し進めること
に加え，**インフレ期待**に働きかけて期待実質金利を下げて投資を促進しようと
いう試みをしている。さらに，2016年2月からは準備の一部に**マイナス金利**を
課す政策（Column 11-1を参照），16年9月からは**イールドカーブ・コントロール**
（Column 5-1を参照）を始めた。

　金融政策の目標である物価の安定について，インフレ率の目標数値を設定・
公表して政策運営を行うことを，**インフレ・ターゲティング**と呼ぶ。高インフ
レの場合に用いるのが一般的であるが，デフレからの脱却を掲げた日本銀行は，
2013年1月より2%という目標を公表し，4月からはその達成時期も明示する
ようになった。

　中央銀行が金融政策の将来の方向性について説明したり約束したりして，主
に市場関係者の期待に働きかけて政策効果の浸透を促すことは**フォワードガイ**
ダンスと呼ばれる。日本に限らず各国でその重要性が認識され，中央銀行が政
策について声明や記者会見などを通して説明する「市場との対話」により注力
するようになってきている。

　非伝統的金融政策は，どのように終了するかという**出口戦略**も議論の対象と
なっている。景気が回復したとき，大量に供給した資金を早く回収しないとイ
ンフレが加速するかもしれない。それを防ぐために国債の売りオペをしようと
すると，日本銀行が大きな損失を被る恐れがある。なぜなら，景気が回復すれ
ば金利が上昇し，国債価格が下落するからである。損失は日本銀行のバランス
シートを毀損し，**日本銀行の信認**を傷つける可能性を否定できない（Column
11-2を参照）。

　日本でのデフレと金融政策の経験は，**日本銀行の独立性**の問題も提起してい

Column 11-2　中央銀行の破綻

　中央銀行は破綻しないかといえば，実は世界には破綻した例がいくつもある。たとえば，ベネズエラ，ジャマイカ，コスタリカ，エクアドルなどの中央銀行は，大きな損失を被って債務超過となり，深刻な状況に陥った。

　中央銀行が破綻するとは，どういうことであろうか。民間の銀行や企業であれば，支払うべきものを支払えなくなると破綻するが，中央銀行は自ら現金を創り出せるので，支払う現金がなくなることはありえない。しかし，紙幣を刷って支払い続けるということはマネタリーベースを供給し続けることであり，金融緩和を続けることである。中央銀行が大きな損失を被ってバランスシートが毀損すると，資金供給に歯止めがかからなくなり，ハイパーインフレを招いてしまう。上記の国々も，このような問題を抱えた。

　貨幣は，中央銀行の信認があるからこそ流通している。中央銀行が財務健全性を保ち，将来にわたって適切に金融政策を運営でき，ハイパーインフレのような貨幣価値の急落を招くことはないという信認を保つことは，貨幣経済にとってきわめて重要である。

る。金融政策は政府から独立して運営されるべきとの考えが世界の趨勢となり，日本も1998年の日本銀行法で独立性がかなり高まった。しかし，長期的な景気低迷の中で，金融政策は政府が行う財政政策などと協調して行われるべきとの意見も強くなってきている。

　非伝統的金融政策は，景気安定化に対してどれ程有効であるかは議論が分かれるが，狭義の金融政策の範疇を超えた効果があったと評価されている。たとえば，1990年代末以降に銀行部門が弱っていたときの非伝統的金融政策は，銀行部門に潤沢に資金を供給したために金融システム安定化に寄与したと評価されている。金融システム安定化のための政策はプルーデンス政策（第12章を参照）と呼ばれ，個々の金融機関に働きかけるものが中心であるのに対して，マクロ的な非伝統的金融政策のこのような金融システム安定化効果から，**マクロ・プルーデンス政策**が注目されるようになった。

第11章　日本銀行と金融政策　223

本章のまとめ
- 日本銀行の目的は景気の安定化と金融システムの安定化であり，そのために発券銀行，銀行の銀行，政府の銀行という3つの働きをしている。
- 景気安定化を目的とした金融政策の手段は主にオペレーションである。この手段を講じると準備供給量が変動し，準備需給が均衡するようにコールレートが変化する。
- 準備とコールレートへの政策効果が経済全体に波及していく経路には，金利が投資に与える効果，金利が消費に与える効果，銀行貸出を通じた効果，資産価格変化を通じた効果，外国為替レートを通じた効果などが発揮されるさまざまな経路がある。
- 近年は，長期的な景気低迷の中でゼロ金利制約のために非伝統的金融政策として，量的緩和，信用緩和，マイナス金利の導入などが実施されているが，これらの有効性については議論がある。

用語解説
総裁，副総裁，審議委員：政策委員会を構成するこれら9人は，国会両議院の同意を得て内閣が任命する。9人のうち日本銀行出身者は1，2名で，多くは財界，官界，学界から登用される。任期は5年であるが，全員が同時に就任するわけではなく在任期間はずれている。

総需要：国内の財・サービスに対する需要の総額のことで，消費，投資，政府支出，純輸出（貿易収支）を合計したものである。総需要の増加は，国内企業の生産拡大を促し景気を改善させる。

非伝統的金融政策：伝統的な金融政策とは異なる金融政策を指す。日本で行われているものは，量的緩和，信用緩和，マイナス金利政策（Column 11-1を参照），固定金利で行う共通担保資金供給オペ，イールドカーブ・コントロール（Column 5-1を参照）のために行う国債指し値オペ，日本経済の成長基盤強化と貸出増加のための日銀貸出（固定金利），被災地金融機関支援のためのオペ（固定金利）などである。また，リーマンショック以降に導入された外貨の資金供給オペも非伝統的といえよう。

練習問題
1. 金融政策は，財政政策と比べてどのような特徴があるかを述べなさい。
2. 買いオペを行うと，なぜ準備が増えてコールレートが下がるのかを説明しなさい。
3. 金融緩和によって資産価格が上がると，どのような効果があるかを論じなさい。

参考文献

酒井良清・榊原健一・鹿野義昭（2011）『金融政策（第3版)』有斐閣。

白川方明（2008）『現代の金融政策――理論と実際』日本経済新聞出版社。

日本銀行金融研究所編（2011）『日本銀行の機能と業務』有斐閣（日本銀行金融研究所ホームページに全文掲載 http://www.imes.boj.or.jp/japanese/fpf.html)。

日本経済研究センター編（2016）『激論 マイナス金利政策』日本経済新聞出版社。

古川顕（2014）『テキストブック 現代の金融（第3版)』東洋経済新報社，第8章。

日本銀行ホームページ（http://www.boj.or.jp)。

第Ⅲ部　金融政策と金融システムの安定

第**12**章

金融危機とプルーデンス政策

INTRODUCTION

　2000年代後半のリーマンショックを契機として発生した世界的な金融危機は，グローバル化している金融取引や金融機関のリスク管理の問題について改めて浮き彫りにした。そして，金融システムの安定を実現するためには，これまでの個別金融機関の問題を重視するミクロ・プルーデンスの視点だけではなく，グローバルレベルのマクロ・プルーデンスの視点に基づく政策の確立が重要であることを明らかにした。この章では，金融危機の背景について整理した後，伝統的なプルーデンス政策の手段について説明し，金融危機を経て，プルーデンス政策がどのように変化しつつあるのか，その概要を述べる。

KEYWORDS

プルーデンス政策，システミックリスク，自己資本比率規制（バーゼルⅢ），預金保険制度，最後の貸し手機能

226   第Ⅲ部　金融政策と金融システムの安定

1　金融危機の背景

1.1　マクロ経済の環境

　2007 年 8 月に表面化した**サブプライムローン**▶用語問題は，アメリカの大手金融機関の経営悪化や信用不安を招き，金融システムは大混乱に陥った。財務内容の悪化などにより貸出能力が極端に低下した金融機関が貸出を抑制したことで，金融市場に資金が十分に供給されなくなり，信用収縮が発生した。金融機関への取り付け騒ぎや株価の下落，失業率の上昇へと影響が連鎖的に拡大し，金融システムの機能不全が原因で経済不況が生じる**金融危機**が到来した。

　しかし，金融危機をもたらした背景には，その当時のアメリカの特異なマクロ経済の環境があった。2000 年代前半のアメリカは景気回復基調にあったものの，経常収支の赤字が拡大し続けていた。ピーク時の 2006 年の経常収支は8067 億ドルの赤字であり，01 年の水準から 2 倍以上に拡大していただけでなく，対 GDP 比でも 5.8% に達していた。つまり，家計の過剰な消費を外国からの資金でファイナンスする状態にあった。この旺盛な消費は，不動産価格の高騰にも支えられ，バブルを膨らませることにつながった。さらに，2000 年代初めの IT バブルの崩壊後，当時のグリーンスパン（A. Greenspan）連邦準備制度理事会（FRB）議長による緩和的な金融政策スタンスが長期にわたって続けられてきたことで，カネ余りともいうべき**過剰流動性**がアメリカ国内で生じていた。

　EU 諸国においても，国際的な資金の流れに支えられて金融部門が肥大化していった点は同じであった。他方，危機を拡大させたヨーロッパ独自の要因として，ギリシャをはじめとする国々の政府債務の問題を指摘することができる。これらの国々では，ユーロの高い信用力に支えられて低い金利で国債を発行できるメリットを享受する一方で，財政上の構造問題を放置し続けてきた。しかし，2009 年 10 月にギリシャで政権交代が行われ，財政赤字がそれまで公表されていた数字よりも大幅に膨らむことが明らかとなった。結果，格付の引き下げを経てギリシャ国債が暴落し，財政の健全性への懸念が飛び火した南欧諸国の国債も下落したことで，これらの国債を多く保有していたヨーロッパの銀行の財務内容が急激に悪化した。こうして，ユーロ圏における金融不安の拡大は，

ユーロの通貨価値の下落だけでなく，世界同時株安をもたらし，世界経済全体を巻き込んだ金融危機へと拡大していった。

低金利の環境が不動産や株に代表される資産価格の高騰に結びついた点は，1980年代後半における日本の**バブル経済**▶用語発生の構図と何ら変わりはない。ただ，日本のバブル経済は日本だけの局所的な現象であったのに対し，2000年代半ばの欧米の状況は，世界的な経常収支の不均衡（グローバル・インバランス）に基づいてバブルが拡大したため，その崩壊による影響はきわめて大きいものとなった。とくに，危機発生国であるアメリカやEU諸国における個人消費や設備投資の減退に伴う消費財の輸入の大幅な減少は，貿易の縮小を通じて各国の実体経済に深刻なダメージを与えた。

また，金融機関の経営の国際化や金融商品の証券化技術の高度化など，金融市場を取り巻く環境も1980年代後半とは大きく相違している。このことが，金融市場の連鎖的な暴落を誘発し，結果的に世界規模での影響を拡大させていった。図12-1は，**リーマンショック**▶用語前後における主要各国の株式市場の変化をまとめたものであるが，2008年の9月から10月にかけて，いずれの市場

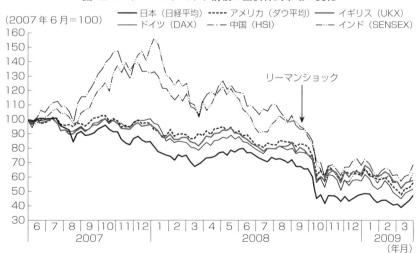

図12-1　リーマンショック前後の主要株式市場の変化

(注)　株価は週次のデータを採用している。
(出所)　中小企業庁『中小企業白書（2009年版）』（原資料：ブルームバーグより作成）。

も大きく値を下げていることがみてとれる。

1.2 金融機関のリスク管理

　アメリカの金融システムが混乱した直接的な要因には，金融機関が新しい商品や金融の技術革新に十分に対応できておらず，リスク管理が不十分であったことがあげられる。とくに，複雑で難解な構造をもち，かつ市場の流動性が低い証券化商品についてのリスクの認識が十分ではなかったことが指摘されている。サブプライムローン問題で明らかにされたように，格付機関の格付や**クレジット・デフォルト・スワップ**（CDS）▶用語によるリスクヘッジ機能に過度に依存し，各々のリスク評価に基づいた投資判断ができていない金融機関が少なくなかった。なお，格付の詳細については第8章3節を参照されたい。

　また，金融機関，とくにアメリカの**投資銀行**が過剰なリスクテイクに傾斜した背景として，1980年代後半以降の急速な規制緩和や金融自由化の進展を指摘することができる。投資銀行とは，株式市場において取引を行う免許を有するアメリカの金融機関であり，大恐慌の反省から1933年に成立した**グラス＝スティーガル法**により，1つの法人が商業銀行と投資銀行を兼業することは完全に禁止されてきた。しかし，1999年の**グラム＝リーチ＝ブライリー法**（GLB法）の成立による銀証分離規制の事実上の撤廃は，商業銀行などの証券関連業務への積極的な進出を促すことになり，投資銀行の競争環境は激しさを増すことになった。国境を越えた合併や買収を経て商業銀行と投資銀行とを兼務するグローバル・ユニバーサルバンクも誕生し，国際的な競争にもさらされていった。その結果，既存の投資銀行は，プライマリー業務と呼ばれる，企業の資金調達の支援に関わる発行市場における伝統的な業務やM&Aの仲介業務などからの手数料収入を基盤とする経営から，融資業務や証券売買業務，**トレーディング**といった，投資銀行自身がリスクをとって収益を追求する経営へと転換を余儀なくされた。

　さらに，リスクを積極的にとる経営を後押ししたのが，インセンティブに基づく報酬体系である。これらの業績連動型の報酬の対象は，金融機関の経営者層だけでなく，部門の責任者やトレーダーなどのさまざまな職種に及んでいた。しかも，成功すれば巨額の報酬を得られるのは当然として，たとえ失敗しても

その人に損失を賠償する責任はなく，せいぜい会社を退職すればすむという歪んだインセンティブ構造を抱えていた。そのため，巨額の報酬を目当てに短期的な収益を追求するあまり，過度なリスクテイクを行ったことで，結果的に財務体質が弱体化した金融機関が少なくなかったものと考えられる。

2 プルーデンス政策の手段

プルーデンス政策とは，信用秩序の維持を目的として，金融機関を規制する政策の総称である。信用秩序の維持とは，決済システムが円滑に機能している状態が持続していることを意味する。銀行が経営危機になって信用秩序が揺らぐと，経済全体に甚大な影響を及ぼすことになる。プルーデンス政策の対象には生命保険などの銀行以外の金融機関も含まれるが，日本では，銀行を中心とする相対型の間接金融システムが資金仲介の大部分を占めていたことから，プルーデンス政策は主に銀行を対象として実施されてきた経緯がある。

　銀行を対象としてきた背景には，預金者の存在がある。その多くは零細な小口預金者であり，銀行を適切に監視する能力には限界がある。したがって，銀行の経営に関するよくない風評が発生し，ほかの預金者が銀行の窓口に殺到して預金を引き出すと，たとえ当人が問題はないと判断していても，自らも早いうちに預金を解約するという行動が合理的になってしまう。このような預金取り付けがほかの銀行まで連鎖的に波及すると，決済機能全体が麻痺してしまう可能性（**システミックリスク**）が大きくなる。事実，日本のバブル経済の崩壊直後や金融危機下のヨーロッパでは，たとえ短期的であったにせよ，よく似た状況が発生した。

　以下では，当局によるプルーデンス政策を，信用秩序の混乱が起こらないように事前に措置をしておくもの（事前的措置）と，信用秩序を脅かすような事態が生じた場合に混乱を最小限にするもの（事後的措置）の2つに大別し，それぞれの代表的な政策手段の概要について説明する。そして，次節において，これらが世界的な金融危機によってどのように変わりつつあるのかを述べる。

2.1 事前的措置と事後的措置

第2章でも述べたように，日本の戦後の金融制度では，業務分野規制や金利規制，内外市場の分断規制などのさまざまな競争制限的な規制が課せられていた。これらの規制は，弱小金融機関に足並みをそろえ，過度の競争を避けて金融業界全体の存続と利益を実質的に保証してきたという意味で**護送船団方式**と呼ばれている。日本ではバブル経済の崩壊後まで銀行の倒産は皆無であり，信用秩序の混乱を事前に防止する一定の効果があったと評価できる。しかし，金融の自由化や国際化の進展により，現在ではその有効性は低下している。近年，競争制限的な規制に代わって重視されているのが，代表的な事前的措置である，**自己資本比率規制**や金融当局による検査・監督である。

自己資本比率規制とは，銀行がもつリスク資産に対して，一定以上の自己資本の保有を義務づけるものである。1988年にスイスのバーゼルにある国際決済銀行（BIS）において統一した基準を設けることが合意されたため，BIS規制とも呼ばれている。自己資本比率規制には，国際業務を行う銀行向けの規制と国内業務のみを行う銀行に対する規制の2種類があるが，BISで合意されたのは前者であり，リスク資産に対して8％以上の自己資本を保有することが義務づけられた（国内業務のみを行う銀行に対しては日本の独自の基準として4％以上）。

ただ，1992年12月から適用された導入当初のBIS規制（バーゼルⅠ）では，信用リスクの大きさだけを問題にしており，その取り扱いも画一的であるなど，さまざまな問題が指摘された。そこで，資産の大まかな種類ごとに信用リスクを分類して必要な自己資本を求めることや，市場リスクへの対応として金利や価格変動等による損失に備えて自己資本を積むことを考慮に入れた，新しいBIS規制が1997年12月から適用された（日本では98年3月末から適用）。しかし，国際社会における金融システムの複雑化の進展は著しく，事務ミスや不正行為等によって損失が発生するオペレーショナル・リスクも考慮に入れたBIS規制（バーゼルⅡ）が2006年12月から適用されることになった。このバーゼルⅡでは，信用リスクの計測方法として，従来の標準的手法と，銀行内部のリスク管理手法の要素を取り入れた内部格付手法とを銀行が選択できるようにした点が特徴である。また，高度な手法を採用するほど所要自己資本額が低くなるという，リスク管理を高度化していくインセンティブを個々の銀行に付与した。

第12章 金融危機とプルーデンス政策 231

　なお，自己資本比率規制の実効性を確保するため，各国において，金融当局による検査・監督がプルーデンス政策の重要な手段として用いられている。日本でも，バブル経済崩壊後の不良債権問題を契機として，銀行監督体制の強化が実施されている。具体的には，1998年4月に導入された**早期是正措置**では，個々の自己資本比率の水準に応じて，金融当局が銀行に対して経営改善計画の提出を求めたり，業務制限の命令を出したりすることができる。自己資本比率が低い銀行ほど厳しい措置がとられることになり，自己資本比率が0%以下の場合には業務の全部または一部の停止命令を行う。1999年5月にはじめて発動されて以降，財務の健全性に問題のある第二地方銀行への適用が相次ぎ，再編や淘汰を促す契機となった。早期是正措置の導入は，従来の監督行政が過度に当局の裁量に委ねられ，結果として不良債権問題への対応が遅れてしまったことへの反省に基づくものであり，事前指導型の監督行政から事後チェック重視型の監督行政への転換を象徴しているといわれている。

　ただ，万が一，銀行が破綻してしまった場合，システミックリスクを回避することが必要になる。このような事後的措置の代表的な手段が，**預金保険制度**である。先に述べたように，たとえ健全な銀行であっても，何らかの外的なショックや噂を契機として，預金者がいっせいに預金の引出に走るという可能性がある。預金保険制度とは，銀行が経営破綻した場合に預金保険機構が預金の払い戻しを一定の範囲内で補償するという制度であり，預金者のパニック的な取り付けを防止する効果が期待されている。預金保険機構が預金者に直接保険金を支払う方式は，**ペイオフ**と一般的に呼ばれている。日本では，預金保険の対象金融機関は，日本国内に本店のある銀行，信用金庫，信用組合，労働金庫などであり，法律により保険制度への加入が義務づけられている[1]。ただし，これらの金融機関の海外支店や外国銀行の在日支店は預金保険制度の対象外となっている。

　表12-1は，預金保険制度で保護されている預金等の種類や金額の上限等を

　1　農業協同組合などの一部の協同組織金融機関は，独自の農水産業協同組合貯金保険制度に加入しており，預金保険制度とほぼ同様の扱いとなっている。また，保険会社と証券会社については，それぞれ保険契約者保護機構，日本投資者保護基金に加入している。

232　第Ⅲ部　金融政策と金融システムの安定

表 12-1　預金保険制度により保護される預金等の範囲

	預金などの分類		保護の範囲
預金保険の対象	決済用預金	当座預金・利息の付かない普通預金など	全額保護
	一般預金等	利息の付く普通預金・定期預金・定期積金・元本補てん契約のある金銭信託（ビッグなどの貸付信託を含む）・金融債（保護預り専用商品に限る）など	合算して元本 1000 万円までと破綻日までの利息等を保護。1000 万円を超える部分は，破綻金融機関の財産の状況に応じて支払われる
預金保険の対象外	外貨預金，譲渡性預金，金融債（募集債および保護預り契約が終了したもの）など		保護対象外破綻金融機関の財産の状況に応じて支払われる

(出所)　預金保険機構「預金保険制度の解説」。

示したものである。ペイオフは，預金保険法が施行された 1971 年にすでに導入されていたが，金融不安が深まった 1995 年に適用を凍結された経緯がある。2002 年 4 月から段階的に適用が開始され，05 年 4 月に全面解禁されている。現在では，利息の付かない決済性の預金（当座預金や金利をゼロに固定した新型普通預金）を除き，元本 1000 万円とその利子までが補償の対象となり，それ以上の金額の預金に関しては，破綻金融機関の資産に応じて弁済されることになっている。また，保護される預金等の限度額は，1 金融機関ごとに預金者 1 人当たり元本 1000 万円までと破綻日までの利息等の合計額であり，同一の預金者が同一金融機関内に複数の預金口座を有している場合は，「名寄せ」という作業によって預金等の総額が集約される。

　預金を補償する方法としては，ペイオフのほかに，破綻金融機関と合併などを行う金融機関に対して資金援助を行う方式（資金援助方式）がある。ペイオフが全面解禁される以前は，破綻金融機関がそれまで果たしてきた機能をできるだけ維持するという観点から，貸付や金銭贈与による資金援助方式が選択されてきた。しかし，バブル経済崩壊後の度重なる金融機関の経営破綻で預金保険機構の財源が悪化し，ペイオフの導入に踏み切らざるをえない状況となった[2]。2010 年 9 月に破綻した日本振興銀行の事例では，はじめてペイオフによる処理が行われ，預金者に対して元本 1000 万円とその利子を超える部分の一部がカットされた。

　預金保険制度には，預金者のパニックを鎮めて銀行の連鎖的な取り付けを防

第 12 章　金融危機とプルーデンス政策　　233

> ### Column 12-1　戦後初のペイオフの発動
>
> 　2010 年 9 月の日本振興銀行の経営破綻は，預金保険制度が 1971 年に発足して以降，初めてのペイオフ発動事例となった。日本振興銀行は，2004 年 4 月に中小企業専門銀行として発足した，いわゆる新たな形態の銀行の 1 つである。積極的な店舗展開により，ピーク時には，全国すべての都道府県に 1 店舗以上を設置し，105 店舗を擁するまでに経営規模を拡大した。しかし，金融庁検査をめぐる銀行法違反（検査忌避）容疑で経営陣が逮捕されたことで，一部業務の停止命令を受け，経営破綻の直前は経営再建を余儀なくされていた。
>
> 　経営破綻の時点で，預金保険制度が保護する 1000 万円を超える預金を預けていた預金者は 3423 人であり，1000 万円を超えた部分の預金額は合計で 110 億円に達していた（同時点の預金総額は 5820 億円）。大口預金者への弁済は数回に分けて実施され，その累計の弁済率は 61% であった。なお，日本振興銀行の貸付債権の一部は，イオン銀行に譲渡されている。

止するというメリットがある一方，預金者が銀行の経営に無関心となり，銀行の経営者に対する事前の規律づけが困難になるというデメリットが存在する。たとえば，経営内容が苦しくて資金調達を急ぐ銀行は，通常よりも高い金利を提示してでも預金を集めようとするが，預金保険制度により元利金の全額が補償されている場合には，預金者は喜んで預金をすることになるであろう。また，預金保険料も，現状では銀行の経営状態に関係なく一律に決められているため，銀行経営者にとっては，過剰にリスクの高い行動をとるインセンティブが生じる。このような，預金者，銀行経営者双方のモラルハザード的な問題への対処としては，アメリカで導入されているような，預金保険料を銀行の経営状態に応じて変化させる「可変的預金保険料率制度」の導入が考えられる。

2.2　中央銀行の最後の貸し手機能

　広義の事後的措置には，中央銀行による**最後の貸し手機能**（Lender of Last

2　バブル経済の崩壊後における 180 の破綻金融機関に対する資金援助の中身については，預金保険機構（2005）『預金保険研究』2005 年 9 月号，において，要因を含めた詳細な分析がまとめられている。

Resort: LLR）も含められる。最後の貸し手機能とは，一時的な流動性不足から経営危機に直面している銀行に対して，信用秩序の維持を目的に，中央銀行が貸出をして救済することである。日本銀行の場合，政府（内閣総理大臣および財務大臣）からの要請を受けて，政策委員会が金融システムの安定のためとくに必要があると判断するときには，自らの判断で，日本銀行法第38条に基づいて，当該金融機関への無担保無制限の特別融資が行われる。通常，**日銀特融**と呼ばれている。

日銀特融は，あくまでも緊急避難的な措置であり，返済が前提となるなど，その実施に当たっては，慎重な運用が求められている。日本銀行では，①システミックリスクが顕現化する恐れがあること，②日本銀行の資金供与が必要不可欠であること，③モラルハザード防止の観点から，関係者の責任の明確化が図られるなど適切な対応が講じられること，④日本銀行自身の財務の健全性維持に配慮すること，という4つの原則に基づいて，その可否を判断している。

日銀特融の戦後初の事例は，1965年の山一證券，大井証券への市中銀行を通じた融資である。当時の証券不況により，投資信託の解約や預かり資産の引出が殺到したため，このまま放置すれば金融不安につながる危険性があるとの判断で実施された。また，バブル経済崩壊後の1995年には，経営破綻した信用組合の業務の受け皿として設立された破綻処理機関への出資や，同年に破綻した兵庫銀行，木津信用組合への融資が行われた。とくに，1件当たりの融資額が突出して大きかったのが，1997年の山一證券，北海道拓殖銀行の経営破綻の事例である。ピーク時の残高は，前者については約1兆2000億円，後者については約2兆6000億円であった。その後も，複数の第二地方銀行の破綻処理に際してつなぎ融資（預金保険機構からの資金援助や営業譲渡されるまでの一定期間の営業の継続に際して必要な資金の供給）等が実施されてきたが，1997年の山一證券への日銀特融に関しては，最終的に1111億円もの回収不能額が確定した。その結果，日本銀行が毎年度支払っている国庫納付金の減額という形で国民負担が生じることとなった。ペイオフが全面解禁された背景には，預金保険機構の財源が悪化したことに加え，日銀特融の乱発による日本銀行の財務の健全性の低下も無視できない[3]。

2.3 公的資金の注入

必ずしも経営危機が表面化してから実施されるわけではないため，事後的措置に含めるのは適切ではないものの，銀行の金融機能を強化させることを目的に，公的資金を用いた資本注入が各国で実施されている。

日本の公的資金の注入の枠組みは，1998年2月に制定された金融危機安定化法が最初であり，総額1兆8156億円の公的資金が大手の21行に対して投入された。しかし，このときの注入規模は小さく，公的資金の投入を受けた日本長期信用銀行の経営不安が表面化するなど，直後に金融不安が拡大したため，1998年10月には，金融機能早期健全化法と金融再生法がそれぞれ制定された。そして，前者の法律に基づき，大手銀行を中心に総額8.6兆円の資本注入が行われた。また，後者の法律に基づき，破綻処理の財源として総額70兆円の公的資金が用意された。ただし，この2つの法律はいずれも時限立法であり，現在は制度として存在していない[4]。

その後，地域金融機関に対して予防的な資本注入を行うことを目的とした金融機能強化法が2004年8月に制定された。2008年3月末までの時限立法として，2兆円の政府保証枠が設定されたが，経営強化計画が達成できない場合には経営責任を厳しく問うという規定を敬遠したためか，適用は2件，総額405億円にとどまった。しかし，リーマンショックによる株価低迷で，自己資本比率が低下した地域金融機関の融資姿勢が悪化することが予想されたことから，2008年12月に再び時限立法として復活，改正することになった。政府保証枠が12兆円に拡大されたことに加え，東日本大震災の被災地の金融機関が公的資金を導入しやすくする特例が設けられたこともあり，適用は11件，総額3090億円に達している。

このような政府の取り組みは，金融危機の拡大を抑制する効果をもつと考えられる一方，公的資金による資本増強等を通じて銀行の存続が最初から予想さ

---

3 日銀特融と預金保険制度との関係については，伊豆久（2013）「金融機関の破綻処理と日本銀行」『証券経済研究』第84号，83〜102頁を参照されたい。

4 金融機能安定化法や金融機能早期健全化法による1998年から2003年にかけての公的資金の注入は，メガバンクを含む35機関の総額で12兆3869億円にのぼるが，その大部分がすでに返済されている。

れる場合には，銀行経営者や既存の株主，さらには預金者のモラルハザードを助長する恐れがある。とりわけ，銀行の規模が大きい場合，ペイオフ等を実施して銀行を解体処理することは，金融不安や社会的なコストを高める可能性があることから，結果的に「大きい銀行ほどつぶせない（いわゆる **too-big-to-fail**）」ということになりかねない。また，銀行経営者の責任を曖昧にしたまま公的資金を使うことは，国民の強い反発を招くことにつながる。事実，リーマンショック後の金融不安の拡大で，大手金融機関への資本注入を決断した欧米各国では，銀行経営者の高い報酬に対する反感も重なり，大規模な抗議活動が続発した。システミックリスクを防止するという大義名分があるものの，公的資金を用いた介入のあり方については，信用秩序の維持と規律づけとのバランスをいかに確保するかということが重要な課題となる。

3　プルーデンス政策の将来像

　従来のプルーデンス政策は，ミクロの視点から個別金融機関の問題を重視し，その経営危機が金融システム全体に拡大するのを防止することに重点が置かれていた。しかし，世界的な金融危機を経て，金融システム全体のリスクの状況を分析・評価し，それに基づいて制度設計や政策対応を図るマクロ・プルーデンス政策の構築の必要性が世界規模で叫ばれている。第11章でも述べられていたように，マクロ的な非伝統的金融政策は世界的な金融危機の発生以前の金融システム安定化に寄与したことが評価されており，前例や経験では対処できない，現在の金融システムの課題解決にも寄与することが期待されている。

　世界的な金融危機後の新たな取り組みを象徴するのが，2013年から段階的に導入されることが決定した新しいBIS規制（バーゼルⅢ）である。図12-2は，バーゼルⅢにおける自己資本の強化の概要をまとめたものである。バーゼルⅢの特色は，金融機関の自己資本の定義を厳格化し，その水準そのものを引き上げている点にある。具体的には，中核的な自己資本であるTier1を，「普通株式等Tier1」と「その他Tier1」とに区分し，それぞれの必要最低水準を設けている。さらに，緊急時に取り崩し可能なクッションの役割を果たす資本保全バッファーを，「普通株式等Tier1」の必要最低水準である4.5%を超えて，段

図 12-2 バーゼルⅢにおける自己資本の強化の概要

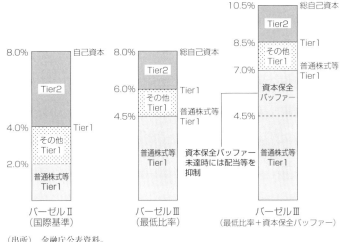

(出所) 金融庁公表資料。

階的に充当していくことを課している。結果，バーゼルⅡでは8%であった自己資本比率の最低水準は，バーゼルⅢでは最終的に10.5%にアップすることになる。

なお，国際的に統一した基準を課せられるのは国際業務を行う銀行だけという点はバーゼルⅡと同じであるが，バーゼルⅢでは，国際的な巨大銀行をG-SIFIs（Global Systemically Important Financial Institutions）としてほかの金融機関と区別し，より厳格な規制を適用している[5]。これらのG-SIFIsに対しては，サーチャージとして，さらに1.0%から2.5%を上乗せした自己資本の積み上げを求めている。

そのほか，自己資本比率の計算に際して，証券化商品やデリバティブ取引の相手方のリスク評価をより厳格化し，金融機関が負うリスクの捕捉を強化している点もバーゼルⅢの特色の1つである。これは，金融危機の際，取引相手の信用力が低下して当該取引の価値が下がり，結果的にシステミックリスクが拡大したことへの対処を目的としている。さらに，バーゼルⅢでは，流動性不足

---

5 G-SIFIsに指定される金融機関は毎年11月に見直しが行われる。G-SIFIsの選定は2011年から始まったが，日本の3大メガバンクは当初からすべて含まれている。

238 第Ⅲ部 金融政策と金融システムの安定

> **Column 12-2 世界的な金融危機を題材とした映画作品**
>
> 　金融危機が世界中に与えた影響はきわめて大きく，映画の題材としても取り上げられている。2015年にアメリカで公開された「マネー・ショート――華麗なる大逆転」（原題は「The Big Short」）は，リーマンショックの際に住宅バブルが崩壊することに賭けて巨額の利益を叩き出したトレーダー達の姿を描いたノンフィックションである。サブプライム関連証券の市場が崩壊する過程がトレーダーの視点からうまく表現されており，バブルとは何かを改めて考えさせられる。原作は，マイケル・ルイス著の『世紀の空売り――世界経済の破綻に賭けた男たち』（文春文庫）であり，同人のほかの作品としては，欧州危機の実相を描いた『ブーメラン――欧州から恐慌が返ってくる』（文春文庫）などがある。
>
> 　そのほか，2009年にアメリカで公開されたマイケル・ムーア監督のドキュメンタリー映画「キャピタリズム――マネーは踊る」では，金融危機の発生後の公的資金による金融機関への資本注入をめぐる混乱やウォール街とアメリカの一般社会との乖離を批判的に取り上げている。また，2010年にアメリカで公開されたチャールズ・ファーガソン監督の「インサイド・ジョブ――世界不況の知られざる真実」もドキュメンタリー映画であり，金融危機が生じた背景について金融機関や規制当局の側から迫った，より硬派な内容となっている。

への対処として，流動性カバレッジ比率（Liquidity Coverage Ratio: LCR），安定調達比率という2つの定量的な規制を新たに導入している。LCRとは，資金流出量に対する高流動性資産の比率のことであり，突発的に資金流出の超過が発生した場合であっても，現金化できる流動性の高い資産を常に手元に一定水準以上もつことを金融機関に課している。安定調達比率とは，資産の内容から安定的に資金調達が必要な金額と，実際に利用可能な負債と資本によって資金調達がなされている金額との比率である。流動性が低く，売却が困難な資産を保有する場合には，安定調達比率により中長期的に安定的な資金調達を行うことを金融機関に課している。

　このようなバーゼルⅢの履行を補足するように，アメリカではシステミックリスクへの対処を目的とする新しい規制機関の設立や，大規模な金融持株会社に対してより厳しいプルーデンス規制を課す**ドット＝フランク法**が2010年7月

に施行されている。また，商業銀行に対するヘッジファンド等への出資の禁止や，自己資金による高リスク商品への投資などを制限する，**ボルカー・ルール**と呼ばれる銀行規制案も紆余曲折を経て2015年7月から施行されている。EU諸国では，とくにユーロ圏の銀行を対象に，監督や預金保険制度を含めた救済，破綻処理などに関して，それまで加盟国それぞれの政府や中央銀行が別々に担ってきた機能を一元化する銀行同盟と呼ばれる構想が進展している。また，EU諸国の特色として，**ストレステスト**と呼ばれる，マーケットで不測の事態が生じた場合に生じる各金融機関の最大損失額をシュミレーションするリスク管理手法を規制当局が重視している点を指摘できる。

他方，厳しいマクロ・プルーデンス政策の徹底は，金融機関相互の自由な競争を阻害し，金融仲介機能を世界規模で弱体化させる懸念がある。また，各国の景況も相違しており，金融産業を過度に拘束する規制の徹底は，金融の保護主義が台頭するリスクをかえって高めることにもなりかねない。金融危機の反省を踏まえてマクロ・プルーデンス政策の構築を図ることの意義はとても大きいが，その実効性を確保するためにも，規制の見直しについて柔軟性をもつことも重要であろう。

本章のまとめ

- 2000年代後半に発生した世界的な金融危機は，金融取引のグローバル化の進展が，国境を越えて金融システムを不安定化させるリスクを高めていることを明らかにした。
- 従来，金融システムの安定を図ることを目的としたプルーデンス政策は，個別金融機関の問題を重視するミクロ的な対応が中心であった。
- 預金保険制度や中央銀行の最後の貸し手機能，公的資金の資本注入は，個別金融機関の経営危機が金融システム全体に拡大するのを防止することに重点が置かれている。
- 金融危機を経た現在では，金融システム全体のリスクの状況を分析・評価し，それに基づいて制度設計や政策対応を図るマクロ・プルーデンス政策の重要性が強く認識されるようになっており，バーゼルⅢにも反映されている。

用語解説

サブプライムローン：主にアメリカで貸し付けられるローンのうち，優良客（プライム層）よりも下位の層に位置づけられる顧客向けのローン商品。サブプライムローンは証券化され，アメリカの住宅価格の上昇を裏付けとする高い格付にも支えられ，世界中に販売されていた。しかし，2007年の半ばから住宅価格が下落したことでサブプライムローンが不良債権化し，市場ではサブプライム関連の金融商品の投げ売りが相次いだ。この波紋が大手金融機関の経営破綻や金融市場の暴落を誘発し，その後の世界的な金融危機の原因となった。

バブル経済：株価や土地などの資産価格が，経済の基礎的条件（ファンダメンタルズ）からみて適正な水準から大幅にかけ離れて上昇する経済状況のこと。資産価格の高騰が投機を誘引する間，バブル経済は持続するが，金融引き締めなどを契機に価格が下落し始めると，膨らみきった泡（バブル）が破裂するように急落する。日本では1980年代後半から90年代初頭までの好況期が代表的であるが，17世紀におけるオランダのチューリップ・バブルなど，歴史的には世界各国で発生している。

リーマンショック：アメリカの大手投資銀行の1つであったリーマン・ブラザーズが2008年9月に経営破綻し，その後に金融市場が暴落したことの総称。経営破綻の最大の要因は，大量に保有していたサブプライムローンを証券化した金融商品の損失が拡大したことである。リーマン・ブラザーズの破綻後，ほかの大手金融機関にも金融危機が連鎖し，世界中に金融不安が拡大した。

クレジット・デフォルト・スワップ（CDS）：債券や貸付金などの信用リスクに対して，保険の役割を果たすデリバティブ契約のこと。本来はリスクをヘッジすることを目的とした債務保証に似た仕組みであるが，債権者ではない第三者も買い手になれるなど，投機的な性格も併せ持っている。金融危機の際には，取引の不透明さから市場が混乱したため，現在ではその教訓から，取引を清算する際の透明性を高めるなどの環境整備が進んでいる。

練習問題

[1] 日本で実施されてきたプルーデンス政策における事前的措置の具体的な内容を説明しなさい。

[2] 日本の預金保険制度について，その特色と課題を説明しなさい。

[3] 公的資金の注入による金融システムの安定化について，その長所と短所を説明しなさい。

[4] 最新の国際的な自己資本比率規制であるバーゼルⅢの特色を説明しなさい。

参考文献

翁百合（2010）『金融危機とプルーデンス政策──金融システム・企業の再生に向けて』日本経済新聞出版社。

ソーキン，A. R.（2014）『リーマン・ショック・コンフィデンシャル（上）（下）』（加賀山卓朗訳），早川書房（ハヤカワ・ノンフィクション文庫）。

藤田勉（2015）『グローバル金融規制入門──厳格化する世界のルールとその影響』中央経済社。

細野薫（2010）『金融危機のミクロ経済分析』東京大学出版会。

宮内惇至（2015）『金融危機とバーゼル規制の経済学──リスク管理から見る金融システム』勁草書房。

243

練習問題解答例

序　章　金融の仕組みと働き

① 貸し手側では情報生産，借り手側では情報開示で情報の非対称性が軽減できる。詳しい内容は，第1.3項を参照のこと。

② 流動性とは，債権をいかに容易に現金化することができるか，その容易さのことである。普通預金の流動性の方が高い。説明は，第2.2項を参照のこと。

③ 銀行から借り入れている企業の債務不履行リスクを，預金者から銀行に移転している。

④ 直接金融では株式や債券，間接金融では銀行の貸出が本源的証券である。

第1章　資金の流れ

① アメリカでは，家計の負債が大きく，資金の最終的貸し手としての重要性は低いといわれる。FRB（連邦準備制度理事会）のホームページから資金循環統計（Flow of Funds Matrix）を探して確かめよ。

② 本書全体の課題であるから，第2章以下を読み進める前に，今の時点で考えたことをメモしておき，本書読了後，改めて答えよ。

③ それぞれのバランスシートを書き，資産側と負債側のIOUの期間やリスクが違うことを説明すればよい。

第2章　銀　　行

① 戦後の日本の金融制度では，経済復興の実現のため，資金を効率的に配分することを目的に，業務分野規制や金利規制などのさまざまな競争制限的な規制がかけられてきた。成長産業への重点的な資金の配分が実現し，日本の高度成長を支えたことや，金融機関の倒産が起きずに金融システムの安定に寄与したことなどが長所として指摘できる。他方，過度に既存の銀行が保護されたことで高コスト体質が維持され，金融サービスの質的な改善が遅れたことなどが短所として指摘できる。

② 第3節と第4節を参照のこと。

③ 制度的な違いについては第1節を，利益構造の違いについては第3節をそれぞれ参照のこと。

④ たとえば，インターネット専業銀行などが提供するネット決済サービスや電子マネーの普及は，既存の銀行の為替業務の取引件数と手数料収入の減少をもたら

244

している。他方，マイナス面ばかりではなく，既存の銀行にとっても，フィンテックによって新しい金融サービスを創造する可能性が広がっている。

第3章　金融市場

1　国債証券，地方債証券，資産の流動化に関する法律に規定する特定社債券，社債券，株券または新株予約権証券，投資信託及び投資法人に関する法律に規定する投資信託または外国投資信託の受益証券，など。なお，詳しくは金融商品取引法第2条を参照のこと。

2　株式流通市場は，購入後の株式の換金を容易なものとし，新規に発行される株式の販売を円滑にする役割を果たしている。また，多数の投資家による企業価値評価が流通市場における株価という形で集約・発信される情報公示機能は，増資に関わる判断などの際などにも有用である。

3　新規上場銘柄の獲得を目指した市場部門に関しては，1999年に東証マザーズ，2000年に大証ナスダック・ジャパン（02年12月よりヘラクレスに改称）などが創設され，既存のジャスダックを交えた市場間競争が始まった。2000年代半ばまで新規公開は年間100社を超える水準が続いたが，リーマンショック後の2009年に19社にまで落ち込んだ。流通市場に関しては，従来から東証一極集中の状態が継続していた。このような状況の下で，2010年にはジャスダックが大証の傘下に入り，さらに13年には東証と大証の経営統合による日本取引所グループが誕生し，日本における証券取引所の再編は事実上終結した。

第4章　金融の新しい仕組み──証券化とフィンテック

1　証券化の仕組みは複雑で多数の主体が関与するため，情報の非対称性に起因する問題（証券化商品のリスク管理が不正確・困難になるケースなど），エージェンシー問題（各主体が個別利益を追求し，結果的に投資家が不利益を被るケースなど）が生じる恐れがある。そのため，各主体が適切な行動をとるインセンティブの付与や証券化の枠組み全体の慎重な設計が必要である。

2　投資信託は，「小口資金の集約による規模の経済性獲得」「分散投資によるリスク低減」「専門化・分業化を通じた収益性の向上」が特徴の金融商品である。このような特徴から，少額の資金しか保有していない個人投資家等に対して，分散投資によるリスク低減，ファンドマネージャー等の専門家による運用と高い収益性の実現，小口資金では投資が困難な投資対象での資産運用，といった役割を果たしている。

3　利用者保護の仕組みや法律・税制上の取り扱い（ファイナリティ〔決済が最終

練習問題解答例　245

的に完了した状態〕の有無，差し押さえの可否，会計処理，監査基準等）を明確に
する必要がある。また，マネーロンダリングや犯罪資金等に悪用されることを防
ぐ仕組みも重要である。

第5章　金融取引と金利

[1]　1000 円$/(1.08)^5 = 680.58$ 円。

[2]　1000 円$/0.08 = 12500$ 円（永久債の現在価値の公式を使う[1]）。

[3]　近似値としては 8%，厳密には，7.69%（$(1.12/1.04) - 1 = 0.0769$）

[4]　求める値を x とおくと，$\dfrac{x}{0.06}(1 - \dfrac{1}{(1.06)^{30}}) = 1000$ より x $= 72.65$。

[5]　3.06%（残存期間1年），4.08%（残存期間2年），5.4%（残存期間3年）。

第6章　金融取引の特徴と課題

[1]　取引相手を見つける方法として，「市場」と「組織や仲介機関」の利用が考え
られる。前者は，取引を行いたい人（貸し手と借り手）が決められた時間に一カ
所（市場）に集まることによって互いに取引相手を認識して見つけるという方法
であり，後者は，仲介機関（銀行等）が，不特定多数の投資家から資金（預金）
を預かり，多数の借り手に対して貸出等を行うことにより，取引相手のマッチン
グを行っていると考えられる。

[2]　モラルハザードのモデルにおいて，貸出金利（名目貸出金利）が上昇すると，
借り手の選択するプロジェクトのリスクは上昇する傾向がある。

[3]　逆選択のモデルにおいて，貸出供給曲線は，貸出金利がある水準を超えると，
貸出金利に対して右下がりになる可能性がある。

第7章　銀行の働き

[1]　不特定多数の預金者および貸出債務者と同時に取引を行い，銀行側からすると

1　簡単化のために，スポット・レートが期間に関係なく一定（$=r$）であるとする。このとき，
永久債（コンソル債）の現在価値（価格）とクーポン（C）の関係は，無限等比級数の和の
公式より，

$$\sum_i \frac{C}{(1+r)^i} + \cdots\cdots = \frac{C}{r}$$

として示すことができる。
　この式から，債券価格と金利とは反比例の関係にあり，金利の上昇（下落）は債券価格の
下落（上昇）を意味することがわかる。

資産と負債の双方において十分なリスク分散等を行っているため。また，その背後には，規模の経済と範囲の経済が存在する。

2 　貸し手の選別を行うには，審査や監視等の情報生産コストが発生するが，もし，ほかの投資家の情報生産の結果を観察できるならば，個々の投資家には，自ら費用をかけることなく，他社の情報生産の結果（貸出先の選別・運用行動）をまねよう（「ただ乗りしよう」）とする動機が生まれてしまう。仮に，すべての投資家がこのような「ただ乗り」行動に走った場合は，社会的に必要な情報生産がいっさい行われないという問題が生じる。

3 　間接金融の場合，金融仲介機関と最終的借り手との間の金融取引費用は，最終的借り手が最終的貸し手と取引を行う場合に比べて小さくなることが期待できる。また，最終的貸し手と金融仲介機関の間の取引費用に関しても，金融仲介機関の健全性が担保される限りにおいて，取引費用が小さいと考えられる。ただし，何らかの理由により金融仲介機関の健全性に疑問が生じる場合には，間接金融の方が直接金融に比べて取引費用が高くなる可能性もある。

第8章　金融市場の働き

1 　債権者が主に負担しているリスクはデフォルト・リスクであり，企業の支払能力が事前に定められた額を上回ってさえいれば，支払能力につながる業績等の変動は問題にならない。したがって，デフォルトが発生しない限り，債権者は資金調達者の収益性に関係がないため情報生産の必要性は小さく，情報生産費用を節約することができる。一方，株主は企業の業績変動リスクを主に負担しており，支払能力の変動はリターンの水準を変化させる。そのため，資金調達者に関する情報生産の必要性は大きくなる。

2 　第1に，多くの投資家からの情報が価格という形で集約・発信され，取引所の情報公示機能が高まる。第2に，自身の注文で価格が変動することなく（マーケット・インパクトなしに），ファンダメンタルズから乖離しない価格で速やかに売買できる高い流動性が実現されやすくなる。これらの点は相互に関連しており，流動性の高い市場には円滑・迅速な取引を求めて注文が集中し，より多くの情報に基づいて価格が形成される。このことは，公示される情報の信頼性を高める結果，「注文が注文を呼ぶ」という好循環につながり，市場機能を向上させる。

3 　格付は，債券の元利払いの確実性の程度を簡単な符号で表し，投資家に投資判断材料として提供されるものである。銀行の情報生産機能と比較すると，事前の審査，貸出後のモニタリングなどに関わる機能を果たしているが，資金調達者である社債発行企業が費用を負担して格付機関に情報生産を依頼している点で異な

っている。

④　第1に，株価連動型報酬制度の導入により，株価向上を目指すインセンティブを経営者に付与し，企業価値最大化に向けて経営者を規律づけるメカニズムがあげられる。第2に，株価下落による経営者へのシグナル伝達，ならびに敵対的買収と経営者交代の可能性増大というメカニズムがあげられる。すなわち，業績や株価に不満をもつ株主が保有株式を売却すれば，株価下落という形で経営者にシグナルが伝達される。加えて，株価下落は，敵対的買収とそれに伴う経営者交代の可能性を高める。敵対的買収が現実には頻繁に起こらないとしても，その可能性の存在が経営者を規律づけると考えられる。

第9章　金融取引と政府の役割

①　財投機関のリストを調べればヒントが得られる。国際協力やインフラ整備などがあげられよう。

②　民間金融機関にできないことをリストアップし，なぜそれがゆうちょ銀行にできるのかを考えてみよう。

③　第2節参照。有限責任制度は諸外国では当たり前だが，日本では反対意見が多い。その理由を考えてみよう。

第10章　貨幣の働きとマクロ経済

①　貨幣ではない。ネットショッピングでのポイントは，そのサイトでしか受容されないので，交換手段としての機能で重要な一般的受容性が満たされていない。

②　第3.1項の数値を，問題で与えられた文字に入れ替えて考える。本源的預金H円の預け入れで，X銀行は $(1-q)$ H円の貸出を行う。これはB社がC社に振込で貸出額だけの準備をY銀行に取られてしまうのでH円のうちqH円は貸出に回せないからである。これでX銀行は，預金がH円，準備がqH円，貸出が $(1-q)$ H円それぞれ増加する。同様のプロセスを繰り返すことで，預金の増加は以下のようになる。

$$H+(1-q)H+(1-q)^2H+\cdots=H\times\frac{1}{1-(1-q)}=\frac{1}{q}H$$

③　準備が増えてマネタリーベースが増えても，貸出需要がなければ貸出は増えず，信用創造はできない。したがって預金は増えず，マネーストックも増えない。

第11章　日本銀行と金融政策

①　政策決定が頻繁に行われるが，政策効果が現れるまでのラグが長く不確実性が

大きい。

② 第2節を参照のこと。

③ 資産価格が上がると，資産効果によって消費や投資が増大する。また，株価の上昇はトービンの q を上昇させて投資を促進させる。さらに，フィナンシャル・アクセラレータ仮説により銀行貸出も増える。

第12章 金融危機とプルーデンス政策

① 第2.1項を参照のこと。

② 定期預金や利息の付く普通預金等については，預金者1人当たり，1金融機関ごとに合算され，元本1000万円までと破綻日までの利息等が保護される。当座預金や利息の付かない決済用の預金については，全額が保護される。現在の日本の預金保険制度では，銀行の経営状態に関係なく預金保険料が一律に決められているため，銀行経営者のモラルハザードが生じかねないという課題を抱えている。

③ 第2.3項を参照のこと。

④ 金融機関の自己資本の定義を厳格化し，その水準そのものを引き上げていることや，自己資本比率の計算に際して金融機関が負うリスクの捕捉を強化していること，金融機関の流動性不足に対処するために定量的な規制を新たに導入していることなどである。いずれも，金融危機の教訓を踏まえて改正されたものである。

索　引

（▶印は章末の用語解説に掲載されている語句のページを示す）

● アルファベット

ABS　→資産担保証券
API（アプリケーション・プログラミング・インターフェース）　102, 105▶
BIS　→国際決済銀行
BIS 規制　→自己資本比率規制
CBO　→社債担保証券
CD　→譲渡性預金
CD 市場　63
CDO　→債務担保証券
CDS　→クレジット・デフォルト・スワップ
CLO　→ローン担保証券
CMBS　→商業用不動産担保証券
CP　63
CP 市場　63
ECN（電子証券取引ネットワーク）　69
ETF　→上場投資信託
FA　→財務代理人
GLB 法　→グラム＝リーチ＝ブライリー法
IOU　→借用証書
IR 活動（投資家向け広報活動）　6, 158
JASDAQ（ジャスダック）　66, 71
k％ ルール　211
LLR　→最後の貸し手機能
M1, M2, M3　189
MBS（貸付債権担保住宅金融支援機構債券, 機構債券）　183
NISA（少額投資非課税制度）　44
PEM サービス　→家計資産管理サービス
PTS（私設取引システム）　68, 182, 185▶
REIT　→不動産投資信託
RMBS　→住宅ローン担保証券
RTGS　→即時グロス決済
SPC　→特定目的会社
SPV　→特別目的事業体
T-Bill　→国庫短期証券

too-big-to-fail　236
TOPIX　→東証株価指数

● あ 行

相対型取引　12, 58
赤字国債　→特例国債
赤字主体　→最終的借り手
アクティブ運用　90, 93
アプリケーション・プログラミング・インターフェース　→API
アベイラビリティ効果　215
アレンジャー　54, 82
暗号通貨　→仮想通貨
アンダーライティング　→引受
異時点間　127
　　──の消費　112
委託された監視者（委託された情報生産者）　142, 148
委託売買（ブローキング）　33
板寄せ方式　155, 156
一般的な受容性　188
イールドカーブ　→利回り曲線
イールドカーブ・コントロール　→長短金利操作付き量的・質的金融緩和
インカムゲイン　14
インターネット専業銀行　52
インターバンク市場　58, 61
インデックス運用　→パッシブ運用
インプライド・フォワードレート　123▶
インフレ期待　221
インフレ・ターゲティング　221
失われた 10 年　22
売りオペ　208, 221
運営目標　209
運転資金　2
エクイティ債　12, 72, 74
エクイティ・ファイナンス　66
エージェンシー関係　5, 14▶, 127, 217

エージェンシー・コスト　14, 93
エージェンシー問題　14, 86, 163
大阪取引所　71
オフショア市場　64
オプション取引　14
オフバランス化　82
オープン市場　58, 62
オペレーション　61, 120, 208
オペレーション・ツイスト　122
オリジネーター　82

● か　行

買いオペ　208
外国為替円決済制度　192
外国為替市場　59, 217
会社型投資信託　88
外部金融　10
外部性　14▶
価格メカニズム　9
格　付　60, 74, 161, 228
格付機関　60, 74, 86, 161
額　面　8, 14▶
家計資産管理サービス（PEM サービス）
　102
貸し渋り　200
貸し倒れリスク　→信用リスク
貸　出　200, 201
貸出市場　215
貸出審査　142
貸出政策　208
貸付債権担保住宅金融支援機構債券　→
　MBS
過剰流動性　226
仮想通貨（暗号通貨）　95, 97
価値尺度　188
価値貯蔵手段　188
株価指数　90
株　式　64, 152
株式市場　59, 64, 66, 69
株式投資信託　90
株式持合　163
株　主　64, 153
株主有限責任の原則　153

貨　幣　188, 196
　──の所得流通速度　197, 198
　──の中立性　196
　──の流通速度（取引流通速度）　196
貨幣数量説　196, 198
空売り　→信用売り
借り換え　→ロール・オーバー
為　替　41, 54▶
監　査　5, 142, 158
監視（モニタリング）　5, 142
間接金融　11, 22, 25
間接証券　11, 31
元　本　108
元本保証　145, 150▶
機関投資家　35, 60
企業統治　→コーポレートガバナンス
議決権　65
期限前弁済（早期弁済）　127, 137▶
機構債券　→MBS
基準価額　91
規模の経済性　143, 148
逆イールド　116
逆選択　5, 130, 131
キャッシュフロー　108, 123▶
キャピタルゲイン／ロス　8, 14▶
共益権　65
業　態　29
共通担保資金供給オペレーション（共通担保
　オペ）　61, 208
協同組織金融機関　31, 40
業務粗利益　46
業務純益　46
業務分野規制　42
銀　行　31, 40, 126, 140, 200, 229
　──による流動性の付与　141
　──の銀行　207
銀証分離規制　228
金商法　→金融商品取引法
金融緩和　208, 214, 218
金融機関　29, 40
金融危機　47, 78, 87, 145, 177, 226, 236, 238
金融再生プログラム　49, 55▶
金融再生法　235

索 引　251

金融市場　58, 181
金融システム　3
金融自由化　43, 228
金融商品取引業者　33
金融商品取引所　→証券取引所
金融商品取引法（金商法）　33, 36▶, 60
金融政策　120, 207, 208, 214
金融政策決定会合　206
金融仲介　12
金融仲介機関　12
金融仲介機能　200
金融庁　60
金融調節　214
金融取引　2, 4, 126, 127, 133, 140, 145
　──の費用　7, 144
金融のアンバンドリング化　81, 104▶
金融引き締め　208
金融持株会社　44, 51, 55▶, 239
金 利　112, 214
　──の期間構造　115, 120, 219
　──の自由化　43
金利規制　42, 43, 62
金利減免　150▶
金利裁定　116, 214
クーポン　→利息
クーポンレート　111
クラウドファンディング　99
グラス = スティーガル法　33, 228
グラム = リーチ = ブライリー法（GLB法）
　33, 228
クリアリング　192
クレジット・デフォルト・スワップ（CDS）
　228, 240▶
クレジット・ビュー　199, 215
黒字主体　→最終的貸し手
形式要件　159
契約型投資信託　88
契約の不完備性　6, 133, 145, 162
決 済　144, 190
決済システム　191
決済手段　190
現金担保付債券貸借取引　→レポ取引
現在価値　108

建設国債　72
ケンブリッジの現金残高方程式　197
交換手段　188
交換方程式　196
公共債　72
公社債投資信託　90
公定歩合操作　208
公的金融　12, 28, 170, 176
公的金融機関　30
公的資金の注入　235
公的信用保証　170, 180
公 募　73
公募債　72
公募増資　73
公募投信　90
小切手　189, 192, 202▶
国 債　48, 72, 74, 76
国際決済銀行（BIS）　230
国債市場特別参加者制度　→プライマリー・
　ディーラー制度
個人投資家　60
護送船団方式　230
国庫短期証券（T-Bill）　63
コーポレートガバナンス（企業統治）　163
コミットメント　136, 219
コミットメント効果　→時間軸効果
固有業務　41
コール市場　61, 212
コールレート　212, 218
コントロール権　163

● さ 行

債 券　71, 108, 152, 160
　──市場　59, 74
債 権　4, 13▶, 141
債券現先市場　62
債権者　152
債券貸借市場　62
債権放棄　150▶
再交渉　6, 136, 145
最後の貸し手機能（LLR）　233
最終的貸し手（資金余剰主体，黒字主体）
　10, 18, 20

最終的借り手（資金不足主体，赤字主体）　11, 18, 20
最終目標　209
財政投融資　171, 173, 176
財投機関　174
財投機関債　174
財投債　173
債　務　4, 13▶
財務代理人（FA）　74, 77
債務担保証券（CDO）　84
債務不履行（デフォルト）　4, 140, 153
債務不履行リスク　→信用リスク
先物金利（フォワードレート）　117, 123▶
指値注文　155
サービサー　82
サブプライムローン　33, 78, 86, 162, 226, 240▶
ザラバ方式　155, 156
残余請求権　153, 162
自益権　65
時価発行増資　66
時間軸効果（コミットメント効果）　121, 218
事業者信用会社　35
資金移転　2
資金過不足　18, 212
資金決済　190
資金循環統計　22-25
資金仲介　12
資金不足主体　→最終的借り手
資金余剰主体　→最終的貸し手
自己資本比率規制（BIS 規制）　230
自己売買（ディーリング）　33
資産効果　216
資産担保証券（ABS）　82, 84
資産変換機能　140
資産流動化法　85
市　場　126
　――の失敗　169
市場型間接金融　12
市場型取引　12, 58
市場分断仮説　119
市場メカニズム　9

システマティックリスク　115
システミックリスク　229, 231
私設取引システム　→PTS
実質金利　111
実質要件　159
時点ネット決済　192
支払完了性　→ファイナリティ
私　募　73
私募債　72
私募投信　90
資本市場　→長期金融市場
借用証書（IOU）　3, 11, 23
社　債　72
社債管理者　74
社債市場　77
社債受託制度　77
社債担保証券（CBO）　84
ジャスダック　→JASDAQ
住宅金融支援機構　182
住宅ローン担保証券（RMBS）　82
周辺業務　42
出資契約　13, 152
種類株式　65
順イールド　116
純粋期待理論　118, 219
準備預金　193, 212
準備預金制度　42, 193, 203▶
準備率　193
準備率操作　208
少額投資非課税制度　→NISA
償　還　8, 14▶, 108
商業用不動産担保証券（CMBS）　82
証券化　82, 86, 183
証券会社　11, 33, 59
証券価格　158
証券市場　→長期金融市場
証券取引所（金融商品取引所）　59, 60, 69, 154, 155, 182
証券取引等監視委員会　60
証券保管振替機構（ほふり）　60
上　場　64, 159
上場審査基準　159
上場投資信託（ETF）　90

索　引　253

証書貸付　41
譲渡性預金（CD）　43, 63, 188
消費者信用会社　35
消費の平準化　112
商品貨幣　188
情報開示　6
情報公示機能　10, 158
情報生産　5, 154, 170, 200
情報生産機能　142, 162
情報生産コストの重複　143
情報の外部性　6, 14
情報の非対称性　5, 50, 86, 93, 127, 132, 142,
　　146, 168
将来価値　108
所有と経営の分離　163
所要準備　193, 196, 220
新株予約権（ワラント）　66, 72
新株予約権付社債（ワラント債）　66, 72
新規参入銀行　52
人工知能　100, 101
審査（スクリーニング）　5
シンジケートローン　40, 54▶
信　託　41, 54▶
信　用　199
信用売り（空売り）　165
信用貨幣　188
信用緩和　219
信用創造　31, 193, 195
信用度　108
信用取引制度　34, 158, 164▶
信用補完制度　178
信用保険制度　178
信用保証協会　178
信用保証制度　181
信用リスク（貸し倒れリスク，債務不履行リ
　　スク，デフォルト・リスク）　4, 127,
　　154, 162, 230
信用割当　133, 168, 215
スクリーニング　→審査
スクリーニング機能　142
ストリップス債　72, 109
ストレステスト　239
スポット・レート　111, 115

スワップ取引　14
政策委員会　206
政策コスト分析　176
政策手段　120, 207, 208
政策目標　120, 207
政府関係機関債　72
政府金融機関　174
政府の銀行　207
生命保険会社　60
セカンダリー・マーケット　→流通市場
責任共有制度（部分保証制度）　178, 180,
　　181
設備資金　2
セリング　→募集・販売
ゼロ金利制約　218
全銀システム（全国銀行データ通信システ
　　ム）　42, 55▶, 192
専門金融機関制度　33
早期是正措置　231
早期弁済　→期限前弁済
操作目標　210
総需要　214, 216, 223▶
即時グロス決済（RTGS）　61, 192
組　織　126
ソフト情報　146
ソフトな予算制約の問題　147

● た　行

第三者割当増資　73
貸借対照表　→バランスシート
大証ヘラクレス　→ナスダック・ジャパン
大数の法則　143, 150▶
第二地方銀行　41
ただ乗り（フリーライダー）　6, 143
立会外取引　69, 71, 79▶
立会内取引　155
タームプレミアム（流動性プレミアム）
　　119, 219
短　期　2
短期金融市場　58
短期金利　118, 120
単　元　64, 152
単　利　109

地域銀行　　41
地方銀行　　40, 47, 51
地方債　　72
中央銀行　　29, 120, 222, 233
仲介機関　　126
中間目標　　210
中小企業金融　　168
注文板　　155
超過準備　　193, 196, 220
長　期　　2
長期金融　　41
長期金融機関　　35
長期金融市場（証券市場，資本市場）　　58
長期金利　　118, 120, 219
長短金利操作付き量的・質的金融緩和（イールドカーブ・コントロール）　　122, 219
直接金融　　11, 22, 25, 152
直接利回り（直利）　　111
追加融資　　133
定期性預金　　41, 188
ディスクロージャー制度　　65
テイラー・ルール　　211
ディーリング　　→自己売買
手　形　　189, 192, 202▶
手形交換決済制度　　192
手形市場　　61
出口戦略　　221
デフォルト　　→債務不履行
デフォルト・リスク　　→信用リスク
デフレ　　196
デリバティブ　　9, 14▶
デリバティブ市場　　59
転換社債（転換社債型予約権付社債）　　66, 72
電子証券取引ネットワーク　　→ECN
店頭取引　　76, 79▶, 155
店頭売買有価証券市場　　71
投機的債券（ハイイールド債）　　162
東京証券取引所（東証）　　66
投資家向け広報活動　　→IR活動
投資銀行　　60, 228
投資信託（投信）　　60, 87, 91
投資適格　　162

投資法人　　88
東証一部　　66
東証株価指数（TOPIX）　　90
東証マザーズ　　69
特定目的会社（SPC）　　85
特別目的事業体（SPV）　　82
独立行政法人　　174
特例国債（赤字国債）　　72
都市銀行　　40, 47
ドット＝フランク法　　239
トービンのq　　216
トランズアクション・バンキング　　147
取引所外取引　　68, 71
取引所金融商品市場　　66
取引所集中義務　　68, 157
取引費用　　7, 144
取引流通速度　　→貨幣の流通速度
トレーディング　　228

● な　行

内外市場の分断規制　　42, 43
内国為替決済制度　　192
内部金融　　10
ナスダック・ジャパン（ヘラクレス，大証ヘラクレス）　　70
成行注文　　155
日銀当預　　→日本銀行当座預金
日銀特融　　234
日銀ネット　　192
日経平均株価　　90
日本銀行　　29, 60, 206, 234
　　——の信認　　221
　　——の独立性　　221
　　——のバランスシート　　207, 221
日本銀行券　　188
日本銀行当座預金（日銀当預）　　42, 45, 191, 193, 202▶
日本銀行法　　206
日本証券業協会　　61
日本政策金融公庫　　177, 179, 184▶
日本取引所　　71
日本版ビッグバン　　33, 43, 53, 68, 69, 78▶
年金基金　　35, 36▶, 60

索　引　255

ノンバンク　35

● は　行

ハイイールド債　→投機的債券
配　当　65, 108
売買立会取引　155
ハイパーインフレ　222
ハイリスク・ハイリターン　128
派生預金　194
バーゼルⅠ／Ⅱ／Ⅲ　230, 236
発券銀行　207
発行市場（プライマリー・マーケット）
　　59, 154
パッシブ運用（インデックス運用）　90, 93
バブル〔経済〕　21, 42, 169, 227, 240▶
バランスシート（貸借対照表）　23, 44, 201
範囲の経済性　144, 148
ハンプ型　116
引受（アンダーライティング）　34
ビットコイン　95
非伝統的金融政策　218, 221, 223▶
ファイナリティ（支払完了性）　97, 190
ファクタリング会社　36
ファンダメンタルズ　154
ファンド　87
フィッシャー効果　111, 123▶
フィッシャー式　111
フィナンシャル・アクセラレータ仮説
　　217
フィンテック　54, 93
フォワードガイダンス　221
フォワードレート　→先物金利
不確実性　114, 127
複　利　109
負債契約　13, 152
付随業務　42
普通株式　65
普通銀行　31, 40
物　価　196
　　——の安定　207, 221
不動産投資信託（REIT）　89
不動産ローン債権　84
部分保証制度　→責任共有制度

プライマリー・ディーラー制度（国債市場特
　　別参加者制度）　74
プライマリー・マーケット　→発行市場
フラット型　116
不良債権　49, 55▶, 231
フリーライダー　→ただ乗り
プルーデンス政策　222, 229, 236
ブローキング　→委託売買
プロジェクトの清算／継続　133
プロジェクトファイナンス　40, 54▶
ブロックチェーン　97, 98
分散投資　87
　　——のメリット　144
ペイオフ　231, 233
ヘラクレス　→ナスダック・ジャパン
返済猶予　133
ベンチマーク　90
ベンチャーキャピタル　36, 60, 65, 184
法　貨　188
補完貸付制度（ロンバート型貸出制度）
　　209
補完当座預金制度　220
保　険　9, 10, 103
保険会社　34
保険市場　131
募集・販売（セリング）　34
ポートフォリオ・リバランス効果　218
ほふり　→証券保管振替機構
ボルカー・ルール　239
ホールドアップ問題　147
本源的証券　11, 31, 140
本源的預金　194

● ま　行

マイナス金利政策　50, 218, 220, 221
マクロ・プルーデンス政策　222, 239
マーケット・インパクト　154
マーシャルのk　197
マネーストック　189, 200, 201
マネタリーベース　195, 212
マネー・ビュー　199, 215
満　期　108
満期保有利回り　109

ミスマッチの問題　140
民間金融機関　29
無差別曲線　112
名目金利　111
メインバンク　40, 148
メガバンク　40, 50
モニタリング　→監視
モバイル決済　97
モラルハザード　5, 128, 131, 180, 217, 233, 236

● や 行

有価証券　59
郵政民営化　171
優先株式　65
優先劣後構造　83, 153
誘導型アプローチ　210
ユーロ市場　64
要求払預金（流動性預金）　41, 188
預　金　188, 200
預金取扱金融機関　23, 29, 31, 40
預金取り付け　229
預金保険制度　231

● ら 行

利益配当請求権　65
利　子　108
リスク　4, 10, 114, 127
リスク移転　9
リスク回避傾向　115
リスク管理　228
リスクプレミアム　114

利息（クーポン）　108
利付債　72, 108
立証不可能性の問題　133
利払い　108
利回り曲線（イールドカーブ）　115, 120, 219
リーマンショック　78, 177, 227, 240▶
流通市場（セカンダリー・マーケット）　59, 67, 154
流動化　82, 86
流動性　4, 8, 141, 154, 189, 234, 238
流動性スペクトル　189
流動性選好仮説　119
流動性プレミアム　→タームプレミアム
流動性預金　→要求払預金
流動性リスク　4, 127
量的緩和〔政策〕　121, 218
量的・質的金融緩和　48, 221
リレーションシップ・バンキング（リレバン）　50, 146
レポ取引（現金担保付債券貸借取引）　62
レモンの市場　131
ローリスク・ローリターン　128
ロール・オーバー（借り換え）　136, 137▶
ローン担保証券（CLO）　84
ロンバート型貸出制度　→補完貸付制度

● わ 行

ワラント　→新株予約権
ワラント債　→新株予約権付社債
割　引　108
割引債　72, 109

金融の仕組みと働き
Modern Monetary Theory and Practice　〈有斐閣ブックス〉

2017 年 9 月 25 日　初版第 1 刷発行
2021 年 6 月 30 日　初版第 3 刷発行

|著　者| 岡村　秀夫（おかむら　ひでお）
田中　敦（たなか　あつし）
野間　敏克（のま　としかつ）
播磨谷浩三（はりまや　こうぞう）
藤原　賢哉（ふじわら　けんや） |

発 行 者　江草　貞治

発 行 所　株式会社　有斐閣
〒101-0051
東京都千代田区神田神保町 2-17
電話 (03)3264-1315〔編集〕
　　 (03)3265-6811〔営業〕
http://www.yuhikaku.co.jp/

印　刷　大日本法令印刷株式会社
製　本　牧製本印刷株式会社

©2017, H. Okamura, A. Tanaka, T. Noma, K. Harimaya, K. Fujiwara.
Printed in Japan
落丁・乱丁本はお取替えいたします。
★定価はカバーに表示してあります。
ISBN 978-4-641-18437-4

|JCOPY| 本書の無断複写（コピー）は、著作権法上での例外を除き、禁じられています。複写される場合は、そのつど事前に（一社）出版者著作権管理機構（電話03-5244-5088, FAX03-5244-5089, e-mail:info@jcopy.or.jp）の許諾を得てください。